阡陌舞者

老科学家学术成长资料采集工程丛书

中国工程院院士传记丛书

9 年 海南省琼山县

1939 年 考入国立中央大学

1945 年 入明尼苏达大学研究生院农业工程系

1949 年 回国后在邵阳乡村工业示范处工作

1952 年 参加北京机械化农业学院建院规划小组

1980 年 任北京农业机械化学院副院长

1995 年 当选为中国工程院院士

老科学家学术成长资料采集工程
中国工程院院士传记 丛书

阡陌舞者

曾德超传

张远帆 尹北直◎著

中国科学技术出版社
上海交通大学出版社

图书在版编目（CIP）数据

阡陌舞者：曾德超传／张远帆，尹北直著．—北京：中国科学技术出版社，2016.8

（老科学家学术成长资料采集工程丛书）

ISBN 978-7-5046-7198-1

Ⅰ.①阡… Ⅱ.①张… ②尹… Ⅲ.①曾德超（1919-2012）-传记 Ⅳ.①K826.3

中国版本图书馆CIP数据核字（2016）第164888号

责任编辑	李　红
责任校对	刘洪岩
责任印制	张建农
版式设计	中文天地

出　　版	中国科学技术出版社　上海交通大学出版社
发　　行	科学普及出版社发行部
地　　址	北京市海淀区中关村南大街16号
邮　　编	100081
发行电话	010-62173865
传　　真	010-62179148
网　　址	http://www.cspbooks.com.cn

开　　本	787mm×1092mm　1/16
字　　数	301千字
印　　张	20.5
彩　　插	2
版　　次	2016年10月第1版
印　　次	2016年10月第1次印刷
印　　刷	北京华联印刷有限公司
书　　号	ISBN 978-7-5046-7198-1 / K·190
定　　价	66.00元

老科学家学术成长资料采集工程
领导小组专家委员会

主　任：杜祥琬

委　员：（以姓氏拼音为序）

巴德年　陈佳洱　胡启恒　李振声
王礼恒　王春法　张　勤

老科学家学术成长资料采集工程
丛书组织机构

特邀顾问（以姓氏拼音为序）

樊洪业　方　新　齐　让　谢克昌

编委会

主　编：王春法　张　藜

编　委：（以姓氏拼音为序）

艾素珍　董庆九　胡化凯　黄竞跃　韩建民
廖育群　吕瑞花　刘晓勘　林兆谦　秦德继
任福君　苏　青　王扬宗　夏　强　杨建荣
张柏春　张大庆　张　剑　张九辰　周德进

编委会办公室

主　任：许向阳　张利洁

副主任：许　慧　刘佩英

成　员：（以姓氏拼音为序）

崔宇红　董亚峥　冯　勤　何素兴　韩　颖
李　梅　罗兴波　刘　洋　刘如溪　沈林芑
王晓琴　王传超　徐　婕　肖　潇　言　挺
余　君　张海新　张佳静

老科学家学术成长资料采集工程简介

老科学家学术成长资料采集工程（以下简称“采集工程”）是根据国务院领导同志的指示精神，由国家科教领导小组于2010年正式启动，中国科协牵头，联合中组部、教育部、科技部、工信部、财政部、文化部、国资委、解放军总政治部、中国科学院、中国工程院、国家自然科学基金委员会等11部委共同实施的一项抢救性工程，旨在通过实物采集、口述访谈、录音录像等方法，把反映老科学家学术成长历程的关键事件、重要节点、师承关系等各方面的资料保存下来，为深入研究科技人才成长规律，宣传优秀科技人物提供第一手资料和原始素材。按照国务院批准的《老科学家学术成长资料采集工程实施方案》，采集工程一期拟完成300位老科学家学术成长资料的采集工作。

采集工程是一项开创性工作。为确保采集工作规范科学，启动之初即成立了由中国科协主要领导任组长、12个部委分管领导任成员的领导小组，负责采集工程的宏观指导和重要政策措施制定，同时成立领导小组专家委员会负责采集原则确定、采集名单审定和学术咨询，委托中国科学技术史学会承担具体组织和业务指导工作，建立专门的馆藏基地确保采集资料的永久性收藏和提供使用，并研究制定了《采集工作流程》、《采集工作规范》等一系列基础文件，作为采集人员的工作指南。截至2014年底，已启动304位老科学家的学术成长资料采集工作，获得手稿、书信等实物原件资料52093件，数字化资料137471件，视频资料183878分钟，音频资料224825分钟，具有重要的史料价值。

采集工程的成果目前主要有三种体现形式，一是建设一套系统的“老科学家学术成长资料数据库”（本丛书简称“采集工程数据库”），提供学术研究和弘扬科学精神、宣传科学家之用；二是编辑制作科学家专题资料片系列，以视频形式播出；三是研究撰写客观反映老科学家学术成长经历的研究报告，以学术传记的形式，与中国科学院、中国工程院联合出版。随着采集工程的不断拓展和深入，将有更多形式的采集成果问世，为社会公众了解老科学家的感人事迹，探索科技人才成长规律，研究中国科技事业的发展历程提供客观翔实的史料支撑。

总序一

中国科学技术协会主席　韩启德

老科学家是共和国建设的重要参与者，也是新中国科技发展历史的亲历者和见证者，他们的学术成长历程生动反映了近现代中国科技事业与科技教育的进展，本身就是新中国科技发展历史的重要组成部分。针对近年来老科学家相继辞世、学术成长资料大量散失的突出问题，中国科协于2009年向国务院提出抢救老科学家学术成长资料的建议，受到国务院领导同志的高度重视和充分肯定，并明确责成中国科协牵头，联合相关部门共同组织实施。根据国务院批复的《老科学家学术成长资料采集工程实施方案》，中国科协联合中组部、教育部、科技部、工业和信息化部、财政部、文化部、国资委、解放军总政治部、中国科学院、中国工程院、国家自然科学基金委员会等11部委共同组成领导小组，从2010年开始组织实施老科学家学术成长资料采集工程。

老科学家学术成长资料采集是一项系统工程，通过文献与口述资料的搜集和整理、录音录像、实物采集等形式，把反映老科学家求学历程、师承关系、科研活动、学术成就等学术成长中关键节点和重要事件的口述资料、实物资料和音像资料完整系统地保存下来，对于充实新中国科技发展的历史文献，理清我国科技界学术传承脉络，探索我国科技发展规律和科技人才成长规律，弘扬我国科技工作者求真务实、无私奉献的精神，在全社会营造爱科学、学科学、用科学的良好氛围，是一件很有意义的事情。采集工程把重点放在年龄在 80 岁以上、学术成长经历丰富的两院院士，以及虽然不是两院院士、但在我国科技事业发展中作出突出贡献的老科技工作者，充分体现了党和国家对老科学家的关心和爱护。

自 2010 年启动实施以来，采集工程以对历史负责、对国家负责、对科技事业负责的精神，开展了一系列工作，获得大量反映老科学家学术成长历程的文字资料、实物资料和音视频资料，其中有一些资料具有很高的史料价值和学术价值，弥足珍贵。

以传记丛书的形式把采集工程的成果展现给社会公众，是采集工程的目标之一，也是社会各界的共同期待。在我看来，这些传记丛书大都是在充分挖掘档案和书信等各种文献资料、与口述访谈相互印证校核、严密考证的基础之上形成的，内中还有许多很有价值的照片、手稿影印件等珍贵图片，基本做到了图文并茂，语言生动，既体现了历史的鲜活，又立体化地刻画了人物，较好地实现了真实性、专业性、可读性的有机统一。通过这套传记丛书，学者能够获得更加丰富扎实的文献依据，公众能够更加系统深入地了解老一辈科学家的成就、贡献、经历和品格，青少年可以更真实地了解科学家、了解科技活动，进而充分激发对科学家职业的浓厚兴趣。

借此机会，向所有接受采集的老科学家及其亲属朋友，向参与采集工程的工作人员和单位，表示衷心感谢。真诚希望这套丛书能够得到学术界的认可和读者的喜爱，希望采集工程能够得到更广泛的关注和支持。我期待并相信，随着时间的流逝，采集工程的成果将以更加丰富多样的形式呈现给社会公众，采集工程的意义也将越来越彰显于天下。

是为序。

总序二

中国科学院院长　白春礼

由国家科教领导小组直接启动，中国科学技术协会和中国科学院等 12 个部门和单位共同组织实施的老科学家学术成长资料采集工程，是国务院交办的一项重要任务，也是中国科技界的一件大事。值此采集工程传记丛书出版之际，我向采集工程的顺利实施表示热烈祝贺，向参与采集工程的老科学家和工作人员表示衷心感谢！

按照国务院批准实施的《老科学家学术成长资料采集工程实施方案》，开展这一工作的主要目的就是要通过录音录像、实物采集等多种方式，把反映老科学家学术成长历史的重要资料保存下来，丰富新中国科技发展的历史资料，推动形成新中国的学术传统，激发科技工作者的创新热情和创造活力，在全社会营造爱科学、学科学、用科学的良好氛围。通过实施采集工程，系统搜集、整理反映这些老科学家学术成长历程的关键事件、重要节点、学术传承关系等的各类文献、实物和音视频资料，并结合不同时期的社会发展和国际相关学科领域的发展背景加以梳理和研究，不仅有利于深入了解新中国科学发展的进程特别是老科学家所在学科的发展脉络，而且有利于发现老科学家成长成才中的关键人物、关键事件、关键因素，探索和把握高层次人才培养规律和创新人才成长规律，更有利于理清我国科技界学术传承脉络，深入了解我国科学传统的形成过程，在全社会范围内宣传弘扬老科学家的科学思想、卓越贡献和高尚品质，推动社会主义科学文化和创新文化建设。从这个意义上说，采集工程不仅是一项文化工程，更是一项严肃认真的学术建设工作。

中国科学院是科技事业的国家队，也是凝聚和团结广大院士的大家庭。早在 1955 年，中国科学院选举产生了第一批学部委员，1993 年国务院决定中国科学院学部委员改称中国科学院院士。半个多世纪以来，从学部委员到院士，经历了一个艰难的制度化进程，在我国科学事业发展史上书写了浓墨重彩的一笔。在目前已接受采集的老科学家中，有很大一部分即是上个世纪 80、90 年代当选的中国科学院学部委员、院士，其中既有学科领域的奠基人和开拓者，也有作出过重大科学成就的著名科学家，更有毕生在专门学科领域默默耕耘的一流学者。作为声誉卓著的学术带头人，他们以发展科技、服务国家、造福人民为己任，求真务实、开拓创新，为我国经济建设、社会发展、科技进步和国家安全作出了重要贡献；作为杰出的科学教育家，他们着力培养、大力提携青年人才，在弘扬科学精神、倡树科学理念方面书写了可歌可泣的光辉篇章。他们的学术成就和成长经历既是新中国科技发展的一个缩影，也是国家和社会的宝贵财富。通过采集工程为老科学家树碑立传，不仅对老科学家们的成就和贡献是一份肯定和安慰，也使我们多年的夙愿得偿！

鲁迅说过，“跨过那站着的前人”。过去的辉煌历史是老一辈科学家铸就的，新的历史篇章需要我们来谱写。衷心希望广大科技工作者能够通过“采集工程”的这套老科学家传记丛书和院士丛书等类似著作，深入具体地了解和学习老一辈科学家学术成长历程中的感人事迹和优秀品质；继承和弘扬老一辈科学家求真务实、勇于创新的科学精神，不畏艰险、勇攀高峰的探索精神，团结协作、淡泊名利的团队精神，报效祖国、服务社会的奉献精神，在推动科技发展和创新型国家建设的广阔道路上取得更辉煌的成绩。

总序三

中国工程院院长　周　济

由中国科协联合相关部门共同组织实施的老科学家学术成长资料采集工程，是一项经国务院批准开展的弘扬老一辈科技专家崇高精神、加强科学道德建设的重要工作，也是我国科技界的共同责任。中国工程院作为采集工程领导小组的成员单位，能够直接参与此项工作，深感责任重大、意义非凡。

在新的历史时期，科学技术作为第一生产力，已经日益成为经济社会发展的主要驱动力。科技工作者作为先进生产力的开拓者和先进文化的传播者，在推动科学技术进步和科技事业发展方面发挥着关键的决定的作用。

新中国成立以来，特别是改革开放30多年来，我们国家的工程科技取得了伟大的历史性成就，为祖国的现代化事业作出了巨大的历史性贡献。两弹一星、三峡工程、高速铁路、载人航天、杂交水稻、载人深潜、超级计算机……一项项重大工程为社会主义事业的蓬勃发展和祖国富强书写了浓墨重彩的篇章。

这些伟大的重大工程成就，凝聚和倾注了以钱学森、朱光亚、周光召、侯祥麟、袁隆平等为代表的一代又一代科技专家们的心血和智慧。他们克服重重困难，攻克无数技术难关，潜心开展科技研究，致力推动创新发展，为实现我国工程科技水平大幅提升和国家综合实力显著增强作出了杰出贡献。他们热爱祖国，忠于人民，自觉把个人事业融入到国家建设大局之中，为实现国家富强而不断奋斗；他们求真务实，勇于创新，用科技为中华民族的伟大复兴铸就了辉煌；他们治学严谨，鞠躬尽瘁，具有崇高的科学精神和科学道德，是我们后代学习的楷模。科学家们的一生是一本珍贵的教科书，他们坚定的理想信念和淡泊名利的崇高品格是中华民族自强不息精神的宝贵财富，永远值得后人铭记和敬仰。

通过实施采集工程，把反映老科学家学术成长经历的重要文字资料、实物资料和音像资料保存下来，把他们卓越的技术成就和可贵的精神品质记录下来，并编辑出版他们的学术传记，对于进一步宣传他们为我国科技发展和民族进步作出的不朽功勋，引导青年科技工作者学习继承他们的可贵精神和优秀品质，不断攀登世界科技高峰，推动在全社会弘扬科学精神，营造爱科学、讲科学、学科学、用科学的良好氛围，无疑有着十分重要的意义。

中国工程院是我国工程科技界的最高荣誉性、咨询性学术机构，集中了一大批成就卓著、德高望重的老科技专家。以各种形式把他们的学术成长经历留存下来，为后人提供启迪，为社会提供借鉴，为共和国的科技发展留下一份珍贵资料。这是我们的愿望和责任，也是科技界和全社会的共同期待。

周济

曾德超

2015 年 10 月 17 日曾德超院士铜像揭幕仪式上曾先生夫人贺子石、
曾先生儿子曾雨和课题组成员合影留念
（左起：张远帆、韩鲁佳、曾雨、贺子石、杨宝玲、曾明、尹北直、王晶）

2011 年 9 月 14 日曾德超在家接受访谈
（左：曾德超，右：张远帆，史有国摄）

2012 年 4 月张远帆和董生
在曾先生书房查阅资料
（前：董生，后：张远帆，霍登科摄）

序

从 1872 年清政府派遣幼童赴美留学算起，中国人有规模地出国留学已经有 100 多年的历史。这是中国人为了实现国家现代化的一个重要的认识的结果，即中国要实现现代化必须向西方发达国家（1949 年之后的一段时间主要是以苏联为首的东欧国家）学习。事实上这些留学生回国之后也确实在各个领域发挥了不可替代的作用，为中国现代化的伟大事业做出了重大的贡献。

曾德超先生是 1945 年抗日战争胜利前夕赴美留学的。因为条件的限制，读的是明尼苏达大学农具学的硕士研究生。这个专业，无论是在美国还是在中国都是不大可能让人声名显赫的。对此，曾先生有清醒的认识。他在很多年后与新入学的研究生谈话中就明确指出，谁要想得诺贝尔奖，就不要来读这个专业。我认为，他的意思并不是说诺贝尔奖不设农业机械或农业工程的奖项，而是认为，以中国农业生产的水平要研究和解决的工程问题不是越高级的越尖端的越好，而是要能切合中国实际情况。

一切从中国的实际出发，正是曾德超先生一生最重要的思想，也是他留给后人最宝贵的精神遗产。早在 1947 年，在美国明尼苏达大学学习的中国留学生在《观察》杂志上发表了一篇题为《为中国的农业试探一条出路——创办生产农场争议》的文章，其主要思想是，认为中国农业的出路是创办美国那样的农场。曾德超没在这篇文章上署名，因为他不赞成这个观点。他在读了费孝通的《江村经济》后，认同费孝通的中国现代化要通过发展乡村工业来实现的观点。纵观曾德超先生的一生，我们可以发现，他不仅是接受了费孝通的这一具体观点，更赞同费孝通通过实地调查，找到适合中国国情的发展道路的思想。曾先生是农民的儿子，虽然接受了现代西方的高等教育，但农民那种凡事讲求实际效果的想法并没有从他身上消失。

认同某种思想并不等同于实际上践行这种思想，后者还需要为事业献身的精神，和克服具体困难的坚定意志力。曾先生回国后没有去上海的农业机械厂，而是去了湖南邵阳的乡村工业示范处。他真的去搞了乡村工业。先当了一个一百多人的水泥厂厂长，后来又当了一个机械修配厂的厂长。从常识上推断，这两个工厂的技术装备水平不会太高，技术问题也不会有什么大的难度，他本人似乎对此是津津乐为。这种不避琐细、脚踏实地的态度，是曾先生身上最可宝贵的品质之一。他后来在兰州做的技术推广工作，在“文化大革命”中，他虽已是著名教授，仍为四川山地农民设计山区水田小推车、山地用脚踏车，乃至集粪器等简单的工具，并没有因这些工作简单而不屑于为，而是乐此不疲的，这都体现了这样一种态度。只要是对农民和农业生产有益的事，他都愿意去做。更为重要的是，他的这种工作态度，在他的学生们身上得到延续，成为北京农业机械化学院毕业生身上最鲜明的精神气质。1992 年，北京农业机械化学院（当时已改名为北京农业工程大学）成立 40 周年，出版了一本优秀毕业生报告文学集《大地的儿女》。书中共采访了几十位 20 世纪五六十年代毕业的校友，惊讶地发现，他们身上都有一种脚踏实地、任劳任怨、不务名利、不避简单粗糙工作任务的特点。这自然与农业机械化专业的性质有关，同时也得之于作为学院创始人的曾德超先生的言传身教。这种品质，其实就是工程师应有的基本素质。曾先生在 1952 年农业机械化学院成立之前是以工程师自视的，学校成立之后，转而变成教师，以培养工程师为己任，他这方面的特长得到了更大的用武之地，其影响所及，甚至成为学校的一种特色。

参与北京农业机械化学院的创办是曾德超先生职业生涯的一次华丽转

身。他担任了教学筹备组的组长，主持制定了全校各专业全程教学计划，对于这个教学计划在当时所发挥的作用及对后来的影响直至今日尚无充分的研究。值得注意的是，这个计划要求机械专业学生毕业时必须达到三级钳工、三级驾驶员和三级修理工的技能水平，并对实习时间、内容做了具体规定。他不仅强调理论教学的重要性，更强调学生的实践和动手能力，强调在实际工作中解决具体问题的能力。这在当时，无疑是符合中国农业生产和农业机械生产和应用的实际需要的。在当今的工科大学里，这样的教育理论更是大放异彩。直到今天，教育领域仍在强调要培养社会需要的人才，60 多年前，曾先生就有这种意识了。这其实也来自他一切从实践出发的指导思想。

早在新中国成立之前，他就读过辩证唯物主义方面的书，20 世纪 50 年代初他在中央农业部短暂工作期间又进行较系统的学习。他说：

> 辩证唯物论的系统学习，因学自然科学，对质能互变、电子恒动、生物进化等自然现象有些认识，个人的宇宙观可以说基本上是唯物的。但在解放前这些认识只是断片的、晦昧的、无系统的，尤其是关于辩证一面，经过这阶段的学习，做了粗略的总结[①]。

曾德超先生具有一定哲学素养。这主要表现在他的学术战略眼光。作为一个学者的曾德超，善于在错综复杂的环境下，捕捉到对于学术研究具有全局影响的问题，从而使自己的研究方向和研究成果具有学术史上的标志性意义。例如他提出的把土壤、机器、植物作为一个互相关联的系统来进行研究就属于这种性质的方向性选择。至于他如何能提出这样的问题，则涉及他学术思想更深层的方向，是值得加以进一步讨论的。

曾德超先生的具体成就无需评价，而他获得这些成就的主要原因，我认为是持续不懈地努力工作。工作之于他，是证明存在的价值。这种对工作的无条件的沉溺，也许是老一辈学者的普遍现象。在 1955 年的“肃反”

---

① 资料来源：1950 年中央人民政府农业部干部鉴定表，曾德超个人档案，存于中国农业大学档案馆。

工作中，曾先生曾受到过怀疑。档案材料记载，在四个半月的时间里，有关领导反复与他谈话。可以想见，这是一个内心很受折磨的过程，后来虽然结案，取消嫌疑，但在出国考察等事情上仍受到限制，可这件事似乎没有对他构成什么影响。后来组织的结论中也认为，他“无瞒（原文如此）怨情”，“工作中干劲大，不怕艰苦”。之所以能如此，一是自己内心坦荡；二是他没有知识分子的优越感，受得了委屈；三是只要能工作就行。

无论是工作中和生活中的曾德超先生给人最深刻的印象，就是纯粹真挚。他未必不知道各种冠冕堂皇的话语之后的利益之争，也未必不懂各种心机之内包含的利害关系，但所有这一切，在他那里都被过滤或简化了，他把各种复杂的人际关系规定在最单纯的工作关系中，尽最大可能让自己的内心处在教育与学术的状态中，此等化繁为简的功力，正源自他内心的一派纯净。

我与曾德超先生于1938年相识于国立中央大学，后来一起去50厂工作，一起在明大读研究生，一同回国后，为了我国的农业机械化和农业工程事业都在努力贡献力量。与他相识、相交74年，一起经历了很多事，也一直深深地感受到他人格的魅力，他是一个好人，在当今的大学中，这样的人也是难得一见的。

水新元

2015年8月15日

序作者简介：水新元，农业工程专家。1920年生于上海，祖籍浙江宁波。1942年毕业于中央大学机械系，1947年获美国明尼苏达大学农业工程硕士学位。曾任重庆第50兵工厂技术员、上海中国农业机械公司工程师。新中国成立后，历任华东农林水利部农业工程研究室主任，农牧渔业部南京农业机械化研究所副所长、高级工程师，中国农业工程学会第一、二届常务理事，中国农业机械学会第二届副理事长。曾相继参与创办东辛等三个国营机械化农场、华东农业机械化学校和南京农业机械化研究所。

目 录

图片目录

导 言

什么是农业机械化，学术界至今仍无法确认一个系统而完整的定义。在相当长时间内，人们都使用余有泰所著《农业机械化工程》一书中的定义，即："用机器逐步代替人、畜力进行农业生产的技术改造和经济发展的过程。"

什么是农业工程，学术界依然莫衷一是。即使在发源地的美国，很长时间内仍在讨论。1925 年 O.V.P.Stunt 把农业工程解释为：为农业服务的工程；与土木、机械、电气等工程的分界是：这些工程的重点是设计、制造，而农业工程的重点是应用，要注意提高应用中的效率和经济性。农业工程师的任务是当农民的技术顾问。随着农业发展，生物工程、系统工程等概念的提出，学界又对农业工程的内涵展开了广泛讨论。

无论是农业机械化，还是农业工程都是与农业的发展息息相关的。纵观我国与欧美等国的农业发展模式，可以发现，我国早在 20 世纪初就引进欧美的机器，进行改良并应用于农业生产。早期的代表著作主要有三：顾复的《农具学》、唐志才的《改良农器法》、刘仙洲的《中国机械工程史料》。中国近代农学先驱邹秉文为了将农业工程引入我国，按农具学专业，选派 20 名学生去美国学习农业工程。他们后来成为新中国农业机械化和农业工程领域第一代精英，曾德超就是其中一位。

曾德超，1919 年 1 月 4 日出生，海南省琼山县人，我国农业机械和农业工程学科的奠基人之一，农业工程学家、农业机械学家、教育家，中国农业大学教授。国务院学位委员会机械制造学科评议组第一、第二届成员，中国农业科学院学术委员会委员，原农牧渔业部科学技术委员会委员，国家科委农业机械学科组成员及农业工程学科组成员，国家科委发明评选委员会特邀委员。先后担任过《农业机械学报》主编，《中国大百科全书 · 农业机械卷》副主编，《中国农业百科全书 · 农业机械化卷》副主编，国家机械委高等工业学校农业机械专业教材编审委员会委员，指导委员会顾问，中国农业机械学会第一、二届副理事长、第三届名誉理事长，中国农业工程学会第一、二届副理事长、第三届名誉理事长，中国科协第二、三届全国委员会委员，北京市第二、三、四届人大代表等。1995 年，曾德超当选为中国工程院院士。

曾德超出生在一个普通的农民家庭，依靠父亲的远见和在外做抄录的收入，在广州的培正中学、广雅中学完成了初、高中的学习。作为教会学校的培正中学，全方位的熏陶塑造了曾德超的身体、智力、意志、作风和气质。广雅中学的优良学风为曾德超打下了坚实的理工科知识基础，务本求实的广雅精神，更是让曾德超坚定了报考工科院校的信念。1938 年，曾德超考入国立中央大学机械工程系，以期实现“工业救国”的愿望。1942 年大学毕业后，担任重庆 50 兵工制炮厂总工程师室技术员，1944 年任中央工业试验所机械实验工厂助理工程师。1945 年，考取国民政府教育部奖学金留美，在美国明尼苏达大学学习，获农业工程硕士学位。1948 年 7 月回国后，任湖南邵阳乡村工业示范处机械厂厂长兼水泥厂厂长。1949 年 6 月，受邵阳乡村工业处派遣，作为高级工程师，带领技术工作队赴兰州，参加农村复兴委员会西北办事处（兰州）工作。1950 年 5 月，任中央农业部器械局和国营农场管理局工程师，兼技术室代主任和机务处副处长。

1952 年 4 月，曾德超参加北京机械化农业学院（中国农业大学东校区前身）建院筹备小组，担任教学筹备组组长，并辅助招生组工作等。10 月，北京机械化农业学院成立，曾德超正式调入学院，任农业机械化系主任。农业机械化系是全国农林院校中唯一独立的工科性院系，自然成为全国农林院校中同类专业发展的“龙头”。曾德超勇挑重担，将系里工作开展得有声有色，1956 年受高教部嘉奖为全国农林院校教学工作最好的系。在做好系里工作的同时，曾德超按照向农业工程大学发展方向建设的思想促使自己不断思考，并借助起草学院发展规划的机会，提出增设农业电气化专业、农业机械设计制造专业和农田水利专业。1959 年学校得到批复，依据三个专业成立了相应的系，曾德超调农业机械设计制造系任主任。在“文化大革命”前后一系列的政治运动中，曾德超饱受冲击，经受身体和精神的摧残，但他始终惦记着学院发展，以老教授的身份向党和国家领导人写信要求迁回北京办学，促进学校向农业工程大学方向发展。

1979 年，曾德超得到组织信任，以中国农业机械化专家代表的身份，独自一人代表国家被派出参加联合国工业发展组织在维也纳召开的全球农机专家会议。正是借助这个平台，曾德超开启了一系列国际交流活动，启动了与美国、荷兰等 10 余个国家的农机代表团互访和学术交流活动，促进农业机械学会和农业工程学会以联合会的形式首次进入国际农业工程大会。1980 年曾德超被任命为学院副院长，1984 年任学校顾问。自 1982 年开始，经过多次报请，1985 年学校终于获批改名为北京农业工程大学。1995 年，北京农业工程大学与北京农业大学合并为中国农业大学。自 1981 年，曾德超被批准为我国首批博士生导师起，就开始担任学校学位委员会主任直至学校合并，为农业机械化和农业工程教育事业殚精竭虑，培养了数以万计的事业接班人。

曾德超从事教育事业和科学研究工作 70 年，一生撰写研究论文、文章 140 余篇，对我国农业科学，特别是农业工程学科的发展做出了重要贡献，是我国农业机械化事业发展的开拓者之一。作为直接参与建立中国农业机械化生产技术、农业机械化、农业工程高等教育和学科体系的学者之一，70 年来，曾德超一直在研究探索土壤、机器、植物之间的基础关系及其相关技术的开发应用。他在国内外首先建立土动剪强、动摩擦方程和切土动力模型，以此为导线编撰了第一本机械土壤动力学专著，为土方机械耕挖加工领域的技术进步提供了基础保障。他还开创了农田建设和土壤耕作水热盐气定量效应与调控工艺领域的研究，发表系列论文并提出“集雨蓄水耕作”，农场生产经营与资源、生态、环境综合管理，节水、变量、保护、培育等技术复合农耕制的中国型可持续农业工程技术解决方案，并通过国际合作开发了华北条件下果树三高与防污生产的“调亏灌水”技术和含大田在内的田间实时监测、短期预报、收支平衡的科学灌溉制度和实施技术，为实现我国节水农业提供了一条实现定量化的可供推广的技术途径。曾德超把农业活动与自然环境的相互关系作为一个整体来思考农业工程学科的研究方向，极大地拓展了学科研究领域。随着技术进步和农业生产环境的变化，他又总是能敏锐地捕捉到学科领域中具有决定性作用的课题，并展开研究，保持了研究的前瞻性。他在学术研究中的整体性、关联性，把握关键环节等重要思想，对于农业工程学科的发展以及后辈学者的影响是非常深远的。

2010 年，曾德超入选“老科学家学术成长资料采集工程”采集名单。2011 年初，当采集小组去拜访曾德超时，他一如既往的婉拒，“我就是个平凡的人，没做什么事，也没出什么东西，就不要做了吧。”采集小组多次与他沟通，后来他才表态，“既然国家如此重视，有要求，那就服从。只是，真的很普通，真没做多大贡献。不过既然同意了，需要做什么，你们提，我们全力配合。”

关于曾德超的生平及学术成长，在其传略、科学家小传以及各类档案资料中有较为零散的反映。到目前为止，曾德超没有单独的传记，只是在《中国科学技术专家传略》《中国农机系统名人录》等相关传记丛书中有篇幅简短的介绍，其中，以中国农业大学孙宇瑞、何志勇撰写的《曾德超传略》为主要版本。该传略在对曾德超个人生平进行简要介绍和综合概括的基础上，以曾德超对中国农业、农村的情怀作为立足点，解析了曾老参与中国农业机械化工程实践及农业工程学科建设、人才培养的主要成绩，并且简明扼要地概括了曾德超的科学研究领域扩展、沿革的全过程。限于篇幅，仅简单勾勒了曾德超的人生轨迹。

《中国工程院院士候选人提名书》（1994）对曾德超在工程科技方面的主要成就和贡献做出评价：“在国内外率先建立了半理论性土壤动剪强方程、土壤摩阻方程、切土动力模型和机械土壤动力学学科理论体系，撰写了第一本机械土壤动力学专著，被选入《当代科技重要著作 · 农业类》出版”；“开发‘集雨蓄水耕作、区域作物水总供耗持平’的中国式持续农业工程技术体系，与澳果树园艺专家合作研究，利用落叶果树生理特点，针对华北条件，经在北京地区多年实验和在北京、山西、新疆几处生产果园的示范，开发了3项适用技术，并通过鉴定”。并认定曾德超“培养了全国为数最多的农业机械化专业的各个层次的毕业生、研究生和留学生”；“是我国农业机械化的先驱”；“为建立我国农业工程和农业机械化专业教学体系做了大量的开拓性工作”。

采集小组将曾德超的学术成长与我国农业机械化、农业工程发展相结合，与北京农业机械化学院（中国农业大学东校区前身）相结合，全面采集曾德超学术成长资料，获取全宗资料。首先，系统深入地采访曾德超院士本人，注意把握先生在访谈中谈到的思想变化和内心想法，以勾勒出学术成长过程。其次，翔实和更正曾德超的部分史实。由于曾德超年事已高，只能对一些重点事项记住轮廓，对某些事情已记忆不清。借助他夫人贺子石的帮助，全面整理先生家的所有资料，将一些问题进行不断的核实和挖掘。再次，采集小组通过实地调查，前往湖南、湖北、甘肃、重庆、南京、海南、广州等地采集相关资料，借助中国农业大学档案馆里完整的个人档案和文书档案，较为系统地掌握了曾德超个人履历、学习工作情况和思想变化状态。尤其是对于“肃反”期间的相关调查材料，更是解释和丰满了曾德超的人物形象。另外，采集小组还采访了陶鼎来、王万钧、高良润、水新元等曾德超的研究生同学，以及亲友、同事、同行、学生等30多人；收集、研究了曾德超的各类论文、讲话，往来信件，手稿以及新闻媒体有关曾德超的各类报道。项目负责人借美国访学机会，探访曾德超女儿、儿子的家进行访谈；特意去曾德超研究生时期的明尼苏达大学档案馆收集资料，考证了一些他以往传记中不准确的描述。

在对曾德超学术成长资料的采集、整理和分析以及对曾德超家庭背景、求学历程、师承关系、科研环境、学术交往、同行评价的综合考量基础上，本研究认为，对曾德超学术成长道路的描述及其综合评价应注意以下特点：

其一，应同时兼顾作为一位农业工程家的曾德超与作为一位教育家的曾德超。由于曾德超为建立我国农业工程和农业机械化的专业教学体系做了大量的开拓性工作，他的学生遍及全国各县，已经成为中国农业机械化和乡镇企业发展的主要技术支柱，所以学界与政府皆认可曾德超在教育工作上的突出贡献，特别是通过北京农业工程大学（原北京农业机械化学院）这个特殊的教育平台所展现的工作业绩，与其科研工作的发展紧密互动，已经成为曾德超学术成长过程中不可分割的一部分，也是能够表征中国农业工程学科发展及知识扩散的一个重要领域。据此，应将曾德超在农业工程教育工作领域的贡献纳入他的学术成长研究范围。

其二，应同时兼顾曾德超的理论贡献与工程技术实践业绩。农业工程作为一门应用性极强的工程科学，学术成果的体现是多元化的，拥有极强的综合性与实践性。曾德超直接参与工程技术实践的时间虽然不是很长，却都涉及国家发展农业机械化和农业工程学科领域的重大事件，如全国旧农具增补，新式农具推广；全国国营农场、拖拉机站和各垦区引进机具的生产应用，适应性改装和改进等。在这些实践过程中体现的技术创新同样是曾德超学术贡献的重要组成部分。考虑到工程实践对工程学家知识结构整合的重要性，工程技术实践本身即成为曾德超学术成长的重要过程。

其三，应针对曾德超学术成长的分期，集中把握曾德超的主要学术成果。曾德超的学术成长在“文化大革命”前与“文化大革命”后出现了较为明显的阶段性特征。而且，作为一位工程科学家，其理论贡献随时间变化呈积累型特点，在 60 岁以后方进入学术成果产出最集中的阶段。据此特点，以曾德超学术成长的重要关节对他整个学术生涯做出适当的分期，并集中把握曾德超的主要学术成果，是本研究需要注重的内容。

依据以上特点，本研究从科学技术史（科学人物研究）的视角出发，综合考量曾德超的全部生平中与农业工程科学研究、农业工程科学教育以及农业工程社会实践等各方面学术成长关系度最密切的部分，以层进的方式，探讨曾德超院士学术成长的主要过程及其特点；把握曾德超作为一位农业科学家和工程科学学者双重身份，他学术成长的特殊性；在资料汇集、整理、融合的基础上梳理曾德超学术成长的主要阶段和节点；总结他三农思想、科学素养与人生情怀；最终全面展现曾德超院士作为一个农业工程科学家的学术生涯。

本书主要分为四大部分：

第一部分（第一章、第二章、第三章），研究曾德超的成才历程及早期工作实践，主要时间跨度是从 1919 年出生至 1949 年在新中国成立前的乡村工业实践结束，全面展现一位出身农家的少年学子成长为工程师和学者，站到祖国农业现代化建设前线的过程。本部分解决的问题和提出的主要观点有：①展现一个天涯海角的农家小儿从琼山迈德村经学堂到广州圣心小学，再到私立培正中学、广雅中学初步具备科学人才的培养潜质和学习能力的过程；②曾德超赴美留学所肩负的国家期望决定了不论他具体道路的选择如何，他的历史使命都是将农业工程引入中国；③曾德超参与乡村工业的时间虽然不长，但是这种发展模式以及两年实践工作的很多具体经验一直存留于他的科学思想中。

第二部分（第四章、第五章），研究曾德超扎根农业机械化沃土的过程，主要时间跨度为从 1949 年兰州解放曾德超调入中央农业部至 1978 年"文化大革命"结束，北京农业机械化学院迁回原址，农业工程全面发展的时期即将到来。本部分解决的问题和提出的主要观点有：曾德超对自己的人生定位是在发挥专业所长，进行科学研究与技术开发，而非单纯的科学普及与技术宣传，这是形成他事业重要转折的主要原因；曾德超对中国农业工程高等教育的奠基起到了重要作用，尤其是他在参与筹建北京农业机械化学院时提出的从长远发展考虑的思想，即应该建立培养农场管理及农业机械化的高级技术人才的高等学校，因为只有发展了高等教育，才能在农业机械化领域开展产—学—研合作，以研促产，产学共进；作为一位教育家，曾德超的事业和命运已经同北京农业机械化学院（后更名为北京农业工程大学）紧紧联系在一起；植物、机器与土壤相互作用机理研究领域早在 20 世纪 50 年代开始就是曾德超关注的重点。

第三部分（第六章、第七章），研究曾德超献身农业工程事业的经历，主要时间跨度从 1978 年恢复工作到 2001 年曾德超主持的最后一个科研项目正式通过鉴定。曾德超自筹备北京农业机械化学院之后就再也没有离开教育界，为中国农业工程的教育、科研和学科建设做出了重大贡献。由于涉及曾德超工作的全面展开并达到农业工程事业的最高峰这一阶段，这一部分采取横向结构，并行阐述曾德超在教育、科研、国际交流等方面的工作经历与重要贡献，力图全面展现曾德超以北京农业机械化学院（后更名为北京农业工程大学，即今中国农业大学东校区前身）为平台和基础，献身中国农业工程事业的历程。本部分解决的问题和提出的主要观点有：曾德超是推动北京农业机械化学院教育改革的关键性人物之一，其工程教育思想与学校学科建设具有较为明显的关联性特征；曾德超能够敏锐地捕捉到学科领域中具有决定性作用的课题，其根本原因在于他对农业工程这一工程学科的性质认识及对中国农业科学技术发展的最终目的持续进行的高屋建瓴式前瞻性探索；曾德超是面向 21 世纪的农业工程科学家，他对工程与农业、生物各领域的交叉和渗透的很多思想有待进一步总结、提炼和借鉴。

第四部分（第八章）研究曾德超晚年（2002 年以后）科研领域的继续拓展及其他社会服务工作的内容。

曾德超晚年关注农业现代化与可持续发展问题，将适用技术概念与高效农业、抗逆农业、精密农业、生态农业和可持续农业全方位结合起来进行战略性思考，提出在农业生产中建设配合全民的水利工程、造林工程、气象减灾工程、生态系统建设工程等全套工程体系。

此外，专门分析了曾德超的科学人生与对农业机械化农业工程理论的贡献，涉及的问题主要有：曾德超对农业工程学科的认识，多维度、发散式的学术创新特征，淡泊名利的人文情怀，勇于开拓的科学素养以及服务农业、改变农村、造福农民的毕生追求。

在一次次与曾德超接触过程中，采集小组成员被曾德超的风度和气质深深吸引，被他的科学情怀和素养所折服，被他反复强调的“只有做朋友，才能平等交流”所感染，有幸成为他的“晚年朋友”。当一点点翻开那些过往的资料，就像人生长河里一幅巨幕画慢慢在我们面前展开：曾德超源于对中国农业农村问题的真情实感，凭借自己“犁铧拓野总向前”的执着，与同辈一起，在阡陌大地，翩翩起舞……逐渐地，越来越多的人加入这个行列，怀揣着共同的理想，舞出华丽篇章。

第一章
走出海角天涯

曾德超，海南省琼山县人，农业工程与农业机械学家，教育家，中国农业机械和农业工程学科的奠基人，从青年时代起就立志用科学技术强国富民，将全部热情和真诚投入到改变中国农民、农业、农村落后状况的事业中。

曾德超作为中国近代第一批留学海外学习农业工程，攻读农具学研究生的20位中国农业工程界先驱之一，他的成才历程既反映着特定历史驱动力导引下的必然性，又蕴含个人奋斗路径的特殊性；既表征着大时代特点，又体现着他对历史机遇的恰当把握和独特运用。

出身与早期教育

乡土文化

海南，中国唯一的热带海岛省份，四季常花，长夏无冬。这个宝岛上，蕴藏着丰富的地下宝藏，生长着几乎所有的热带作物，特产橡胶、咖啡、可可、椰子、槟榔、胡椒等，附近海域鱼类群聚，是一片资源丰富、温暖美丽的土地。历史上的海南却因地理条件的限制，孤悬海上，很难被大陆经济、文化渗透影响，更难有任何经济投资。这里的社会经济文化不发达，农业化进程也异常缓慢。唐宋以来，来自大陆征戍、贬谪人员在岛上渐次安家，丰富了岛上移民来源；又兼黎族、苗族百姓自由迁徙，加之元代以后军队屯田的发展，才使这片土地得到缓慢开发。

海南岛南北地形、地质构造和冬季气温有很大的差别，东南、西南部之间，干湿也不相同，中南部山区和沿海低地的自然景观很不一样。海南岛的北部主要以台地丘陵地区为主，大致包括文昌、琼山、定安、澄迈、临高、儋县、那大、屯昌等县和海口市[①]。贞观元年（627年），因海南北部白石都（今新民乡）有一座山名琼山，又有琼山、白石两村，泥土石头皆白如玉且润泽，便以山名取县名，琼山县名自此始。贞观五年（631年）设琼州，州治位于今旧州镇。宋开宝四年（971年）移治府城，至清朝，琼山县都是琼州府的所在地，故府城以此得名。

民国时期，海南岛北部除海口之外的其他地区，农户比例一般较高，土地开发的成果得以继承和保持，自然经济仍占优势。[②]其中，从民国年间海南岛上各县农户及地亩情况来看，当时的琼山县既是海南岛北部最大的一个县，也是全岛地亩和农户最多的一个县，主要耕地类型是水田，大田作物以粳稻为主，糯稻为辅。半湿润型气候和台地砖红壤的土壤类型较适宜耕作，所以自明代琼州升格为府后，琼山一直是海南岛的政治、经济、文化中心，素有“琼台福地”之美称。新中国成立后，琼山县的农业开发有了更深程度的发展。

就在桂林洋地区中东部的小平原上，农垦开发区和琼山盐场连线的中间地带，有一个以曾姓为主的小村落，传承了历史悠久的儒家文化和光荣伟大的革命传统，成为海南十大文化名村之一。这就是曾德超的故乡——迈德村。

迈德村是明朝入琼的曾氏宗族始祖曾元发公第三代裔孙曾祖裔、曾祖贤二人肇基的村庄，也是海南曾氏后裔聚居较大的村庄之一。作为宗圣曾

① 徐俊鸣：《海南岛地理》。广州：广东人民出版社，1958年，第11页。

② 司徒尚纪：《海南岛历史上土地开发研究》。海口：海南人民出版社，1987年，第117页。

图 1-1　迈德村一角（神龙古井）（张远帆摄于 2014 年）

子后裔的一支，曾氏既是海南岛上的大姓，人口占全省总人口百分之一强①，又承载着较为正统的儒家文化，是岛上民族汉化过程中影响深远的一族。桂林洋迈德村的曾氏源于福建莆田，在明朝宣德正统年间从陵水县港坡村移居琼山县外义丰乡桂林郡，其后子孙曾藩昌，为继承曾氏先贤祖德的优良传统，弘扬一代后人胜前人的历史愿望，将村取名为“迈德村”。[1]

清朝乾隆丁未年（1787 年），迈德村曾氏宗祠由村南迁至村北，在中堂建设了“经学堂”，这是当地最早为教育村中子弟而设立的私塾学堂，培养出很多名人。曾氏宗祠除了奉有近代曾氏祖位及族中名贤有功德于众者的神位，还成为迈德村甚至周边地区文化教育的一个中心。迈德村“经学堂”在清朝就培养出乡进士 4 人、举人 2 人、贡生 15 人、国学生 25 人、秀才 44 人，还有监生、增生、廪生、宾生、处士等多人；有官任五品蓝

① 曾广河（主编）：《海南曾氏》，海南曾氏联谊奖学基金会与海南曾氏文化开发有限公司联合刊印，2008 年，第 1 页。

翎顶戴 4 人，六品顶戴 4 人，七品顶戴 6 人，八九品各类郎官 12 人。

清朝到民国时期，永历遗民和客家人的迁入，使海南岛上的民族汉化程度加深的同时，也增加了农业文明所为倚重的儒家礼制文化和安土重迁风俗。作为儒家思想的正宗传人，曾子在儒家文化中占有承上启下的重要地位。曾子的思想核心是孝，认为孝是一切道德的根本与总和，强调为人首先要孝敬父母，要尽力为父母双亲提供良好的物质生活条件，同时要娱亲、顺亲，使他们精神愉快。然而近代以来，在社会政治经济大环境的驱动下，在海南曾氏中，由于各种原因长期离乡的人已比比皆是。宋元以来港口、圩市勃兴，岛上聚落也出现了小城镇；康熙之后，摊丁入地所引发“生齿渐繁”的趋势波及海南，岛上东北部的土地已经非常紧张。受两广地区渡海移民的民风影响，乾隆年间，海南就有人渡海去泰国等地谋生。[①] 鸦片战争之后，尤其是咸丰八年（1858 年）海口开埠后，海南岛由于地理位置毗邻最早开放通商的口岸广州和殖民地香港，半殖民地化程度加深很快，致使传统的“种植业—家庭手工业”为支柱的传统小农经济受冲击程度非常严重，经济凋敝，农民破产状况明显，因生活所迫而选择“下南洋”蔚为风气，这使海南成为继福建漳泉、广东潮州、东江客家人之后的又一著名侨乡。

迈德村地处琼山中东部地区，向西有道路直通海南岛最长的河流南渡江，向东则很快到达海岛北部的大海湾，出岛较为方便。加之氏族祖上与大陆的血脉渊源，以及曾子对“修身”、“慎独”的至严要求，曾氏一族以求学、任教离乡，从事教育、经济、法政、工业等社会事业的子弟占有相当数量。成长在这一环境中的曾德超，不仅自身的外出求学、工作经历印证了这个传统，甚至他求学道路的艰难开辟，本身也是其父祖亲长修身向学、勉励子嗣的传承。正是由于父辈的支持，曾德超不但走出了这个传统农业村落，而且将海南琼山蓄毓的村落乡情沉淀为永恒的精神力量，将毕生勤勉馈献于祖国。

① ［日］小叶田淳：《海南岛史》，张迅齐译。台北：学海出版社，1979 年，第 162 页。

家庭环境

图 1-2　曾德超故居（2014 年，张远帆摄）

曾德超的祖父名叫曾昌福，他从小家道贫寒，其父过世较早。昌福是家中长子，另有三个兄弟：老二早逝，老三昌忠，老四昌积，另有一位妹妹嫁到高山村。兄弟几人很早分了家，各谋生计。曾德超的曾祖母，少时所唤“阿祖”者与曾昌福同住祖屋大房，各住一边，自己单独做饭，由曾德超的祖母供应衣食，是位长寿的老人。曾昌福与其妻生有三子一女：长子令兴，次子令隆，幼子令楷，女儿排行第三。曾德超是曾令隆之子，也是曾家的长孙，他出生时，曾令兴、曾令楷都未曾育有子嗣。曾德超从小跟祖母睡在祖屋，直至离开农村外出上学。

图 1-3　曾德超 13 岁前使用的床

曾昌福后来患有一种慢性病，大腿小腿肿胀，无医可投。当时只有塔市有简陋的中药铺和非正式的铺面郎中。于是曾家托人到处找江湖郎中吃药，却屡不见效，腿脚胀痛愈加厉害。据曾德超回忆[①]，有位江湖郎中曾用针将曾昌福的腿戳

① 资料来源：曾德超为族人撰写曾氏族谱所写《世纪沧桑》文稿。

穿，把脓带血挤出来，痛苦不堪却于事无补。还有郎中说曾昌福是肚子里长了某类的恶虫，给出秘方配制了大颗粒药丸，要夜里睡下后把药偷偷吞下去，让恶虫吃了以后被毒死。夜里吞食药丸给病中的昌福公带来了更多痛苦。祖父病中痛苦和无助成为曾德超一生中永难磨灭的记忆。这以后，一提到农村的缺医少药、缺乏社会安全和社会保险的状况，他的脑海中就会闪现出当时的那一幕。

曾昌福在世时，是一位勤劳、仁善的农人和颇具人缘的长者。他对公益事业很关心，有一段期间代管过祠堂的公共田产，在不同程度上参与过祠堂的建设。同海南的一般家庭一样，曾昌福的妻子耕种田地，昌福自己则试图跨出务农的传统，外出学杀猪，出售猪肉及其他买卖生意。他的这套生计甚至影响了昌忠、昌积两个弟弟，三兄弟合伙摆摊卖肉，曾昌积还到塔市去物色各种合适的大小生猪，购买后用竹笼抬送至海口生猪行转运香港。时值第一次世界大战前后，经香港出口生猪生意看好，且竞争者不多。曾家昌字辈兄弟通过做猪肉生意再兼职其他小贸易，积攒了银钱，便在母亲（曾德超曾祖母）的许可下分了家，曾昌福自己改建祖屋，并与兄弟另建两幢石档屋。随着孙子辈的出生，曾昌福又着手规划新的住宅，然而在他去世之前，只来得及购置整理新屋的宅基地并购买了全部建屋用的石料；新宅的真正建造完工和迁入居住是由曾德超的祖母主持，由曾德超的母亲、伯母、婶母一批妇女负责完成的。这样，曾家在昌福夫妻的筹措经营下，渐渐为子孙的昌衍和发展开辟了空间。此后，曾昌福又利用自己打下的基础，将子嗣尽可能地送入学堂。令兴、令隆、令楷在中学毕业之后，都有一段时间进一步学习，而最终使曾德超、曾德越、曾德让、曾德初、曾德舜等第三代及第三代以后的子嗣能够从单纯的贫穷落后的农户世家走出，陆续踏上外出求学的道路，成为知识化的农民家庭或知识分子家庭。

曾德超的父亲曾令隆继承了上一辈重视子孙教育的传统。他毕业于广东公立法政专门学校，1929 年在广西梧州工作时，有了较为稳定的经济来源。此时曾德超尚在迈德村村中祠堂念小学，父亲曾令隆亲身体会到两广文化的深厚和对长子的寄望，迅速托人将曾德超带到广州寄读于天主教“圣心”小学，而后曾德超又顺利考入广州私立培正初中，这是广州三所最著名的教会中学之一。

图 1–4　1945 年曾德超与父亲曾令隆

教会学校的私立性质以及港澳富家子弟作为学校主要生源的基本状况，意味着从曾德超的小学到初中阶段，曾令隆都须支付儿子昂贵的学费和生活费用。曾令隆的职位只不过是广西梧州法院中担任笔录庭审的“书记官”而已，拿不到很高的薪水，但他仍然坚持要将长子带出农村，进入只有华侨子弟才能进入的教会学校，去接受美式“贵族”教育。这使曾德超的人生迈入了第一个拐点。

抗日战争全面爆发后，由于曾令隆、曾德超父子离家在外，曾家二房（即曾令隆一家）的境况愈加困难，曾令隆的全部收入除出自己花销外，全部用于支援曾德超上学。曾德超的母亲张氏在分家后没有任何外援的情况下辛勤种田劳动，维持全家四口人的生活。1937 年，张氏抚养着尚在襁褓的幼子曾德越，带着时年 6 岁的容兰（曾德坤）和 12 岁的长女和兰，艰难生活。

曾德超 1929 年离开家乡去海口上小学时，大妹妹曾和兰年仅 5 岁，三妹和四弟尚未出生。因此，曾德超和曾和兰关系最为亲近，也最为疼爱。曾和兰从小体弱，但很聪明、心气高。在曾令隆父子离家期间，母亲张氏受“女大当嫁”传统影响，通过媒人介绍，相信生辰八字等迷信说法，把 16 岁的曾和兰嫁了出去。结婚后，夫妻关系不好。后来，曾和兰（参加革命时名为曾坚贤）全身心投入抗日革命活动。1941 年 2 月琼崖特区人民政府在塔市乡成立抗日救国会，曾和兰被任命为第一任塔市乡抗日妇救会会长，一直领导塔市乡广大青年妇女在各村庄展开抗日救国，反对国民党压迫等爱国运动的斗争。[①] 1948 年，曾和兰患上了肺病，不得不离开革命队

① 资料来源于曾德坤于 2004 年给曾德超的家信，具体事件由一起参加革命的老干部曾爱琴（同村人）讲述。曾爱琴系原自治州党委副书记、海南区党委宣传部长陈说的爱人。

伍，只能投奔娘家养病，希望得到二妹和母亲护理照顾。然而家中族长坚决反对，认为嫁出去的女儿倘使回娘家治病，若最后死在娘家，将给全族子孙带来晦气。最后，经在府城中学教书的舅父帮助，在海口租房安置，直至 1951 年春病逝，年仅 26 岁。

四弟曾德越在府城农校读书时，与同学一起参加“琼崖地下学联”进行革命活动。海南解放后，这个地下组织曾被怀疑为是反革命的，曾德越因而入狱接受审查。1953 年，该组织被正式结论为革命组织，曾德越被释放出狱，在拘留期间患了严重胃病，成为终生慢性病患。此时曾德超已经在北京农业机械化学院任教，曾德越中学毕业后，即考取北京农业机械化学院农业机械化专业，1961 年大学毕业后在北京工业大学内燃机学系工作，一直做到副教授。2003 年 2 月，因长期胃病转为胃癌入院，经医治无效而去世，终生未曾婚娶。

虽然远离乡土，但是故乡的亲人和农村的状况一直在外出求学的曾德超心中，未敢或忘。在美国读书时，曾德超曾邮汇 200 美元托当时在海口的一位大学同学代给母亲张氏，可惜没有下文。1948 年，曾德超从美国明尼苏达大学学成归国，到行政院善后事业委员会乡村工业示范处华中分处（湖南邵阳）工作。正值父亲曾令隆因病从四川回家，绕道湖南，不巧与外出公干的曾德超错过。曾令隆在广州写信到邵阳，令曾德超赴穗相见。得知消息后，曾德超立即赶赴广州，却在路上患胃出血，不得已滞留广州治病，并托老乡往家带去一百银元。此时曾令隆已从广州飞回海南，由养女一家接待、照料；最终因病重不治，1948 年冬在海南医院病逝。曾令隆离家近 20 年后，终究没有回到家；曾德超离家近 10 年，直至父亲去世也未能见面。而曾德超托人捎去的钱，也竟然再一次失去消息，家人全然不知，无所助益。

曾德超每每回忆起父亲和妹妹，也极为自责，尤其对当时不及接济家中的客观原因和事实痛心疾首。“大妹妹是病死、饿死的！”这份令人心碎与内疚的亲情记忆，成为曾德超终身的遗憾。后来，小妹曾德坤 1950 年海南解放后参加了革命工作，母亲和幼弟由曾德超抚养，直到弟弟大学毕业和母亲 1989 年去世。

早期教育

迈德村曾氏宗祠建于乾隆年间，气势恢宏，典雅端庄。祠堂院落三进，坐北朝南，头门上有一幅石刻对联：

武城世族；

鲁国家风。

这昭示着琼山曾氏与孔门四大学生之一曾参的渊源。祠堂内供奉着历代曾氏祖先牌位的宗圣殿，高挂着一幅晚清广东末代解元、本村名人曾对颜撰写的对联：

莆田分派琼岛移居百余年，庙貌重新，唯长念水源木本；

闽矫登科陵阳作宰廿数世，凤徽共仰，愿不忘祖德宗功。

沿中轴线石板路行进，便可达到经学堂——曾家祠堂小学。这是迈德村的骄傲，从建成开始，一直是族中子弟的诵读之区。200 年来，这个乡村私塾培养出了众多出类拔萃的人物，可谓是彦士俊杰，代出无穷。在清朝，迈德村就有 2 名举人、贡生 15 人、国学生 25 人。其中，官居七品以上者 14 人。新中国成立后仅迈德村就有工程院院士曾德超，有博士、出国援外专家、学者、全国劳模、名医、教授、高级职称和县团处级干部共 48 人；有教师 92 人，其中有九代出 47 名教师的海南教师第一家[①]。

图 1-5　1998 年曾德超与儿子曾雨在曾氏宗祠

曾德超进入曾氏宗祠学习

① 详见立于迈德村曾氏宗祠内的经学堂介绍。

时，年仅6岁。在个人回忆中，对这段学童记忆提及甚少，只记得那是复式教育，一、二、三年级都在一起上，并提到祠堂里教授了“《三字经》一类”的学问。在曾家祖先牌位神台上，居中位置的最大的一块牌位，是至圣先师孔子。宗圣殿列设的“迈德村曾氏家规”，开篇便是“劝读书，长才智”。迈德村曾氏在古代就定下了这样的规矩：未读书者不可进祠堂祭祖，新中国成立后，这一族规变成了六年级不毕业者不得在拜祭亭上跪拜祖先。显然，迈德村的居民有着崇尚教育的悠久传统。

经学堂内曾高悬“解元”、“武魁”、“拔元”、“优元”以及“大雅扶轮”等多块彰显教育成就的牌匾，彰显了曾家子弟中人杰辈出的嘉况。在历史上，为了对曾家子弟进行良好教导，迈德村曾氏族长常常到海府地区选聘名师前来经学堂掌教。晚清末期，解元公曾对颜还经常回乡督课子孙，对联中“愿不忘祖德宗功”一句，体现着曾对颜对后辈的殷殷期盼。

经学堂以公田出租所得而为子弟义务教育。浓厚的学习氛围加上严师的指导有方，当时的经学堂吸引了远近几十里的学生慕名前来就读，成为蜚声于外的一所乡村名校。因此，可以说，孩提时代的曾德超，在自己还没意识到之前，便已经开始了学问和教育的洗礼。

1931年，曾德超12岁时，被父亲托朋友带到广州上学。首先是在广州石室天主教堂所下属的圣心小学补习，半年之后，1931年秋天，曾德超转入私立奥华中学预科班。1932年又进入基督教教会办的广州私立培正中学就读。这开拓了曾德超的视野。一个农村孩子首次离开家乡，向着更广阔的天地行去。他回忆：

父亲有眼光，他赚的钱基本用于我上学了。他很少回家，回家的话也没有带多少钱。我两个妹妹，在小学念得很好，下面再读不下去……父亲就是个抄录，文化水平不高，旧式中学毕业，后来念了个培训班。同乡的有人在法院里工作，就互相帮忙给他找个工作。父亲叫我好好读书，别搞政治。他在我考取留美（资格）之后，就在四川。我也来不及去同他告别，就走了。后来就没见到了。没有我父亲

支持，我是出不来的[①]。

广州天主教圣心大教堂是中国最大的哥特式石结构天主教堂建筑，由法国建筑师稽明章（Guillemin）设计，中国广东石匠蔡孝担任施工总管。第二次鸦片战争后，法国政府依据与清朝政府签订的不平等条约——《天津条约》，借口清政府在教禁期间没收过天主教在广州的教堂，威胁清政府赔偿损失，强迫官府出租原两广总督行署地，兴建此教堂[②]。1888年落成时，这座教堂耗资40万法郎，建筑面积2754平方米，东西宽35米，南北长78.69米，地面到塔尖高58.5米，教堂西塔大钟楼的东、西、南面各装上了圆形罗马数字机械钟，这是广州最早的报时大钟。东塔大钟楼有五个从法国运来的命名为“马利亚”的铜钟组，是广州市唯一的一组摇摆式响钟（现有一个铜钟流落广西梧州教堂），可与闻名世界的法国巴黎圣母院相媲美，直至今日，仍是国内现存最宏伟的双尖塔哥特式教堂建筑之一。

石室天主教会创办的学校基本是设于石室教堂的附近，主要是为传教的精神渗透而设立，理所当然地把宗教教育作为教育的重点内容。但这些学校的创办，在客观上促进了普及教育，对广州的近代教育事业产生了极大影响。

曾德超到教会学校借读时，国内政治环境正是最恶劣复杂的时候。国民革命失败之后，琼崖中共地下党人受到广东军阀的严酷镇压，琼山迈德村曾德超的不少族人遭到骇人的公开杀戮。曾令隆大概看到了政治环境对少年成长可能发生的不利影响，未雨绸缪，将儿子送到教会学校就读，作为避免卷入政治乱局的一种考虑。然而作为一个初次远离家乡的少年，那种完全陌生的学习环境，加之与广东同学间言语不通的状况，使少年曾德超感受到强烈的孤独感，拥有了渴望温暖的人生体验和渴望互相关爱的感念：“学生都是广州周围的，假期里都回家去了。整个大宿舍，黑咕隆咚的，就我一个人。神父把我叫去，管我吃饭睡觉。他念经（祷告）呀什么的，叫我跟着他，边走边念。”[③]

---

① 曾德超访谈，2011年9月14日，北京，曾德超家。资料存于采集工程数据库。

② 陈建华主编：《广州市文物普查汇编 · 总览卷》。广州：广州出版社，2008年，第148页。

③ 同①。

中学时代：培正与广雅中学

至善至正，培正精神

培正中学是一所在洋务运动倡导新学的背景下，由华侨基督教组织浸信会人士廖德山、冯景谦、李济良、李贤士、杨海峰等共同倡议开办的一所书院式学校。在学校除四书五经外还开设了格致 4 类课程，并加授算术、英文等。清末“新政”废科举时期，学校改称“培正学堂”，此后度过了几年尤为艰难的经济困难时期，1906 年，由两广浸信会会长张立提出“维持培正案”，才渐渐走出困境，1908 年重新开课，从此发展壮大。

1932 年，父亲曾令隆随老乡林某到四川雅安做录事。暑假，曾德超转入广州基督教教会私立培正中学就读。

培正中学现位于广州越秀区（旧东山区）培正路 2 号，与培正小学、广州市七中等共同形成了越秀区优质教育资源的集聚区。而在曾德超就读

图 1-6　培正中学校门（2015 年，张远帆摄）

期间的20世纪30年代，培正中学周边洋楼林立，中国共产党第三次全国代表大会会址就在其中的简园和逵园。洋楼大多仿效欧美风格，砖混结构，阳台、圆柱、墙饰、围墙等均建造精美。比如“简园原是南洋兄弟烟草公司简琴石的产业，在20世纪初吸取欧洲建筑风格而建的别墅。简园为三层高钢筋混凝土结构，券拱式的门楼上端是飘出的阳台，仿希腊柱式，外墙涂刷米黄色粒状灰砂，出檐处有几何图饰。主体建筑坐北朝南，布局对称，前花园有喷泉花圃，围墙上部以绿釉陶竹筒装饰，外形十分出众。……简园建成后，先后是德国领事馆、谭延闿公馆。”①

老广州还流传这样的俗语“东山少爷、西关小姐”，是指在20世纪30年代，东山是权门显宦的聚居地，出入东山多是官家子弟，而培正中学就在东山；西关是商业繁华区，出身富商之家的小姐们多数居住在那里。经老广州人回忆，民国初年，一些华侨和军政官僚在广州市东山新河浦、恤孤院路等地兴建的仿西洋别墅，引来达官贵人聚居。后来，跑南洋发了财

图1-7　20世纪30年代培正中学周围街景（存于中共三大纪念馆内模型微缩图）

① 广州东湖街道办事处2005年在简园外墙上所列的介绍。

的“资本家”，纷纷也在这儿建别墅、洋楼。许多华侨，自己在国外打拼，妻儿却留在国内，住在别墅里。这些华侨的儿子辈，便是“东山少爷”的形象，大致为住洋楼，开洋车，穿西装，戴礼帽，拄着一根文明杖……

出身寒门的曾德超所面对的同学，以及所见所闻，无疑在他心灵上引起了触动，留洋的萌芽开始形成。“那时候就有（留洋的想法）。因为学校都是仿效国外的，同那时候广州的其他中学相比，大家都说教会学校好，尽管学费贵些。还有教师、同学经常说国外的事，都想着外国好，自然也就受了些影响。”①而外语学习是第一步。恰巧培正中学非常注重外语教学，有比较周密的外语教学计划，例如初中英语的教学，初一着重解决发音、词汇和一般句型的训练；初二着重解决语法，初三看重句文分析及阅读写作修辞，抓住基本内容反复锤炼。这样三年下来，初中毕业生基本上能借助字典阅读，高中时就可以完全采用外文课本教学。这段学习经历，在曾德超的记忆中依然鲜活，那份愉悦还延续在心中：

> 我同学有很多华侨，同我关系都很好。初一的时候，一个宿舍一共是六个学生，好几个学生都是华侨，从加拿大、美国、印度尼西亚等回来的。从初一开始，学英语，就是华人华侨回来当教师，一个礼拜上六个小时的英语课，一上来就默写单词，计分。因为要达到及格呢，就都非常紧张。教英语的还有外国女教师，那个老太太一上来就“stand up”，“face out”大叫起来，你就当木偶，她就那么弄。所以呢，我们实际上是经过磨炼出来的。学生之间呢，都是华侨，平时也哇啦哇啦（说英语）②。

除了重视外语之外，培正中学还特别重视自然科学实验和体育竞技。学生在校期间需要接受童子军训练；学校还把经常举行的校际球赛办成了全体学生参与和关心的课余生活核心内容。学生基本上全部寄宿，管教很严，平时不能外出。教师和学生之间，学监与学生之间，同学和同学之间

---

① 曾德超访谈，2011年9月14日，北京，曾德超家。资料存于采集工程数据库。

② 同①。

都平等以待，形成一个相对与世隔绝又紧跟时代教育前沿的学习环境。

培正的精神同样是对培养人才事业的崇高定位与坚韧执着。“至善至正”作为学校校训，出自儒家经典《大学》中“大学之道，在明明德、在新民、在止于至善”一句。培正办学理念的核心，便是将“善”作为做人之基，“正”作为立事之本，强调继承、创新和超越。1915年，学校曾再度经历负债困境，但并没有因此放松教育，反而严格选聘教师，对学生严格管理，力求道德品质与科学知识并重，实施德、智、体、群四育，为社会为国家培育人才。作为一个从落后农村出来的少年，曾德超在培正中学里得到的，是身体、智力、意志、作风和气质的全方面熏陶塑造。初中教育这段时间虽然很短，但对曾德超来说，这段经历对他的一生影响很大。他说：

图 1–8　培正中学时期的曾德超

> 在解放后开始我的延续一生的教学生涯时，我的许多做学生工作、受到广大同学欢迎、使学生感到受益的做法，譬如，办事公道讲理，热心于与学生、工人、干部打成一片，自己坚持并鼓动学生参与文体活动，指导学生如何在较短时间内掌握外语，如何把自己造就成为学有专长而光明磊落的专门人才等等，实得益于初中这一段的亲身感受，潜移默化，并设身处地地予以应用①。

从琼山迈德村经学堂到广州圣心小学，再到私立培正中学，一个天涯海角的农家小儿已经初步具备了科学人才应有的培养潜质和学习能力。

---

① 曾德超访谈，2011年9月14日，北京，曾德超家。资料存于采集工程数据库。

务本求实，广博雅正

1935年秋，曾德超考入广东省立第一中学——广雅中学就读。因为广雅中学是广州很有名气的公立学校，与教会学校的培正中学相比，费用要低很多，这应该是曾德超考入广雅的主要原因，他说：

初中毕业的时候，我家没有钱，父亲供应不了我。所以，我不能在培正（上高中）了。我就考入广东省立第一中学，广雅中学，原来是广雅书院，那时候很著名。平常，我父亲寄一点钱给我，当然很辛苦。从小学到培正、到广雅，都是一个人念书[①]。

广雅中学的前身是张之洞创办的广雅书院，是晚清洋务派创办诸多书院中最具影响的一个，与湖北自强学堂（武汉大学前身）、两湖书院（武汉中央军事政治学校前身）、上海南洋公学（上海交通大学前身）并称为中国四大学府。民国时期改为广东省立第一中学。曾德超入学时，学校已重新更名为广雅中学，实行“六二三”（六年制小学、两年制初中、三年制高中）学科制。

洋务运动时期，部分士大夫已经意识到，不仅需要“觅制器之器”，还需要培养“制器之人”。这一时期，造就近代科技人才成为洋务派的一大目标，希望把懂得西方科学技术的人才纳入科举正途。张之洞建设广雅书院的立意，便是试图改革陈旧的人才培养机制：“臣设立书院之举，窃欲鼓舞士类，维持世风。上者阐明圣道，砥砺名节，博古通今，明习时务，期于体用兼备，储为国家桢翰之材。次者亦能圭壁饬躬，恂恂乡党，不染浮嚣近利习气，足以淑身化俗。”[②] 1886年，张之洞亲自为广雅书院选址，认为市区虽应试、买书、交通便利，但难免有繁华喧嚣之气渗入，远郊则利弊相反，所以定位在靠近市区的近郊，可以兼两者所长。最

① 曾德超访谈，2011年9月14日，北京，曾德超家。资料存于采集工程数据库。

② 张之洞：《请颁广雅书院匾额折》。

后，在“省城西北五里源溪乡地方”选择了一处“云山逶迤，河山环抱，风土清旷，交通便利”的地方。由广西各州府衙门拨助九百两盐饷，加上广东绅商的捐款，凑齐创建经费十三万八千六十六两[①]。“广雅”二字，取义于“广者大也，雅者正也”，表示学校以孕育知识广博、人格雅正之士为己任。戊戌时期，广雅书院在其院内增设“西学堂”，加大了格致科目的教授力度。广雅曾设经、史、文、理四科，在科举制未完全废除之前，学堂与科举并行，学生也可以按需选择，读书期间可以考科举，毕业后可以做教习或从事政治活动。20 世纪初期，广雅“备斋”级别的课程设置是“以四书五经、纲常大义为主，历代史鉴、中外政治艺学为辅，复照各国通例，分别伦理、政法、本国文、外国文、历史、地理、数学、格化、博物、图画、乐歌、体操诸门”[②]，教习人员渐渐受到社会重视。学生也渐而倾向于务实变革。民国建立后，广雅废止学堂制，1928—1929 年，梁漱溟担任广雅中学（时称广东省立第一中学）校长，他将广雅精神提炼为“务本求实”四个字，将校训确立下来。

图 1–9　广雅中学含英楼前张之洞像

20 世纪 30 年代的广雅中学特设图书馆、科学馆、艺术馆、农场、工场、史地研究部、体育部、合作社、医院、军事训练部、附属小学等，皆

① 陈朝生:《张之桐与广雅书院》。羊城晚报，1989 年 10 月 30 日。

② 陶模：两广总督陶模奏设广东大学堂请废科举折并附片。见陈谷嘉，邓洪波：《中国书院资料史（下）》。杭州：浙江教育出版社，1998 年。

图 1-10　广雅中学时期的曾德超

系属于校务会议之下。科学馆分物理、化学、博物三部，设管理员一人，办理典守等事；由数学、物理、化学、博物各科导师组织科学馆指导委员会，互推一人为主席。艺术馆分图画、音乐两部，由图画、音乐两科导师及其他各科对艺术有研究导师组织起艺术指导委员会，互推一人为主席。

对曾德超来说，广雅务实精神具体到高中学生生活，主要是考虑升学。因为在 20 世纪 30 年代的广雅，学生们已经普遍认识到自然科学和工程技术对于国家发展的重要性，并且认为理工类人才是符合社会需求大势的，对工科大学的认可程度非常高，甚至形成了一股风气：认为优秀的学生就该以报考上海交通大学和清华大学这样的工科名校为奋斗目标。在这种氛围影响下，曾德超也将数理知识作为学习的重点内容，力求考上名牌理工大学。另外，对自然科学和工程技术的追求，也是一个走出海疆边远农村地区的少年内心深处强烈的愿望。广雅的务实和开明走在了同类学校的前面，下页表为 20 世纪 30 年代广雅中学高中普通课表。在这所南粤名校，少年曾德超背负理想，勤奋学习。那时，他还不把全部时间都局限在老师所讲的内容上，而是用一部分时间参考名牌大学入学考试命题所涉及的范围，自学了英文数理化课本。他曾感念道："如果失败，从初中以来逐渐呈现在自己面前的现代科技世界，就与自己无缘。"

广雅中学高中普通课程表（1930 年 4 月）①

	第一学年				第二学年				第三学年				学分统计
	上学期		下学期		上学期		下学期		上学期		下学期		
	时数	学分	时数	学分	时数	学分	时数	学分	时数	学分	时数	学分	
党义	1.5	2	1.5	2	1.5	2	1.5	2	1.5	2	1.5	2	12
国文	6	4	6	4	6	4	6	4	6	4	6	4	24
英文	7.5	5	7.5	5	6	4	6	4	6	4	6	4	26
数学	6	4	6	4	6	4	6	4	4.5	3	—	—	19
本国历史	4.5	3	4.5	3	—	—	—	—	—	—	—	—	6
外国历史	—	—	—	—	4.5	3	4.5	3	—	—	—	—	6
本国地理	3	2	1.5	1	—	—	—	—	—	—	—	—	3
外国地理	—	—	1.5	1	3	2	—	—	—	—	—	—	3
物理学	—	—	—	—	—	—	—	—	6	4	6	4	8
化学	—	—	—	—	6	4	6	4	—	—	—	—	8
生物学	6	4	6	4	—	—	—	—	—	—	—	—	8
军事训练	2	1	2	1	2	1	2	1	2	1	2	1	6
体育	—	1.5	—	1.5	—	1.5	—	1.5	—	1.5	—	1.5	9
必修科时数学分总计	36.5	26.5	36.5	26.5	35	25.5	32	23.5	26	19.5	21.5	16.5	138
人生哲学	—	—	—	—	3	2	—	—	—	—	—	—	2
伦理学	—	—	—	—	—	—	3	2	—	—	—	—	2
心理学	—	—	—	—	3	2	3	2	—	—	—	—	4
教育学概论	—	—	—	—	—	—	—	—	—	—	4.5	3	3
社会学概论	—	—	—	—	—	—	—	—	4.5	3	—	—	3
政治学概论	—	—	—	—	—	—	—	—	4.5	3	—	—	3

① 摘自《省一中一览》。见《广东省广雅中学》。北京：人民教育出版社，1998 年 8 月，第 53 页。

续表

	第一学年				第二学年				第三学年				学分统计
	上学期		下学期		上学期		下学期		上学期		下学期		
	时数	学分	时数	学分	时数	学分	时数	学分	时数	学分	时数	学分	
经济学概论	—	—	—	—	—	—	—	—	—	—	4.5	3	3
法学通论	—	—	—	—	—	—	—	—	—	—	3	2	2
英语时事译读	—	—	—	—	—	—	—	—	3	2	3	2	4
初等微积	—	—	—	—	—	—	—	—	—	—	3	2	2
近世几何	—	—	—	—	—	—	—	—	3	2	—	—	2
用器画	—	—	—	—	—	—	3	2	—	—	—	—	2
选修课时学分总计	—	—	—	—	6	4	9	6	15	10	18	12	32

1937年8月，日本侵略军轰炸广州。广雅校舍面临威胁，校方被迫迁到顺德碧江。曾德超的同班同学中，有一些人开始阅读进步书籍，不同政治观点开始在大家心中形成，也改变了一部分同学的人生道路，有的同学悄悄离开学校，奔赴延安。由于家境所限，为考上名牌大学背水一战的少年曾德超在自身道路的选择上想法较为单纯，始终没有动摇报考工科类大学的理想。他后来回忆：

我的很多同学都商量，成绩好的考交大、西南联大；还有一部分考中山大学，因为离家近，省得跑。我们有几个商量不要考西南联大，因为报名的时候传闻要搬到湖南，搬到贵州，后来搬到了云南。我们成绩比较好的，有分歧了，那个时候追清华嘛。后来听说清华也是慌慌忙忙搬出去的，实验设备那些东西都没带上。倒是中大（中央大学），搬得早，设备比较全。那个时候是罗家伦当校长，后来是蒋介石当校长的。……我们各自盘算，我就选择了中央大学[①]。

① 曾德超访谈，2011年9月14日，北京，曾德超家。资料存于采集工程数据库。

家庭期望、学校氛围和自身定位已经使曾德超对报考大学之路不作他想，加之广雅中学最有威信的数理教师又反复鼓励同学积极准备功课，以考上最著名的国立名牌大学为目标，所以广雅中学这一段便成为曾德超选定自然科学和工程技术作为未来发展道路的关键阶段。此外，曾德超所在的广雅38级，自命名铁社，意为全班同学团结如铁一般坚实，意志如铁一般坚强。学海无涯，一群少年在民族多难的时代走向成年，却不曾放弃自己的追求，勇于迎来人生第一次挑战。这段孜孜不倦执着奋斗的青春岁月，正如形成于30年代的广雅校歌，豪迈而稳健地唱响着曾德超等一批学子的理想：

五岭以南，百粤之东，革命策源地势雄；
广雅文化，时雨春风，宏远规模今古崇；
知行并进，生活共同，实验先河省一中；
扶摇直上，学成致用，许身祖国气如虹！

大学时代：国立中央大学

1938年夏，曾德超参加了全国大学联合招生统一入学考试，以第一志愿考取了当时已经比较齐全地从沦陷区迁校至重庆的国立中央大学，依靠学校专门给沦陷区学生发放的贷学金攻读于机械工程系。

国立中央大学是民国时期中国的最高学府，中国第一所现代大学，素有“学府圣地”和“东南学府第一流”之美誉。中央大学一校的经费，相当于北大、清华、交大、浙大四校的总和。在抗战初期的1938年开始实行全国“联考”的几年中，当时全部考生总数的三分之二将中央大学作为第一志愿来填报。中央大学在当时也是全国高校中院系最多、规模最大的一所大学①。全面抗战爆发后，在连天的烽火之中，校长罗家伦带领教职

① 罗久芳口述，李菁整理：三十一岁的清华大学校长——忆我的父亲罗家伦。《文史博览》，2007年第1期第16页。

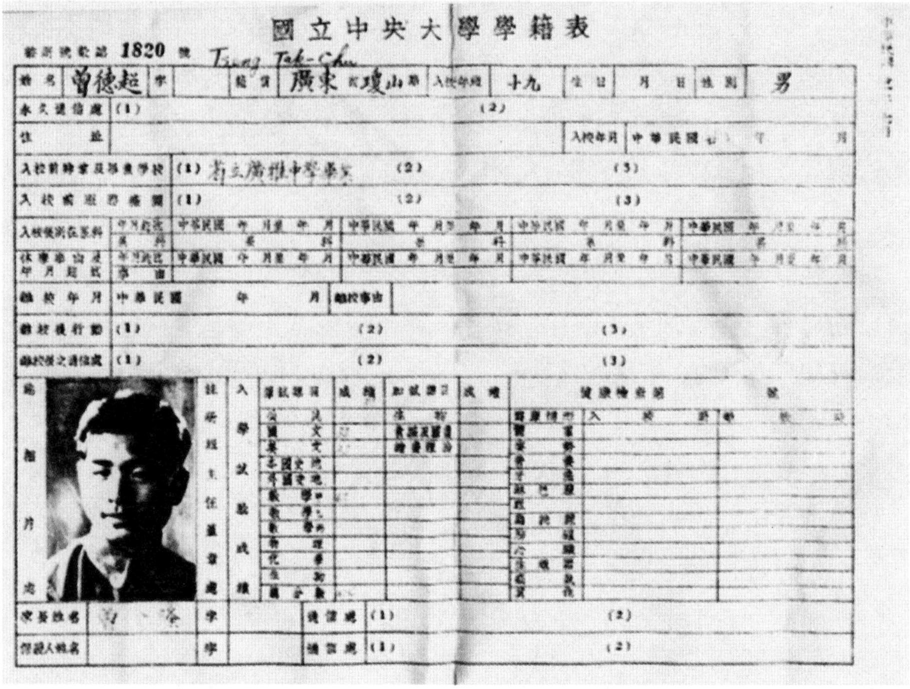
國立中央大學學籍表
1820 號 Tsung Tak-Chu
姓名 曾德超
籍貫 廣東
十九
男

图 1–11　国立中央大学学籍表

工与民生公司经理卢作孚合作，把中央大学完整地由南京迁校重庆。重庆大学做了全面配合，将濒临嘉陵江的松林坡空地，借予中大营建校舍。本来农学院畜牧场的牲畜不可能装船运到重庆，但在教职工的坚持下，还是坚持将畜禽良种保留了下来，绝不私分、宰杀、出卖。南开大学校长张伯苓曾慨而言之：“抗战开始以后，有两个大学都弄得精光：南开大学被日本飞机炸得精光，中央大学却搬的精光，连畜牧场牛羊都从南京赶到了重庆。”较为完整的设施搬迁，以及迁校重庆后相对安定的地域环境，使中大这座国内首屈一指的大学，即使是在战时，也维持着齐全的院系，强大的教授阵容和丰富的图书仪器设备，成为青年学子安心治学的一片圣地。

为了到达这片战火中的圣地，曾德超奔赴中央大学求学的过程也充满了艰苦。因沿海省份战乱，车旅不便，考取中央大学的曾德超只能徒步前往重庆，间或与逃难乡人结伴同行，夜间睡在车子下，整整走了一个多月，辗转来到中央大学：

到重庆去，都是走路，那个时候怎么走去呢。我跟着一个药房的子弟，比我年长。他告诉我去梧州，所以，我就跟着他，从广西到桂林，到梧州。他家的药到处卖，家里有钱，也就不在乎，带着我，一起走。走到梧州就分手了，我自己往北走就到贵州了，然后到四川去。所谓吉人自有天助，就是这样。不过，那个时候沿途大家也都是逃亡的，我一个人怎么走呢，有时候车子下面，睡；遇上牛车什么的，搭一段，就这样辗转到中央大学①。

国立中央大学设有文、理、法、农、工、教育六个学院。自1932年9月起，即由罗家伦接任校长，讫于1941年8月。罗校长要求树立“诚、朴、雄、伟”的四字学风，聘孙光远、曾远荣为数学系教授，聘孙宗彭为化学系教授，聘施士元为物理系教授，聘胡焕庸、王益崖为地理系教授，聘徐悲鸿、张大千、张书旂、黄君璧、傅抱石、陈之佛、谢稚柳等为艺术系教授。1935年5月，重建医学院，并附设我国第一所牙科医院。自此之

图 1–12　国立中央大学时期与同学们在校园［图形为“ME”（机械工程），“E”的左下角为曾德超，右为水新元］

① 曾德超院士口述访谈，2011年9月14日，北京。资料存于采集工程数据库。

后，国立中央大学一直有文、理、法、农、工、医、教育七个学院。

国立中央大学工学院由南京高等师范学校分出的工艺专修科发展而来，到国立东南大学时期（1921—1927），已经发展为机械、土木、电机三个系，茅以升任工科主任。罗家伦任校长时期，工学院增设水利工程系，从北大和清华毕业留学回国的人员中，聘请一批年轻学者来充实学术队伍，1938 年又正式成立航空工程系，为中国首创。至此。工学院逐步发展为中央大学 7 个学院中规模最大、设备最为精良的学院，共有学生 1230 人，居全校各学院之首①。

第二次世界大战中，战争对科学技术的外激作用尤为明显，同盟国与轴心国的军事较量，很大程度上表现为军事科学技术的较量。在中央大学工学院的学风熏染下，本来就对现代科学技术抱持朝圣者心态的曾德超愈发感受到：日寇德寇的凶蛮，英美的富强，都主要由于“船坚炮利，科技的发达”。中国必须拥有一批造诣深邃、技术精湛的科学技术专家，作为大学生，曾德超认为个人应该努力成为一位这样“学有专长的专门家”，以期“于国家、社会和家庭、个人都有好处”。为此，自己就需打下坚实而宽广的基础。当时学校对基础科学和技术科学严格要求，如数理化、工程力学、材料力学等基础课程以及制图、工程、材料机械设计等，都需反复练习，只要有一门功课不及格，就要留级。每个班在一二年级时通常有三分之一的人数学通不过，延长学习年限。而曾德超从中学起就开始牢固打好基础，概念的学习和理解以及思路训练也走在同学的前面，长久不忘，因此在学习中保持了良好的习惯和持之以恒的探索之心。

机械工程作为一种应用科学，在中国有着悠久的传统。中国古代在机械方面有许多发明创造，是世界上机械发展最早的国家之一。近代以来，中国传统科学技术相对于西方科学技术落后了，机械工程技术也亟待引入西方学术成果。从 1831 年丁拱辰注意到国外的炮式、船制并开始潜心研究开始，中国的有识之士从发展军工的实用角度出发，逐步接触了近代机械工业所迫切需要运用的知识。1924 年，年仅 34 岁的刘仙洲担任了北洋

① 资料来源：东南大学校史馆。

大学校长后，锐意革新，聘请茅以升、石志仁、侯德榜、何杰等著名学者任教，亲手拟定《北洋大学附设工读协作制机械工学系意见书》，可惜其办学理想因为时局原因未能实现。后来，刘仙洲又先后在东北大学、唐山交通大学、清华大学、西南联合大学任教，于抗日战争期间孜孜不倦地查阅机械工程方面的书籍和文献，从事教科书、机械名词以及中国机械发明史方面的研究编撰工作。在刘仙洲编写《机械工程名词（中英对照）》的时候，许多机件只有外国名称，仅有的一些中国名称也是五花八门。同一种机件，工厂里一个叫法，科教界另一个叫法，书本上又是一种写法，既不雅驯，又不统一，直至 20 世纪 40 年代末刘仙洲著作面世后才逐步改观[①]。而这也就是曾德超求学期间中国机械工程学科的发展情况。因而，作为机械系的学生，仅仅从教科书和课堂上，很难全部掌握机械工程实际应用中所真正急需的知识，特别是很难接手国外引进的最新设备。选定机械工程为终身道路的学子都面临同样的问题：如何打破课堂的局限，真正培养机械设计所需的技术素养并掌握和拓宽该学科的前沿知识呢？

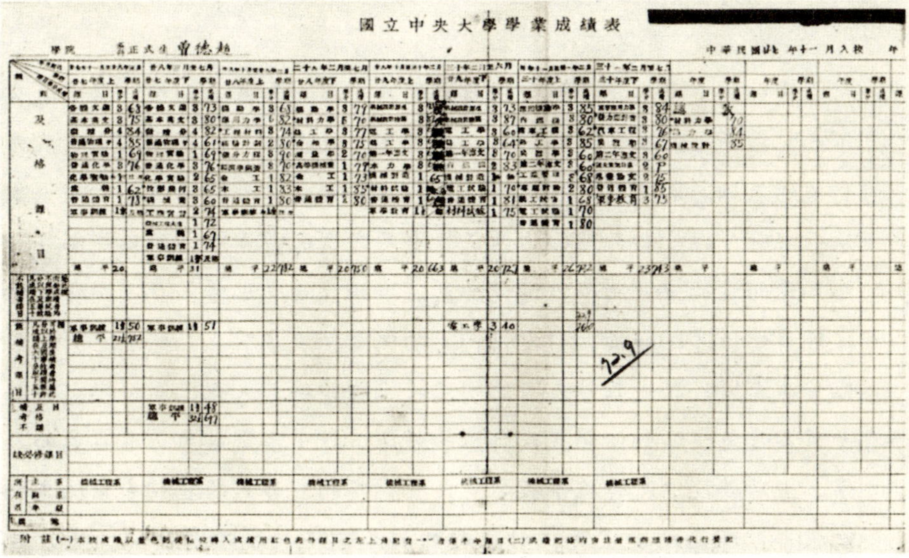
國立中央大學學業成績表

图 1–13　曾德超国立中央大学学业成绩表

① 董树屏，黎诣远：著名机械学家和机械工程教育家刘仙洲——纪念刘仙洲诞辰一百周年。《中国科技史料》，1990 年第 1 卷第 3 期，第 40 页。

曾德超采取的办法首先是学好德文。德国的机械工业发达，很多技术标准和专业参考书都是由德文写成的，掌握外语技能，也即打开了通往专业前沿的大门："当时有两个英语教师……高级外语教师，都是外语系的，我是钻到他们系里学英语。他们也不赶我。我的德文老师，他的祖父是青岛的，留德的，德国人占领青岛后，他们还在那里。我就借助德文，去看德文的教科书。德文的教科书比英文的要详细。当时，老师都是最高级的，最优秀的。我听的物理，都是居里夫人嫡传的弟子教的。"① 作为一个大学生，他自行到图书馆去寻找德文《普通物理》进行阅读和学习，打好基础，继而系统地阅读了大量的德文原版的普通物理学、机械零件、机器设计和内燃机等大部头的专业参考书。这些并不是课堂考试的必备科目，但确是一个出色工程师和科学家所需具备的基础知识。

除了学好德文，掌握外语，逐步有深度地围绕所学专业拓宽知识面、夯实基础之外，国立中央大学深厚的文化底蕴、强大的师资力量以及大学经历都对曾德超一生的教学科研和学术成长产生了深刻影响。曾德超在80年代回忆自己大学生活时，认为：

> 这种从中学起就开始牢固打好的基础概念和基本训练，常常长久不忘，在一生的业务工作中随时起作用；切身体会到教育实实在在是科技的基础。因此，我在后来从事的教学组织工作中坚持仿效这个做法。当时，在一些数理、力学及技术基础课的授课中，的确能够在介绍知识的过程中做到条理清楚、严密准确、诱发思维，在不同程度上体现科学性、逻辑性、启发性；有的课堂挤满旁听生，鸦雀无声，学生如沐春风，深受教益；有的则比较平淡，思想火花迸发得不多，甚至听不清楚。这些体会在我自己的教课工作中常常成为量度自己的尺子。当时教授中同时从事教学与大量科研的有著名的金相专家陆志鸿教授，他理论结合实际，对当时的兵工制造技术很有研究，学识渊博，著书立说，受到学生的崇敬。

① 曾德超访谈，2011年9月14日，北京，曾德超家。资料存于采集工程数据库。

现在来看，在扎实地学好基本内容的基础上博览多学，对于天分较高、智力较强的人来说，无疑是较好的策略。但是对于我这样一个智力只是中上等的人来说，由于求知欲强一些，理想高一些，想象或幻想多一些，这样就往往反映在自己学习、教课及科研上的目标要求偏高，范围偏宽，内容偏多，因而往往要比别人花加倍的时间和精力。这样的学风显然是个缺点；只是在某些特定场合才可能是不可缺少的优点，如综合性强的新学科领域的开发[①]。

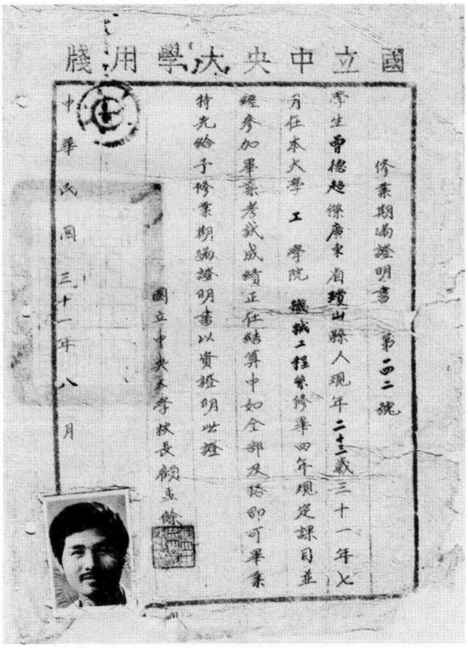
國立中央大學用牋
修業期滿證明書　第四二號
學生曾德超係廣東省瓊山縣人現年二十三歲三十一年七
月在本大學工學院機械工程系修畢四年規定課目並
經參加畢業考試成績正在結算中如全部及格即可畢業
特先給予修業期滿證明書以資證明此證
國立中央大學校長顧毓琇
中華民國三十一年八月

图 1–14　曾德超国立中央大学修业期满证明书

曾德超的学习成绩并不是非常优秀，主要是因为延续初中以来出国深造的梦想。“当华侨考留洋的思想仍占着重要地位。一开始我就为考留洋作准备，求知欲很强，有些好高骛远，读书所涉及范围很广，看很多课外书，课内却不大注意，不好的教授上课就不大注意听，一般性的作业就不耐心做，例如德文作文，我只是把草稿交上去，连誊清也不誊一下，认为抄是不必要的浪费时间，这样我的德文成绩很不好，其实我学得却很不错。我的制图也很不工整；等等。这样我的成绩并不是班上最好的。我时间抓得很紧，不串门、不聊天、不交际，这个习惯到现在还保持着。在大学里也和在初中时一样，我远非学生中的中心人物。”[②]

尽管如此，曾德超在大学期间博闻强识所带来的宽广知识面和扎实的基础，为接下来的工作开展、留学资格考试、研究生学习以及事业的成功奠定了坚实的基础。

---

① 资料来源：《曾德超自传》。存于中国农业大学档案馆。

② 资料来源：《曾德超个人档案之自传》。存于中国农业大学档案馆。

第二章 西学农业工程

小试牛刀

1942年夏，大学毕业的曾德超，在时任系主任陈大燮[①]推荐下，与水新元一同到重庆第50兵工制炮厂工作，在总工程师室当技术员，独自承担了某蒸汽涡轮动力厂（瑞士引进）泵的测绘工作。

粤系军阀陈济棠30年代初统治广东时，整治了张之洞在广州建立的兵工厂，同时自造武器，使军工产品的质量得到大幅度提高；为了筹集工业建设的资金，陈济棠更是抓住世界经济危机时期欧美国家竞相削价出售机器设备的时机，与这些国家达成机器借款计划，从外国购买机器。购买机器设备的资金则待工厂投产后，于保证期内分期偿还。由于外商在提供机器的同时，也将工程师派来，以便随机器设备一同到厂安装，于是便形

① 陈大燮（1903–1978），字理卿，浙江海盐武原镇人。我国热力工程学先驱，一级教授。早年毕业于交通大学，后去美国普渡大学攻读机械工程获硕士学位。1928年回国，先后任浙江大学副教授，中央大学、交通大学教授。新中国成立后，任交通大学教务长。

成一股技术引进的力量。因此，广东当局以极为优惠的条件引进了瑞典、美国、英国、丹麦、德国、捷克等国的先进设备。抗日战争时期，很多设备迁至重庆，包括兵工厂也内迁或重建，这些设备和兵工厂就成了新式工科学生练武的最好平台。

重庆第 50 兵工厂是以原广东浥江炮厂为主建立起来的兵工厂，即 1933 年陈济棠主办的广东第二兵工厂（新中国成立后改名望江机器厂），当时在重庆属于装备最新的兵工制炮厂。这个厂引进了德国莱茵钢厂的一整套机械设计制图的“厂规标准”，制定了精密的样板厂和一套量具、工具检验更换制度，以求保证所造精密零件的互换性。除第 50 兵工厂外，其他重点厂家包括兵工署第 10 工厂（以内迁的株洲炮兵研究所为主，后改名江陵机器厂），第 21 工厂（以内迁的金陵兵工厂为主，后改名长安机器厂），重庆兵工承担了全国械弹三分之二的份额，生产的火炮主要有 60 毫米、82 毫米、120 毫米迫击炮和 37 战防炮、75 步榴炮、100 榴弹炮等。

曾德超选择第 50 兵工厂的主要原因是为了追求技术的提高。他认为作为工程学科，大学毕业后必须参加一段技术实践，作为必不可少的实习。第 50 兵工厂是学的德国经验，设备新、技术好，在那里可以学到东西，好为以后的发展打下基础。

在第 50 厂期间，曾德超一心钻研技术，愿意与工人打成一片，替工人出头。他回忆：

> 在厂工作的整个期间，和水新元都是一向与领导不合的，与工人和低级职员比较接近，我们是工人夜校的积极支持者。当时我们并不是什么思想进步，而是觉得这样做是应该的罢了。
>
> 厂里人事室有个职员是厂长的亲信，经常欺负工人，大家对他都敢怒而不敢言。虽然他从未犯上我，但我对他就有成见。一次他给我和水新元的住所私自搬家，我就把他拉到值星官面前打他一顿。平常我同一班技术员都很好，厂长也就息事宁人，给我个当面警告完事。在我们离开 50 厂前，我和水新元的东西经常有人检查，当时我们觉得自己没有什么，心里也不怕。有一次，我自厂乘船到重庆，到码头

时，船未停就跳下来一个军人检查员骂了我，我也反攻，结果他们把我关在船底半天[①]。

1943 年夏，曾德超认为自己在 50 兵工厂已学得差不多了，完整掌握了德国的一些技术，包括整套的图纸、工艺等，再待下去没有意思。另外，经时任国立中央大学工学院院长及机械工程系主任允诺，计划秋季开学时回校任助教。曾德超也希望能够回中央大学机械工程系任教，将自己学到的德国先进工业技术以及整套的工艺资料带回母校，从事教学科研工作，于是千方百计地辞职。无奈因其德文太好，领导不愿放人，于是他就找肺病证明、同总工程师闹。就这依然拖延了好长时间，直至 1943 年底方可离厂回校。但此时，已开学了很久，错过了学校暑假后向教师发放聘书的时间，助教愿望落空。

尽管在 50 兵工厂的时间不长，但这段时间的锻炼，成为曾德超一生专业活动中的实践基础，每每涉及机械设计，青年时期的设计实习所积累的经验和知识便反映在曾德超的头脑中。亲身经历工程实践，往往能使工科学生巩固并重构已有的概念体系，对工程设计拥有形象化的认知，对工具、零件、机床等要素之间的学理关系愈加熟稔，能运用非逻辑思维创造性地解决更多的技术问题。在较为年轻的时候打下良好的工程实践基础，是曾德超科学生涯中的一大成功要素。

结缘农具学

1943 年底，离开 50 兵工厂后未能如愿回到国立中央大学机械工程系的曾德超，寄住在国立中央大学同学，时任国立中央大学机械工程系助教王万钧的宿舍，过着一段漂泊不定的生活。为了补贴生活，先是帮助一些

① 资料来源：《曾德超个人档案之自传》。存于中国农业大学档案馆。

小工厂做了几个月机械设计，后来经国立中央大学同学陈观烈介绍在圣光小学初中兼课几个月，但在学期中就被辞退了。究其原因，曾德超回忆时说："圣光是个教会学校，学生都是重庆的要人大商子弟。陈观烈任教务主任，我在堂上经常发牢骚，要学生批判他们的家庭，平常大家就已对我侧眼。有一次我同邵鲁的儿子邵梅到邵家，在书架上看到了一套辩证唯物主义的书，我就向邵梅借回去看，他们见到了就把我立即辞退。"①

1944 年 6 月，曾德超应聘到中央工业试验所去工作，任助理工程师。中央工业试验所正式成立于 1930 年 7 月 5 日，以南京水西门外原江南造币厂旧址为所址，内设化学与机械两组。机械组设有小型机械工厂，内分木工，锻工，机工各室。该所虽然规模很小，但是经徐善祥、吴承洛、欧阳仑、顾毓瑔等历任所长的不断努力，到 1937 年已拥有技正、技工、技佐、秘书、事务员、学习员、练习生及雇员等各种人员 61 名。抗战期间，该所西迁重庆后，交通险阻、物资缺乏，财力日下，惨淡经营。曾德超没有感到一丝找到新工作后的安稳感觉，而是更加迷茫。他回忆时说：

> 在这阶段中，我更苦闷了，看到国民党政府的腐败，国家面临无底深渊、前途无路。而世界科学技术一日千里，共产党在山沟沟里，又能搞出什么名堂来？于是更想逃避，四处设法找机会离开中国，到南洋到南美，哪里都行。于是打听到侨务委员会替南非一所华侨中学聘请教员，逐鹿者很多，我便托老同学林崇明和邵梅请他们的父亲说人情，结果成功了。只是由于教育部宣布考公费留学生，我已毕业两年，够资格投考，结果没有去南非而转入准备考试②。

曾德超所提的出国考试，正是他人生道路上的一个重要转折点。而提供这次机会的发起人，则是邹秉文③。早在 1943 年，世界反法西斯战争

① 资料来源：《曾德超个人档案之自传》。存于中国农业大学档案馆。

② 同①。

③ 邹秉文（1893–1985），农学家、植物病理学家、农业教育和社会活动家，是我国近代农业科教事业之先行者，享誉国内外的著名农业问题专家。

胜利在望，美国为战后准备召开联合国粮农组织会议，邹秉文赴美国出席会议，被选为联合国粮农组织筹委会副主席。在美国，邹秉文顺道考察了战时农业，印象最深的要数农业机械化带来农业丰产。于是，次年 6 月，邹秉文在参加美国农业工程师学会年会时，做了“中国需要农业工程”的专题报告，阐述了中国的国情和发展农业工程的必要性，并提出了具体的发展计划，得到了与会成员的认同和支持。7 月，邹秉文即拟出经当时美国最大的农业机械制造商美国万国农具公司（International Harvester Company，IHC）同意资助的，并经当时双方政府主管部门签订合作协约的“向中国农业导入农业工程的教育计划”。该计划包括以下内容：

（1）设立奖学金，供中国学生在美国学习农业工程和实习，期限为 3 年。学生从已工作两年的大学毕业生中公开选拔，农学院毕业生和机械工程系毕业生各 10 人；

（2）聘请美国农业工程专家组成农业工程委员会到中国工作，研究工程技术在中国农业中的应用，示范、协助和指导田间生产；

（3）美国向中国的学校和研究所提供农业工程研究教学用的样机、资料、试验设备和试制设备。经与万国公司协商，由中国教育部在中国国内公开招考。

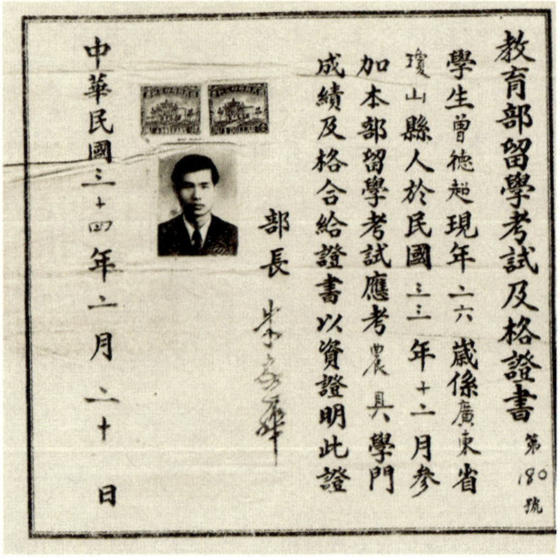
教育部留學考試及格證書 第180號
學生曾德超現年二六歲係廣東省瓊山縣人於民國三三年十二月參加本部留學考試應考農具學門成績及格合給證書以資證明此證
部長 朱家驊
中華民國三十四年二月二十日

图 2-1 1945 年曾德超获留学考试及格证书

依据该计划，原定每年在美国培养 30 名中国留学生。经邹秉文与万国公司协商，最后落实为 20 名，由万国公司提供全额奖学金，每人 1 万美元，包括学费、生活费、购置书籍仪器费和实习差旅费等，中方由教育部在重庆、昆明、成都、西安四地同时招考资质合格，专业背景符合要求的学生。

根据中国的实际情况，

邹秉文等将这批公派学生进修的学科定为农具学。一般而言，农机具主要包括“农具”和“农业机械”两个方面。人们一般习惯于将以人力和畜力为动力从事农业生产的器物称为“农具”，如犁、锄、镰、铲等，在古农书中也称为“农器”或“田器”；而将使用动力机械作动力从事农业生产的器物称为“农业机械”，如播种机、收割机等。1944 年，美国农机商为了便于战后向中国推销农机具，美国万国农具公司将多种新式农具和工厂设备赠送中央大学农学院，美国联合叉锄公司也赠送全套手工农具，其他如杜邦公司也有农机具的捐助①。

这对曾德超实现多年的留洋梦和求学夙愿，无疑是一次绝佳的机会。他回忆：

> 当时，英庚款停了，美庚款也停了。开始的时候，等了很久（出国招考的机会）。后来，就出现万国农具公司，给农业机械化方面的奖学金。他同中国驻美的农业代表邹秉文谈，他们公司准备培养一批农业工程师。世界大战后，中国总得发展农业机械化，总得要用机器，他们公司抓住机遇，培养一批人，为公司做服务，公司就能（在中国）站住脚。邹秉文联系，看（美国）哪个学校愿意承担。后来，到国内招考，考上学习后，回来给你工作。所以，凡是两年以上的工作经验，必须要一定的实践经历，就可以参加考试。考试成绩好，就录取。②

虽然生活仍处在变化中，曾德超拿出背水一战的决心，全力复习功课。1944 年底，考试如期举行。这次考试录取名额有限，又因抗日战争的原因，留学的机会大大减少，所以竞争得很厉害，即使条件够格也须万里挑一。同期被录取的高良润回忆说：“当时，报考的人特别多，考题也比较难。一共考三天，每天上午考两门，下午考一门。考试内容非常广泛，主要考核基础课程、机械课程、农学的课程和英语。英语还要考口语，口

① 沈志忠：近代中美农机具事业与合作探析（1898–1948）。《南京农业大学学报（社会科学版）》，2010 年第 12 期。

② 曾德超访谈，2011 年 9 月 14 日，北京。资料存于采集工程数据库。

图 2-2　1945 年曾德超（第三排右四）参加公派美国奖学金农具学研究生训练班合影

语的评委由懂专业、英语好、有身份的人担任，比如中央大学电机系系主任等。”①

1945 年 2 月，考试成绩揭晓，曾德超考取农具学研究生并获得相应奖学金。同期录取的研究生有：原来学机械专业的陶鼎来、高良润、王万钧、水新元、吴克騆、陈绳祖、张德骏、李克佐、徐佩琮；原来学农学专业的吴湘淦、吴起亚、李翰如、余友泰、崔引安、蔡传翰、张季高、何宪章、方正三、徐明光。

1945 年三四月间办理出国手续。出国前学机械专业的在重庆李子坝中国农具公司集中学习了一个月，由教育部主办，主要课目是英语会话、生活礼节及农具学等，潘光旦、胡焕庸等名人在培训班上做专题报告。

20 人分两批于 1945 年 5 月和 8 月前往美国。邹秉文与万国公司安排：原来学农学专业的 10 人进入衣阿华州立大学（Iowa State University）农业工程系，补学工程类课程；原来学机械专业的 10 人进入明尼苏达大学（University of Minnesota，Twin Cities）农业工程系，补学农学类课程；同时用两年时间，完成农业工程学硕士学位，并利用假期和完成学业后的时间到工厂、农场实习一年。学习计划事先都已由邹先生与校方妥善拟定，留学生到达后立即抓紧时间投入学习生活。

1945 年 5 月，曾德超作为第一批学员从昆明经驼峰航线到加尔各答，与其他项目的留美学生一起，乘美戈登将军号经苏伊士运河、地中海、大西洋到美国西海岸诺福克港口（Norfolk），由奖学金提供者万国农具公司接待，5 人到衣阿华州立大学，5 人到明尼苏达大学。

① 高良润访谈，2011 年 10 月 29 日，北京。资料存于采集工程数据库。

留学美国

课程学习与实践

1945年5月底，曾德超抵达美国明尼苏达大学，开始了为期3年的研究生学习。因离明大开学还有一段时间，所以，由万国农具公司指定，6月1日起到莫理士农业试验站（Morris Experiment Station）实习3个月。在试验站的工作恰恰反映出美国与国内家畜生产过程中的技术条件对比，因而这件事直至曾德超晚年仍记忆犹新：

> 我个人生长在海南岛农村，从小跟奶奶过，每天蒙蒙亮，奶奶的第一件事是带着我用泔水煮猪食，去喂全家仅有的两头猪。初到明大，正值暑季开始，就到莫理士农业试验站（Morris Experiment Station）去实习，其中一件事就是只需一个人管500头猪。事情很简单：只要及时用拖拉机拖着饲料，填满自动喂料（干料）筒和检查自动喂水器是否正常就行了；用混料机（feed mixer）混合好饲料和用水冲洗清洁猪圈的水泥地也不费多大事[①]。

在这次实习中，曾德超不仅看到了在美国学习农业工程以改变中国农村面貌的方向和希望，也熟悉了美国农场的设备。同时，几名先到的学生提前体验美国农事生活，也使曾德超的外语基础有了用武之地，与农场小孩、老技工打成一片，很快就熟悉了美国人的生活和娱乐方式。他回忆说：

> 我同陶鼎来是在明大试验农场实习，往后都是学期间读书、暑假实习——农场、制造厂、修理保养站等。开始时对美国的一切都感到新奇和好感，多年来向往的“人间乐园”果然名不虚传，到处都是华

① 明尼苏达大学中国中心：《中国桥》，第19页。

图 2-3　1945 年曾德超在美国莫理士农业试验站

丽富贵。个人也就很热衷于美国的生活方式，一口美国腔，一身洋派头。我同其他学农业机械的一样，学习很用功，但也经常同美国学生来往，与教授的家庭经常接触，有时参加教会、兄弟会所举办的晚会。在实习的时候，也和工人来往，我用每月公费所节省下来的钱买了部旧汽车，假期到处开，开始时大有乐不思蜀的情况，后来才逐渐地习惯了[①]。

10 名农业工程留学生都在农业工程楼对面的克里夫兰大街或附近街区租当地居民的一个房间住。克里夫兰 1421 号是个二层小楼，长期散租给中国留学生。有一段时期，曾德超、张德骏等租住在 1421 号的二层，吴兆苏、钱鼎同住在底层。明尼苏达大学“农场校区”（圣保罗市区）在农业工程楼二楼为 10 名中国留学生开放了一间固定专用的办公室作课外学习室自习。留学生们

图 2-4　1946 年曾德超（后排站立者）与同学在明尼苏达大学学习室

① 资料来源：《曾德超个人档案之自传》。存于中国农业大学档案馆。

白天晚上一般都在学习室活动，临睡前才回到住处。关于硕士阶段学习的课程，在曾德超个人自传中有如下记录：

> 学校开学期间除了选修机械工程方面与农业机械有关的一些高等课程之外，如高等金相学、高等动力学、高等机械设计、模具工夹具设计，高等内燃机及实验等，主要选修农学方面的基础课和农业工程方面的专业课，如生物学、土壤物理性质、作物学、动物饲养学、农业经济学、数理统计、农业机械学、农村建筑、农家给水与污水处理，农村电气化，电子学，防洪，灌溉与土壤侵蚀，科学方法论等①。

“我们是千挑万选出来的，都是很强的，到了美国大学里学的课程，基本上都是 A，5 分。一方面是因为基础好，比较用功；第二个方面因为万国农机公司的赞助经费比较充裕，所以不用到外面打工，专心读书；最重要的是爱国，要学成回国，所以，很努力，收集了很多资料。”高良润在访谈中说，“还去田纳西工程考察，尽量把先进经验带回来。”② 而留在曾德超记忆中的是课程学习之外的假期实习。这与他之后在农业机械化学科、农业工程学科人才培养中高度强调理论与实践结合有很大程度的关系。“总的来讲，给了我们一套东西（系统的学习），他们很重视，我们也很重视。我们通过学习和生产实习，集中培训，我们的目标是相当明确的，虽然有个别没回来，但都学得很扎实。”③

1946 年暑假，曾德超在万国农具公司皮奥里亚（Peoria）农机制造厂实习。该厂以耕作机械为主，有一个非常完备的铧犁犁体曲面模型室。一位从德国移民的工长主管这个模型室，他告诉曾德超，他老家是德国传统的打铁铺，是制作犁头的。曾德超对那些资料很感兴趣，经常找工长虚心请教，最后终于获得了一套平面纸模，并全部带回国。这套模具为曾德超回国之初从事犁的研究生产和发表的第一篇关于犁曲面的学术论文打下了

① 资料来源:《曾德超自传手稿》。

② 高良润访谈，2011 年 10 月 29 日，北京。资料存于采集工程数据库。

③ 曾德超访谈，2011 年 9 月 14 日，北京。存地同②。

图 2-5　1946 年曾德超（左）与水新元在明大校园

基础。

1947 年暑假，曾德超到美国南方路易斯安纳州一带水稻甘蔗区的农机销售修理厂实习。主要工作是甘蔗的机械收获。在此过程中也常同农机技术人员们加强交往："我们都利用暑季到实验农场，农机制造厂和农机推销修理店去工作和实习，免不了交结一些当地年轻工人和农民朋友，周六晚一起去 folk dance，去酒吧。他们有时也打架，但都是一对一，两边的朋友只在旁助威，不参战，直至一方扒倒为止，很讲究 fair play。"[①]

据明尼苏达大学档案馆资料记载，硕士研究生可以按照两种计划获得硕士学位：

A 计划申请者应在 4 个独立的夏季学期内修完所有课程，方可申请撰写研究论文。在第一次注册后，最多不超过 6 年必须符合全部的硕士学位申请要求。申请夏季学期毕业的学生，必须在所有要求达到一半的时候提交论文摘要；在夏季学期最后四周前提交硕士论文。申请者至少修完 18 个主修课程学分和 9 个辅修课程学分；主修课程中获得 A 的课程数不少于 B；辅修课程中获得 A 的课程数不少于 C。所有课程不允许获得 D。

B 计划则为"无论文硕士学位"。申请者应在 6 个独立的夏季学期内修完所有课程。在第一次注册后，7 年内必须符合全部的硕士学位申请要求。B 计划的学生在他的个人考察委员会内，参加一个最终的写作考试或口语考试，或者两者都参加。申请者必须以 B 以上平均成绩等级完成 45 个学分的研究生课程。所有课程不允许获得 D。其中，有 21 至 27 个学分

① 明尼苏达大学中国中心：《中国桥》，第 19 页。

图 2-6　1947 年 10 位明大农具学研究生合影（前排左起：陶鼎来、张德骏、李克佐、水新元、徐佩琮；后排左起：曾德超、吴克騆、陈绳祖、王万钧、高良润）

的集中授课课程。参加不少于 9 个学分的课外实践、高级课程、讨论会；或者在老师指导下，独立完成符合硕士论文要求的开题报告等。

在明尼苏达大学学习农业工程的 10 名工科背景研究生中，陶鼎来、张德俊、高良润和陈绳祖执行的是 A 计划；曾德超等其他人选择了 B 计划。尽管两种计划稍有区别，但他们均于 1947 年夏或冬圆满完成了研修计划，取得了美国明尼苏达大学农业工程硕士学位。

毅然回国

在明尼苏达学习的 10 位同学关系非常融洽，经常一起组织活动。尽管留学生们相互间非常熟悉，但在学术上经常进行辩论，各抒己见。1947 年

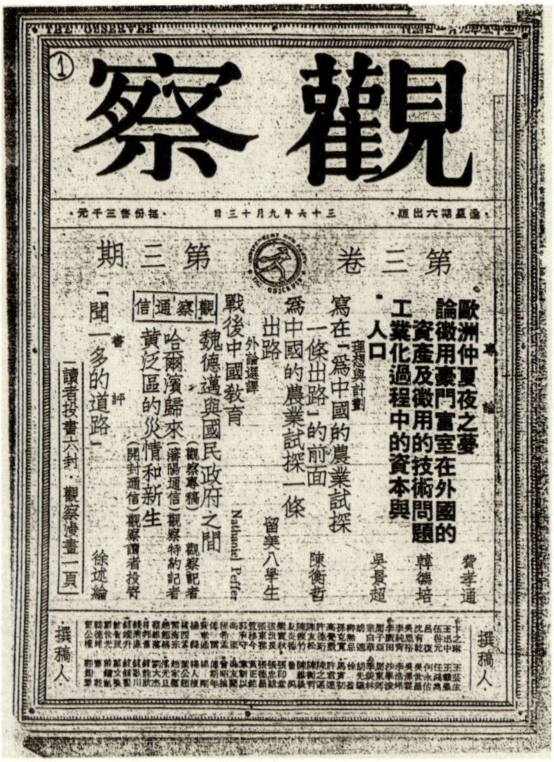
THE OBSERVER

觀察

逢星期六出版　三十六年九月十三日　每份售三千元

第三卷　第三期

專論
歐洲仲夏夜之夢　費孝通
論徵用豪門富室在外國的資產及徵用的技術問題　韓德培
工業化過程中的資本與人口　吳景超

理想與計劃
寫在「爲中國的農業試探一條出路」的前面　陳衡哲
爲中國的農業試探一條出路　留美八學生

外論選譯
戰後中國教育　Nathaniel Peffer

觀察通信
魏德邁與國民政府之間　觀察記者
哈爾濱歸來（瀋陽通信）　觀察特約記者
黃泛區的災情和新生（開封通信）　觀察讀者投寄

書評
「聞一多的道路」　徐述綸

讀者投書六封·觀察漫畫一頁

撰稿人

图 2-7　《观察》第三卷第三期封面

7 月，曾德超的同学李克佐、高良润、陶鼎来、王万钧、徐佩琮在东部考察时，与来美国哈佛大学访问讲学的陈衡哲①先生同住在波士顿一个酒店。李克佐等拜访了她，向她反映了同学们在校讨论的如何将所学运用到国内的建设之中的相关问题。在得到陈先生鼓励后，联手写出了《为中国的农业试探一条出路——创办生产农场刍议》，刊于《观察》第三期第三卷，民国三十六年九月十三日。陈衡哲先生亲自撰文《写在〈为中国的农业试探一条出路〉的前面》，同期刊出。他们提出的路线是：首先在全国各地创办几个生产试验农场，然后以生产农场试验的结果，组织合作农场，生产农场是合作农场的雏形。生产农场的土地是单一的，不像合作农场那样是合成。生产农场的任务是为合作农场试验出一种生产方式和技术，推广到合作农场，而达到中国农民现代化的目的②。文章刊出后，国内反响很大，在明尼苏达大学的 10 名留学生中，有 8 位学生署名，但曾德超没有签名，其原因主要是学术观点的不同。他们路线的提出基于“我们在美国两年多以来，除了在学校读书，其余时间都是在农场上或工厂

① 陈衡哲（1890-1976），湖南人。在美国瓦沙女子大学、芝加哥大学攻读西洋史、西洋文学，先后获学士和硕士学位。她是中国历史上第一位女硕士、女教授，中国新文学运动中第一个用白话文写作的女作家。

② 参见：《观察》，1947 年第 3 卷第 3 期。

里。在农场上我们和农夫一起下田，在工厂里，我们和工人一起动手。”[①]对于美国农场的感触，让同学们有了在中国试办农场，希望为中国的农业试探一条出路。而曾德超结合中国农村的实际，主张搞乡村工业，相信发展小型乡村工业是发展中国农村经济的有效途径，因而在这一点上不赞成同学们的意见。“我没有去做，他们主张搞机械化农场，我主张搞乡村工业。我主要是因为，清华有两个留英的著名学者，我记不得，他讲的中国的现代化，要搞乡村的现代化，要搞乡村工业。他写的毕业论文，我首先看到他的，很受启示。江浙一带，搞纺织，那个学者留英的，写了一篇文章，叫《乡土重建》，我很受启发，所以一回来，就跑到邵阳，搞乡村工业。”[②]

曾德超所言的留英学者为费孝通，他于1938年在英国伦敦大学学习时撰写的博士论文，论文的依据是作者在江苏省吴江县开弦弓村的调查资料，最初以英文发表，题为“开弦弓，一个中国农村的经济生活”。1939年在英国出版，书名为《中国农民的生活》。作者将开弦弓取名为江村。1986年，江苏人民出版社出版中文本时沿用原书扉页上的“江村经济”一名。

此书共16章，分为前言、调查区域、家、财产与继承、亲属关系、户与村、生活、职业分化、劳作日程、农业、土地的占有、蚕丝业、养羊与贩卖、贸易、资金、中国的土地问题等，是中国社会调查方面的学术著作。曾德超出生于农村，对于书中描述的内容感同身受。在美国学习期间，美国人民优越的生活更是时刻督促着曾德超想方设法去为中国农民、农村做些事情，让农民生活好一些。这样，曾德超对书中的论述认同感很强、触动很大。尤其是书中第12章关于蚕丝业的论述，更是直接促使曾德超坚定了搞乡村工业的信念。

蚕丝业是江村居民的第二主要收入来源。农民从事家庭蚕丝业已有几千年的历史，但在20世纪20年代以来，蚕丝业有所衰退。蚕丝业的衰落

---

① 留美八学生：中国的农业试探一条出路——创办生产农场刍议。《观察》，1947年第3卷第3期。

② 曾德超访谈，2011年9月14日，北京。资料存于采集工程数据库。

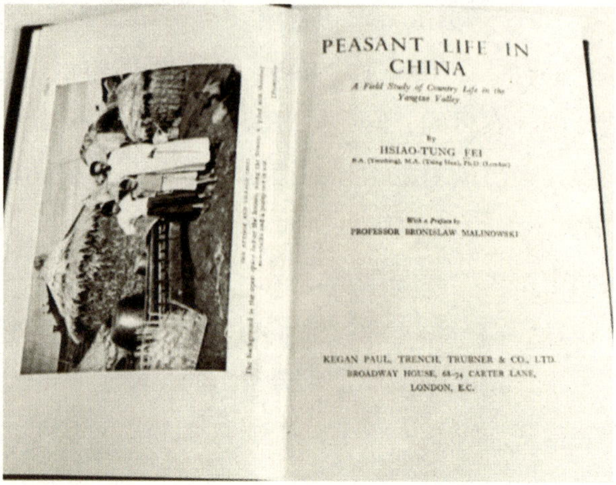

图 2-8　1939 年英文版《中国农民的生活》首页

深深地影响了农村人民的生活。为了对农业在家庭经济中的相对重要性作恰当的估价，作者对正常年景农业的产出和支出进行调查比对，得出“显然，单靠农业，不能维持生活[①]”。而蚕丝业的衰落更是使农民的生活“雪上添霜”。面对传统方法养蚕吐丝量少，传统手工缫丝所得生丝无法适应改进了的纺织工业、生丝出口受阻、价格下跌等诸多问题，江村在寻求变革。通过科学养蚕、合办丝厂等一系列的改革，提高了农民的收入，证实了发展乡村工业是振兴农村经济的一条行之有效的办法。

事实上，在 20 世纪二三十年代，国人正在就中国现代化道路的选择问题进行激烈争论，其焦点之一在于：中国的工业发展究竟是从兴办城市大工业开始，还是走乡村工业化之路。费孝通认为，中国当时面临着落后和贫穷的困境，而占人口绝对多数的农民更是他关注的重点。通过对江村等地的实地调查，得出的结论是，中国当前最基本也是最严重的问题是广大农民生活的痛苦；中国农村的真正问题是人民的饥饿问题。在土地已到了利用边际的情况下，一旦从土地收获中交出一半作地租之后，所剩余的不够养活在这土地上的劳动者。而在传统社会，农村百姓可以依靠手工业贴补生活，但是在资本—帝国主义的冲击下，农村手工业相继破产，这项收入没有了，百姓的生活变得更加贫穷。因此，要推动中国现代化进程，首先要解决的就是提高农民生活水平。要处理好这个问题，无非是从“开源”和“节流”两个方向上着手。土地问题是关于公平和分配的问题，是

① 黄孝通，《江村经济》，戴可景译。北京：北京大学出版社，2012 年。

生产关系问题。解决土地分配可以做到“节流”却不能做到“开源”；而要做到“开源”，就得将着眼点放到生产力上，力图从动力、技术、组织、规模、资本几个方面改进传统农村手工业，进而将农村纳入工业化和现代化的进程。“如果农民把经济作物的收获直接当原料卖出去，不如在可能范围里自己加工，甚至制造成了成品出卖，在收入上讲应当更上算。这就是把农业联上了工业了[①]。”曾德超留美期间不仅直接钻研费孝通的言论和著作，甚至已将费孝通的观点融合进自己的学习见闻，形成自己对乡村工业的支持观点。他没有跟随同学在《观察》杂志上“为中国的农业试探一条出路”一文中署名，即表示他对乡村工业思想已有比较具体和成熟的见地。

其后，曾德超特意收集发展乡村工业的相关资料，尤其是在外实践考察中，更是特别留意。比如在美国参观田纳西流域管理局时，富兰克林·罗斯福对发展地区性工程的支持，充分体现在田纳西河流域管理局的建设中。廉价的驳船运输在650英里[②]长的内陆水道上将汽车、汽油、铁和水泥运往沿河城市；新肥料的生产以及帮助农场主耕种土地以保持土壤含水量；循等高线开沟耕作和覆盖作物利用的示范工作……这些从细处着手，使用小工程手段切实服务于农业和农村，带动区域经济发展并加强农村社区服务的工作，深深打动了曾德超，甚至已经使他在头脑中形成了较为具体的技术路线，待到学成归国时，能够学以致用。

1948年春季学期，按原计划，10位留学生可以自由选课，或外出参观考察，等待3月1日集中到加利福尼亚州参加农机制造公司的农机工程师综合培训课程，然后于6月1日启程回国。曾德超没有像其他同学那样，利用机会多选些课，或到麻省理工、哈佛等名校参观考察，而是准备和进行博士学位的资格考试。明尼苏达大学农业工程系对资格考试的要求，首先是通过不包含英文和中文在内的两门外语的科技书籍阅读能力测试。曾德超有较好的德文基础，为他通过攻读博士的资格考试提供了帮助；另外一门外语，他选了俄文。博士学习指导小组长由农业工程系教授赫斯特里（Hustrulid）博士担任，成员有内燃机实验室主任罗伯特·李（Robert

① 费孝通：现代工业技术的下乡。见《乡土重建》，观察社，1948年，第101页。

② 1英里=1609.3米。

Lee）教授，和一位金相学专业的教授。研究项目也已与赫舍曼引擎公司（Hershellmann）联系好，致力于战略后备的植物油内燃机研发。随着和平的到来，海路的恢复，植物油发动机的竞争力低下，该公司停止投入研发，曾德超的博士梦想只好放弃。另一个可能的选择，是参加当时明大内燃机实验室正在酝酿的一项申请项目——火箭作为地面驱动动力的可行性研究，作为博士攻读的课题及经费来源。然而该项目初步的可行性研究结论并不乐观，最终未获批准。因而，曾德超攻读博士学位的计划面临着经费落空的困境。在同学中，遇上相似情况的还有余友泰、陶鼎来和徐佩琮等，皆因找不到项目经费支持而作罢。唯一成功的是学长吴仲华。吴仲华考取的是清华公费“农具学”研究生，到美国后直接在麻省理工学院攻读热力工程，得以参加了航空发动机数值模拟研究项目，获得博士学位；回国后为我国工程热物理学科的建设发展做了突出贡献。曾德超在同中央大学机械工程系的同班同学颜鸣皋①、杨立铭②分别在英国和美国攻读了博士学位后才回国。

曾德超对于那时未能顺利攻读博士学位，继续在美国深造，他的看法是辩证的。一方面，他认为“如果按照那个来走（读完博士再回国），要比现在顺利。因为，那条是正规的。中国科学院、工程院，英庚款，美庚款，那些人，走这条路，中国的科学界是承认的。中学毕业的时候，有些人一定要考清华、上海交大，都是有一定规范的。”但是另一方面，在他内心非常清楚，最终的目标不会有所改变：“无论是读不读博士，也一定是会

① 颜鸣皋，1942 年毕业于国立中央大学机械系后，任中央工业试验所助理工程师。1945 年赴美进修，次年正式进入耶鲁大学攻读物理冶金专业，1947 年获科学硕士学位，1949 年获工学博士学位，受聘为纽约大学工学院研究部副研究员。1951 年春回国任北京理工大学第二机械系教授兼系主任。从 1955 年起兼任中国科学院应用物理研究所研究员。1957 年调至北京航空材料研究院，历任室主任、总工程师、副所长、科技委主任、学位评委会主任、高级技术顾问等职。1991 年当选为中国科学院学部委员，并被航空航天部授予“为航空工业做出杰出贡献者”称号及航空金奖。2001 年获何梁何利科学与技术进步奖。

② 杨立铭，1942 年重庆国立中央大学机械系毕业后，去昆明中央机械厂工作了一年，后又回到中央大学机械系当助教。1944 年通过了教育部出国留学考试，于 1945 年被公派到英国学习，1948 年 12 月获得爱丁堡大学理论物理博士学位。1951 年回国任清华大学物理系副教授。1952 年高校院系调整时到北京大学物理系，先后任副教授、教授、博士生导师。1991 年当选为中国科学院数理学部院士。

回国的。人生的路，各有不同。”①

图 2-9 1948 年曾德超在回国的船上

假若曾德超克服困难，坚持读完博士再回国，将会是怎样的状态，无人敢妄下判定。他当年大学的同班同学颜鸣皋和杨立铭现在已经是院士，曾德超所言他们的学术成长历程是比较符合“正规道路”。而对于他来说，最后触动自己立即回国的是祖国的需要，是可以为农村振兴服务情怀，他说：

> 1948 年春，这时国内形势已是风起云涌，国家、民族两种命运、前途正在搏斗，人民处于水深火热之中。广大中国留美学生都十分关注。我在当时国内形势和政治气氛促使下，认为自己已学成一种可为农村振兴服务的专业，成为在这方面少有的专门家之一，已没有理由再继续置身度外。这时，同学除少数外也决定回国，就下决心联袂言归。至于学位，准备以后再考虑。乃乘船从洛杉矶经夏威夷，横渡太平洋，过香港，抵上海。时为 1948 年 6 月。从此结束了为期达三年的学习和见习阶段②。

20 世纪初 50 年代，欧美各国进入了农业机械化大发展的时期。相较而言，包括中国在内的第三世界的国家和地区，受政治、经济和技术等因素制约，机械化水平还较低，手工工具和畜力农具仍然是农业生产的主要依托。这就意味着，对于曾德超等这样一批肩负着国家期望而赴美留学的研究生们来说，具体道路的选择如何，都不会改变他们身上承载的历史使命，恰如邹秉文向全世界做出的呼吁和预言——中国需要农业工程。

① 曾德超访谈，2011 年 9 月 14 日，北京。资料存于采集工程数据库。

② 资料来源：《曾德超自传手稿》。存于中国农业大学档案馆。

第三章 投身乡村工业

奔赴邵阳

在曾德超留学美国期间，中国农机事业正在经历新的发展变化。第二次世界大战时，为救助受战争损害的各国，1944 年 11 月，美国、英国和中国等 44 个国家在美国华盛顿签署了《联合国救济公约》，依此公约产生了联合国善后救济总署（United Nations Relief and Rehabilitation Administration，UNRRA）。同年，国民政府派行政院政务处长蒋廷黻为全权代表，出席联合国善后救济总署大会，与各国缔定了联合国善后救济公约，正式成为联合国善后救济总署会员国之一。同年，国民政府成立行政院善后救济总署（Chinese Nation Relief and Rehabilitation Administration，CNRRA），其职能是代表政府与联合国善后救济总署进行交涉，统筹办理中国境内的善后救济事业。

联合国善后救济总署救济行动在中国的开展，为中国经济的恢复和发展提供了一个难得的机会。到 1947 年，山西、广西、察绥、山东、河南、湖北、江西等省（区）向农林部呈报了联合国善后救济总署各省分署下设农业机械公司的地址和筹备情况。山西农业机械公司由徐士瑛筹备地址，张莽鼎负责机器运输；广西农机公司设在柳州华斗湾；察绥农机公司设在张家口；山东农机公司设在济南；河南农机公司设在郑州西北郊海棠寺附近；湖北农机公司设在汉口；江西农机公司设在南昌市东北郊。成立各地农机公司的同时，联合国善后救济总署在 1945—1946 年向中国运来一系列农业机械，包括：拖拉机 2049 台，各种附属农具 8705 台，各种水泵 9100 台（其中 305 台带动力），柴油发动机 2178 台[①]。一股新的发展势头似乎已经开始形成。

1945 年，国民政府农林部将中国农业机械特种股份有限公司改组为中国农业机械公司，与联合国善后救济总署挂钩。中国农业机械公司即代表政府向联合国善后救济总署申请补助翻砂机及车床等各种机器，所有机器价值达 500 万美元，材料价值约 200 万美元。规定在一个中心地点设立总厂，在各省共设 18 个分厂以及 3000 多个小型铁工厂。然而此后，中国农业机械公司却并没有制造农业机械，只是囤积钢铁材料，作投机倒把生意。[②] 近代机械工程学家支秉渊在抗战胜利后，即出任中国农业机械公司总经理，上任伊始就一手操办建厂，在上海虬江桥黄浦江边挖泥填江，设立虬江机器厂为公司总厂，翌年又亲手开设吴淞机器厂作为分厂。但与支秉渊的志向愿望相悖的是，中国农业机械公司既有一个以四大家族为背景的董事会，又是联合国善后救济总署的下设公司，由联合国善后救济总署随拨交物资一起，派来约 30 名顾问，意欲执掌公司大权。支秉渊则认为应由中国人掌权，双方遂产生冲突。支秉渊在中国农业机械公司倍受倾轧。[③] 可见，在国内环境尚未安定的背景下，农业机械复兴与战后建设的开展依旧有很多问题存在。

对于中国首批获取农业工程硕士学位的留美学生而言，直接参与中国农业机械化事业，是留学生的首选，更是曾德超本人矢志不移之事。当时与农业机械有关的工作单位，除中央大学与金陵大学合办的农业工程系

① 刘茂林，等：中国近代农机发展纪事。《北京农业工程大学学报》，1987 年第 1 期。
② 同①。
③ 刘浩林：中国近代机械工程学家支秉渊。《中国科技史料》，1994 年第 15 卷第 1 期。

和中央农业试验所的农具系之外，就是联合国战后救济总署下设的三个单位：中国农业机械公司、机械农垦处、乡村工业示范处。中国农业机械公司的情况如前所述，机械农垦处即行政院善后救济总署下设的机械农垦复员物资管理处，其任务是负责补充和恢复战时损失的农具、示范和推广新式农业机械、垦复战时荒废的土地。实际上，就是分配联合国救济总署拨给中国的一些救济物资。这个管理处在日本侵占过的地方设立了 14 个分处，在上海设立了装修供应站；同时，在各地建立了面积为 28 万亩的示范农场和 45 个拖拉机复耕工作队，从事复兴农业的工作。对比这些单位，曾德超认为，联合国救济总署所属单位的工作，对当时农村亟需解决的问题应更为直接。

就在留美学习农业工程的硕士生们回国前，中国农业机械公司希望聘请曾德超参加设在上海的制造厂的总工程师室工作，甚至是直接点名聘用包括曾德超在内的 4 名留学生，但是他选择了乡村工业示范处。他回忆：

> 回国后被介绍到中国农业机械公司的制造厂工作，我没有去。因为我认为在上海这样的大城市制造农具供应农业是走不通的。我决定参加乡村工业处工作，到乡下去，在当地造些农具供应当地老乡。我完全不认得马杰和史德沛，我是按照美国的作风走进马杰的办公室，毛遂自荐的。乡工处和机械公司属一个系统，他们也就同意。我被分派到邵阳工作[①]。

有信件资料表明，回国前，南美某华侨农场招聘制糖业人才，曾德超曾与其联系，希望能工作一段时间后，筹齐款项再回美国读博士。后来，仅仅因为看到美国工程杂志上乡村工业示范处招聘工程师的消息，就改变了意向。因为联合国善后救济总署援助中国的善后救济物资中，就有一部分是专供兴办乡村工业的物资。可见对于乡村工业示范处的工作，曾德超自始认可，胸有成竹，并相信自己可以有所作为。

① 参见：《曾德超个人档案之自传》。存于中国农业大学档案馆。

1948 年 7 月下旬到上海后，曾德超没有去四川探望他的父亲，也没有回海南老家看望母亲和弟弟妹妹，而是即到行政院善后事业委员会乡村工业示范处（联合国善后救济总署合作单位）华中分处（湖南邵阳）设在上海的总部报到。接着就搭上总部与邵阳之间运输大队的车，到湖南长沙办事处，再开车到邵阳乡村工业示范处。7 月 31 日，正式报到，任第四示范厂（机械厂）技正兼厂会，综理厂务。工作伊始，曾德超就凭着相同的理念和努力工作，得到领导的信任，他说：

> 在邵阳我全心全意的搞技术工作，当时认为能做一点，对农民就有一点的好处，完全从技术观点出发。我同史德沛、苏罗门很接近，很快的就得到了他们的信任。他们是工程师，史是耶鲁大学的博士。他们都同情共产党，思想进步，可能是进步党的党员。他们也是从技术观点看问题，认为即使共产党来了，乡村技术工作仍然是需要的。我当时也完全同意这种看法[①]。

9 月开始，曾德超除继续担任第四示范厂的工作外，又兼任了第二示范厂（水泥厂）厂长。当时的水泥厂因为某些技术环节存在问题，长期以来不能正常运转。曾德超受命后，持续攻关，自行设计制造了与全厂生产能力相匹配的球磨机等设备，使水泥厂迅速进入正常运行。在那段时期，曾德超一边建设水泥厂，一边在机械厂进行机法甘

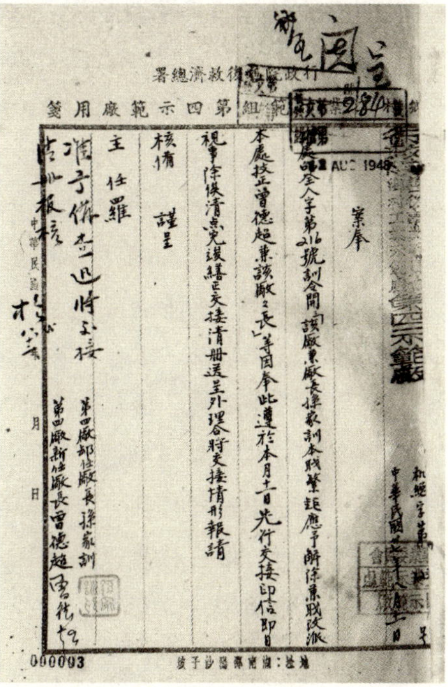
行政院善後救濟總署
第四示範廠用箋
案奉
本處技正曾德超兼該廠廠長
視事除俟清點完竣繕正交接清冊送呈外理合將交接情形報請
核備
謹呈
主任羅
第四廠卸任廠長孫家訓
第四廠新任廠長曾德超
000093

图 3-1　1948 年曾德超任第四示范厂厂长令

---

① 曾德超个人档案之自传，存于中国农业大学档案馆。

蔗制糖的技术指导工作。

联合国善后救济总署援助中国试办乡村工业的目的是使中国能够生产善后救济物资，增加自身的经济重建能力。抗日战争前，中国仅有的工业过分集中于沿海城市，在战争中遭到很大程度的破坏；而半殖民地化以来中国农村的极端贫困已经对工业发展所需的原料和市场产生极大的制约性。鉴于这些情况，中国的专家和工业技术人员都希望利用这次难得的援助机会实现中国工业化的愿望。因而进行乡村工业示范，就是要使区域小型工业得以迅速复原，并建立各种示范工厂，生产农村急需的各种救济物资。作为中国第一任常驻联合国代表并促成善后救济总署成立的蒋廷黻选择了自己的家乡湖南邵阳成立统筹全国乡村工业的机构——乡村工业示范处（Agricultural Industry Service，A.I.S.）直接隶属于行政院善后救济总署。示范处设主任一人，由湖南人蒋光增担任，负责全组事务；专门委员二人，一个是驻署代表，由曹永泰担任，负责与行政院善后救济总署接洽，并与联合国善后救济总署交涉；另一位就是联合国善后救济总署所派的美国专家史德沛（Joseph E. Stepanek），负责邵阳乡村工业示范的技术指导。示范处下设秘书室、会计科、业务科、化验室、图书室及各示范厂。按照示范处所编订的《乡村工业示范处之计划纲要》，示范处的业务应该有“中外专家共同调查湘粤两省当地物资，以备因地制宜，藉作建设示范工厂之准备”；“分期招考训练大学理工学院及高级学校毕业生，培育技术人才为各厂技术干部，以备外籍专家期满回国之后继续工作”；“设立化验室，分析各厂之原料、成品、半成品，以供参考”；“扶助民营农场工厂早日复原，改良其产品与制造，并代制各该厂所不能自制之器材，又拟贷予资金，与指导技术同时并进，以期福惠农村”；“凡已完成各示范厂，按照实际投资数目，优先让渡于当地私人或私人团体接办，在未让渡以前，暂行出售成品，价格力求低廉，完全以服务农村为目的。”这些业务可总括为建设工厂、技术培训、技术研发、技术推广和技术成果产业化等几个方面。然而，由于原定在湖南邵阳、广东曲江展开的乡村工业调查工作受到人才、物资缺乏的影响，加上黄河堵口工程，黄泛区善后复兴问题，行政院善后救济总署停止了曲江的业务。即使是在邵阳，工作的开展也未能达到最初计划的规模。所以邵阳本部的成就即集中体现在四个示范厂[①]，也就是在曾德超实际参与工作的“一线阵地”上。

邵阳乡村工业示范处第二厂（水泥厂）厂址设于城西郊外新渡口，原炼锑厂及纸厂旧址。厂设厂长，由曾德超担任；下设工务处，由技术人员担任。其他另设有会计、庶务、材料等股（办公室），有管理员六七人，分别由技术员、技佐担任，工人百余人，其中分为小工和技术小工。另有工头一人。在邵阳开设水泥厂，主要是考虑到邵阳盛产石灰石，可以采用干法生产水泥。在水泥厂建成之前，当地建房都是用水稻田里的泥，掏出来做成块状，干燥之后即用来砌墙。这种土砖的硬度和韧性都很差，用作建筑材料很危险。乡村工业示范处建设水泥厂，是本着投资小、成本低的原则，以便于推广到农村，生产水泥用来解决当时农村建筑所需的基础建材问题。

在曾德超等人的努力下，第二示范厂（水泥厂）最终拥有了 30 匹及 25 匹马力蒸汽机各 1 台，15 瓦的汽油引擎发电机 1 台，约 2 匹马力的鼓风机 2 架，最新式碎石机 1 座，每小时碎大石块 5 吨（5000 千克）以上，滚筒轧碎机 1 台，球磨机 2 台，正装置管磨机 2 台及哈顶芝磨机 1 台，混合机 1 台，均由行政院善后事业委员会配给美货或自制生坯烤窑 1 座，水泥烧成直窑 1 座，可不断工作出 4 吨以上水泥。但因为球磨机比较小，做出的坯子不够直窑每天所需，日产量平均有 1 吨多（25 袋，1 袋 96 磅），产品主要供给农村市场，另一部分用于乡村工业示范

图 3-2　1948 年曾德超（左）与同事在邵阳乡村工业示范处工厂

① 龚喜林，等：邵阳乡村工业示范述略。《邵阳学院学报（社会科学版）》，2009 年第 8 卷第 1 期。

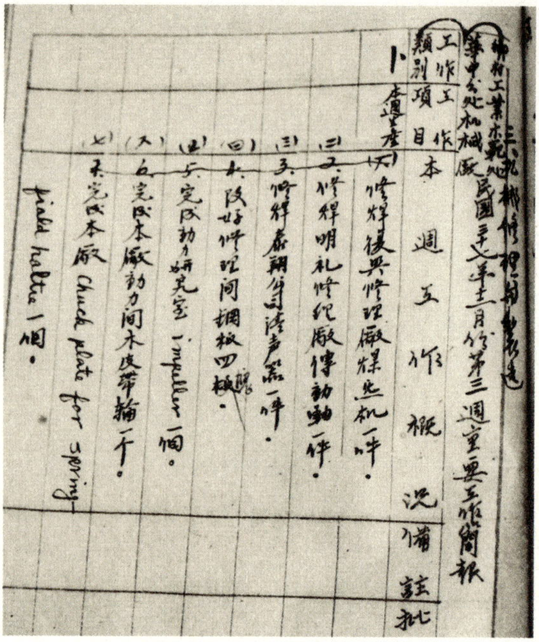

工作類別
工作項目
本週工作概況
備註
批
完成動力研究室 impeller 一個。
完成本廠動力間木皮帶輪一个。
未完成本廠 chuck plate for spring-field lathe 一個。

图 3-3　机械厂 1948 年 12 月第三周主要工作简报

处各部门的修建。但是因为水泥厂建设周期较长，其效果短时期内很难体现出来。不过，水泥厂所产的水泥质量很好，据第四野战军南下工作团 1949 年的调查，水泥改用哈顶芝磨机，在生坯没有问题的情况下，日产可以增加至 60 袋，“品质甚佳，供不应求”①。

邵阳乡村示范处第四厂（机械厂）厂址设于邵阳东门外沙子坡。在曾德超任乡村工业示范处技正期间，先是由孙家训任厂长，后来，接上级调令，孙家训卸任，改由曾德超接任第四示范厂的厂长。第四示范厂作为机械修配厂，主要是要负责其他工厂机器的安装和改良乡村小型机械。曾德超到任时，参加设计制造工厂的外国专家两年工作合同期已满，正在大批离任，只剩下少数几个人参加主持工作，厂务在不同程度上未臻正常运转。曾德超上任后，即带头推动并支持厂务工作。机械厂制作的机械产品有：为示范处各厂配制的装修机械；抽水机、榨油机、榨糖机、碾米机、碾籽机、离心机。其中，最值得一提的是榨糖机的制造。曾德超直接参与、制造和推广了畜力轧蔗辊和手摇蔗糖离心机，这种榨糖方法的榨糖效率较土法石滚机有所提高，能减少人工 1 人，增产糖 10%，省时 15%②，并且能造出土法制糖所不能制作的砂糖，卖出比黄糖更贵的价钱，从而提高农民收入。

作为为其他厂区服务的机械厂，发电成为机械厂需要解决的一大问

① 第四野战军南下工作团总团调查研究组编：湘赣资料之一：工、矿、金融。
② 同①。

题。曾德超与其他工程师一起建立了用焦炭为原料的煤气发生炉——煤气机发电装置，使厂区电力供应得到基本满足。另外，工程师鲁雄飞研制了手摇 10 锭纺纱机，曾德超也参与了推广工作。第四示范厂的织布机械得到了良好的实验效果。该厂还配修民营各厂的机件。1949 年，该厂拥有 15 瓦动力间装发电机两部，30 瓦动力间装发电机两部（1948 年 5 月资料显示为 15 瓦 3 部、30 瓦 1 部、10 瓦 1 部），每天轮流使用，能发电 130—200 度。机器间装大小车床 4 部，刨床、铣床各 1 台，其他像交流、直流电动机、空气压缩机、油压机电动磨洗器等有数 10 余种，翻砂间有 500 磅熔铁炉一座[①]。

在乡村工业示范处，曾德超与上级和工人们相处都非常融洽。他的英语很好，即使是同样有过出国经历和受过高等教育的同事中，也少见像他一样从生产生活各方面都能与外国技术专家顺利融洽沟通的中国人。美国专家史德沛与曾德超关系处得非常好，改革开放之后恢复联系；抗战时期进行工业合作运动的新西兰著名国际友人路易·艾黎（Rewi Alley）也是在邵阳认识曾德超的，他们之间形成了较为深厚的友谊。据档案资料记载，在乡村工业示范处工作时，人称曾德超为“假洋人”。邵阳乡工处这段经历对曾德超来说，既是实现他振兴乡村工业愿望的途径，也是他独立进行技术创新的第一个较为完整的平台。在乡工处第四示范厂，曾德超已经开始改制几百台进口铁制步犁，将这些步犁的犁体曲面修制为本地适用的形制。这与他今后毕生所从事的土壤—机器—植物系统的研究工作不无关联，实际上成为他学术生涯中钻研机器土壤动力学的前期工作。而曾德超参与设计建立的这批制糖、农药、纺织、造纸、水泥、煤

图 3-4　邵阳时期的曾德超

① 第四野战军南下工作团总团调查研究组编．湘赣资料之一：工、矿、金融。

窑、炼焦、炼铁、制酸、机械等小型工业设备，也使得邵阳成为新中国成立后湖南机械工业和化工工业的起点。

转战兰州

1949 年 6 月，联合国农村复兴委员会为了实现战后中国农村经济复兴，进行拨款。随后中国行政院中国农村复兴委员会在西北和四川成立办事处，委托邵阳乡村工业示范处选派人员开展工作，计划投资建设一批像邵阳这样的小型工厂和一批适合于当地条件的发展农村经济的项目，曾德超即受邵阳乡村工业处派遣，作为高级工程师带领一个 4 人技术工作队去兰州。另一支奔赴四川的技术工作队由一位加拿大籍华侨女工程师带领。新中国即将成立了，曾德超仍然决定去兰州工作，他考虑的是：

> 后来为了设法维持乡工处，史德沛同农复会订工作合同，派我去西北时，他们亦认为这是一个给我很好地学习做事的机会。他们亦希望把乡工处工作维持到解放。这和我当时的想法完全相同，我当时完全没有从政治角度看这问题，一直没有把这件工作看成政治上“帮凶”的性质。当时，我的想法是，如果能在河西走廊撒上个几百台纺织机，建立起一些糖厂纸厂，解放前解放后都一样有好处。如果啥也搞不到，最少我也可以见见大场面，锻炼锻炼自己。当时，我在思想上一点也没有顾虑和迟疑[①]。

到兰州后，曾德超协助农复会西北办事处工作，兼任该处的总工程师。这一次的工作与邵阳时期有所不同。由于是邵阳乡村工业示范处向农村复兴委员会西北办事处派出的工作队，人数少，又具有支援协作的性

① 《曾德超个人档案之自传》，存于中国农业大学档案馆。

质，人际交往和社会活动量大，更兼有很多工作需要从零开始，自主规划。如此性质的工作，需要领队者在技术过硬的前提下具备综合素质，尤其是独当一面的决策能力。曾德超一到兰州，便马不停蹄地开始了庞杂多头绪的各项工作，至少包括以下几个方面：

（1）计划在甘肃景泰县五佛寺附近原有小型引黄灌溉渠道整理扩大，同时利用所引渠水建设一座洗毛厂，收集在景泰北山后面阿拉善旗广大草原的羊毛，清洗整理打包后沿河下运至天津制作地毯出口；

（2）协助农复会西北办事处与西北畜牧兽医学院盛彤笙、朱宣人教授签订的有关资助羊毛改良项目以及其与山丹培黎学校所属的地毯合作社签订的生产项目；

（3）与农村复兴委员会的水利工程师塔德（Oliver Julian Todd）一起查勘、研究河西走廊古浪附近设坝拦水的可行性，对临洮地区引黄灌溉种甜菜以及建立小型甜菜制糖乡村工业示范厂的可行性进行了研究；

（4）到山丹培黎学校与路易·艾黎洽谈合作问题，并检查邵阳乡村工业示范处在该校所建立的设备全套进口的中型毛纺厂的安装和运行情况。

单从任务的安排上来看，曾德超所率工作队的日程必定排得很紧。其实，这份筚路蓝缕的工作恰恰意味着其所承担任务的内容弹性相当大，完全由当地实际需要和主事者参与工作的热情决定。当地有什么需要，便会

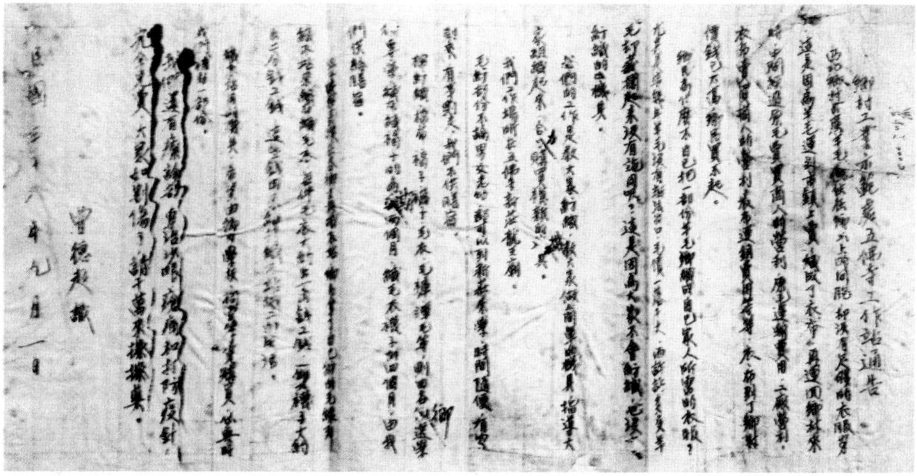

图 3-5　1949 年曾德超署名的五佛寺工作站通告

增加什么工作；主事者有多大工作热情，也会决定一项任务参与程度的深浅。实际情况证明，很多任务在进行中，曾德超又会发现甘肃当地的新需要，工作队需立即调整计划安排，加进新的内容。例如，在景泰考察五佛寺洗毛厂选址，并进行基建设计和机械设备的规划设计的同时，曾德超又与兰州农业实验所联系，研究在景泰一带利用引黄灌溉进行棉花栽培可行性的相关合作。随即，工作组又在五佛寺组织和主持了由当地农村青少年参加的纺织技术培训班，试图为缓和陇西人民缺衣少被寻找途径。从曾德超在五佛寺贴出的面向乡民的通告，可以管窥这个工作队的技术服务性质：

西北乡村生产羊毛，住在乡上的同胞，却没有足够的衣服穿，这是因为羊毛运到市镇上卖，织成了衣布，再运回乡林来时，中间经过原毛买卖商人的营利，原毛运输费用，工厂营利衣布买卖，商人的营利，衣布运销费用等等，衣布到了乡里价钱已太高，乡民买不起。

乡民为什么不自己把一部分羊毛编织成自己家人所需要的衣服？尤其是这几年羊毛没有办法出口，毛价一落千丈。而许许多多毛却藏起来没有使用呢？这是因为大家不会纺织，也没纺织的机具。

我们的工作是教大家纺织，教大家做简单的机具。指导大家组织起来，合力购买复杂的机具。

我们工厂所在五佛寺新庄龙王庙。

毛纺部分不论男女老少都可以到新庄来学，时间随便，有空则来，有事则走，我们不供膳宿。

棉纺织、面部、褐子、袜子、毛衣、毛裤、浑毛等，则由各乡选学后专学，织布织褐子的为期两个月，织毛衣袜子的则四个月，由我们供给膳宿。

学徒学成后在各乡主持织衣站。乡民拿了自己纺的毛线到织衣站来织布织毛衣，每件毛衣大约出一角钱工钱，一只袜子大约出二分钱工钱，这些钱用来解决织衣站织工的生活。

织衣站用的械具，希望由乡内学校、祠堂筹资购买。必要时我们辅助一部分。

我们还有疗诊部，专治沙眼、疮痛和打防疫针，完全免费，大家如割伤了，请千万来擦擦药。

曾德超

民国三十八年九月一日

1949 年 8 月初，以蒋梦麟[①]、晏阳初[②]为首的农村复兴委员会五位委员到达兰州。尽管临近新中国成立，曾德超认为他们到兰州来，仍然是重视西北农村建设，也是个争取资助的好机会：

当时呢，蒋梦麟、晏阳初，还有一个当时国民党的南京农业科学研究所的所长姓张的博士，他们组织一起要到兰州去，针对西北建设复兴，规划、促进、安排等。技术上他是需要人的，除掉农业之外，当然需要工业。像我们的小工业，他们认为这方面对地方经济的复兴，还是很有作用的。所以他们就同邵阳乡村工业示范处联系找技术队到兰州去，替他们作为技术力量，替他们出谋划策，怎么样把兰州的经济、农村、工业等建设起来。邵阳就决定派我带几个得力的技术人员去。我作为他们的参谋，总工程师，安排建设兰州这一带，不仅是兰州，整个走廊（河西走廊）也归为一起建设[③]。

---

① 蒋梦麟（1886–1964），中国近现代著名的教育家。幼年在私塾读书，12 岁进入绍兴中西学堂，开始学习外语和科学知识。后在家乡参加科举考试，中秀才。1908 年 8 月赴美留学。次年 2 月入加州大学，先习农学，后转学教育，1912 年于加州大学毕业。随后赴纽约哥伦比亚大学研究院，师从杜威，攻读哲学和教育学。1917 年 3 月，蒋梦麟获得哲学及教育学博士学位后即回国。1919 年初，蒋梦麟被聘为北京大学教育系教授。自 1919 年至 1945 年，蒋梦麟在北大工作了 20 余年。1964 年病逝于台北。

② 晏阳初（1890–1990），中国平民教育家和乡村建设家。晏阳初早期开展平民教育运动时，认为中国的大患是民众的贫、愚、弱、私“四大病”，主张通过办平民学校对民众首先是农民，先教识字，再实施生计、文艺、卫生和公民“四大教育”，培养知识力、生产力、强健力和团结力，以造就“新民”，并主张在农村实现政治、教育、经济、自卫、卫生和礼俗“六大整体建设”，从而达到强国救国的目的。著有《平民教育的真义》《农村运动的使命》等。

③ 曾德超访谈，2011 年 9 月 16 日，北京。资料存于采集工程数据库。

曾德超按照农村复兴委员会对邵阳乡村工业示范处的委托，提出了包括前文所述四项内容在内的8个建设项目，要求农村复兴委员会拨款。此时的曾德超踌躇满志，既是自己学以致用，服务于祖国农村的一腔热情，也是乡村工业示范处的工作原则和蒋廷黻等人所强调的善后救济精神。“联合国已有大西洋宪章及共同宣言之重大表示，其中所表现之一致精神，系为共同自由及人类共同幸福而战。此一救济善后机构，就是联合国对全世界人民之初次兑现。……务须本着宽大仁慈精神，方克有济。”① 本着种种对工作的热情期待，曾德超带领工作队，会同地方上的建设厅、科研所、畜牧兽医研究院等部门联系，对农复会的工作做出详尽计划。农复会五位中外委员听取了曾德超的项目计划之后，并没有立即表态，而是给出了“在广州进一步开会研究”的答复。

实际上，此时甘肃的形势已经大不一样。西北野战军的战果在大面积推进，兰州作为一个具有重要战略位置的城市，成为国共两军交战中选择的决战区域。蒋梦麟等人来到兰州时，已是兰州解放的前夕。对于西北农村的建设，农复会的态度暧昧不明，背后其实是解放战争进行到最后阶段，行政院和整个国民政府逐步形成的撤退计划。乡村工业示范处派出的另一个工作队在四川也面临着同样的情况，领队工程师给乡工处和联合国善后救济总署的汇报中已经提到了政局影响下的工作困难，认为无法继续开展工作。可是兰州这边，同为领队的曾德超却在向乡工处汇报情况时，强调的反而是事情的另一面——认为西北的农村建设“大有可为”。所以曾德超所率的工作组不但没有停止调研和技术推广，反而扩大了社会服务的工作面。蒋梦麟、晏阳初等人来到兰州后的态度，在眼中只有工作的曾德超看来，近乎不可理解：

开始他们（指行政院农村复兴委员会方面）想投资建设基地，抵抗解放；现在看形势不行了，就要走。我就觉得，你把我们弄来了，（你们）却要走，那怎么行呢。（我）就连夜追着他们，要他们把钱留

① 参见：蒋廷黻出国前之谈话。《中央日报》，1943年10月22日。

下。我们也做了很多工作，和地方上一些人联系上了；另外，兰州的确需要建设，需要很多经济、工业、小工业方面的（建设）。但他们不干了，他们要走。我说不行，你得把钱留下来。我就跟着他们，他要上飞机我就跟着他飞到广州。一下了飞机，蒋梦麟、晏阳初拿着从兰州带来的很多东西，我就跟着到了办公室之后，再也找不到他们了。那不行呀，我来跟着你们要钱的呀，把钱给我，我好回去呀。最后飞机要走，我得找，但是我再怎么找都找不到这三位大人物，只好搭最后一班的飞机回到兰州①。

由于行政院农村复兴委员会的官员回到广州后做了在西北不再进行任何投资的决定，曾德超所期待的建设资金实际上成为泡影。而农复会的工作也行将塌台。曾德超在广州找不到相关负责人，只得乘飞机回到兰州。就这一去一回的时间，中国人民解放军正在对兰州城发起最后的总攻。回到兰州的曾德超，面对混乱的社会局面，决定带着司机倪才旺，将办事处剩余资金交给解放军，受到张宗逊的热情接待。

1949年8月25日，解放军从拂晓战斗至次日正午，共歼灭兰州守敌2.7万余人。8月26日，兰州解放，兰州军事管制委员会随即成立，对兰州市实行军事管制。曾德超随着解放军一同进城，被安排在军事管制委员会工作。原中美农村复兴联合委员会（JCRR）西北办事处主任萨汉民（Medill Sarkisian）撤走前，要求曾德超一同离开，但曾德超没有答应。萨汉民曾负责对兰州大学医院、西北兽医学院、农业改进所、山丹培黎学校和兰州工业合作事务所等单位发放物资，他走之后，最后一批物资发放给了山丹培黎学校、兰州培黎学校和乡村工业示范处五佛寺工作站，之后都由军事管制委员会负责接收，曾德超参与协助接收工作。

山丹培黎学校1941年创建于陕西双石铺，1944年迁移到甘肃河西山丹县内。当时艾黎等人之所以给学校取名培黎，一是为纪念早年来金陵大学任教，为培养中国的技术人才做出重大贡献的善良正直的美国友好人士

---

① 曾德超访谈，2011年9月16日，北京。资料存于采集工程数据库。

约瑟夫·培黎（Joseph Bailie）；二是暗喻该校的宗旨是“为中国的黎明培育新人”[①]。创办者路易·艾黎（Alley Rewi）是一位致力于维护世界和平与各国人民友好事业的国际主义战士，他创办这样一所学校，是希望能继承约瑟夫·培黎的精神，培养介于工程师和技术工人之间的理论联系实际的人才，能够做到手脑并用、创造分析。而山丹培黎学校实际的办学也体现着坚持职业技术教育与生产实践相结合的特点。路易·艾黎与曾德超在乡村工业示范处时就认识，曾德超随和易处的脾性以及符合西式思维的办事方法使艾黎与他没有隔阂感。在对学校接收时，曾德超对军代表介绍了培黎学校的性质和对学生的要求：

> 山丹培黎学校是中国工业合作协会在西北训练工合技术人才的场所。工合是平民改进生活的运动，合作社社员来自穷家，既无金钱亦无时间受到正规教育——小学中学而工学院。培校企图以八年的时间养成一些备有学习工具、责任感、信用及创造能力的青年。让他们有基础在将来的实习生产与创造中继续学习发展。
>
> 具体说：企图于八年中达到以下的水平：
>
> （1）每一学生能作机械制图，又能根据所画图样，制造模样；
>
> （2）每一学生应有原动机普通常识，电学原理及透彻明了内燃机；
>
> （3）每一学生应懂得一外国文字，以后能翻译有用书籍；
>
> （4）每一学生应学会会计，应有建立合作的能力，应能作商业分析；
>
> （5）每一学生应会普通国文，能做合作社社员会议记录，能懂普通中文工程名词；
>
> （6）每一学生应懂工程数学；
>
> （7）每一学生应懂得普通科学原理以使提高共同工作社员之卫生水平；

① 吴廷桢：《河西开发史研究》。兰州：甘肃教育出版社，1996年，第476页。

（8）每一学生应学负责任、保信用的训练，以培养能明了组织合作社的实际基础；每一学生应能脱弃个人主义而养成团体生活观念[①]。

当曾德超这样一个已经为国际友人所信赖的工程师来到培黎学校参与接收工作时，事情变得容易了许多。军代表张和堂、曾德超、艾黎以及其他两位军方工作人员愉悦地进行了接收工作。当时培黎学校的外籍教师基本上没有走，接收后，学校仍旧由路易·艾黎管理，军代表只负责监督工作，而曾德超负责协助，并在山丹工作了一段时间。在当时军管会的领导下，曾德超全力支持培黎学校的工作，并为学校的教育教学工作提出了很多建设性的意见。他看到学校的基本理想“在于最经济的时间内就能实地干事，能应付乡村合作而又能有基础作为未来技术工业发展的工作人员”，这个目标，学生不但学习，又鼓励多试验新方法，这些理想、精神与方法都值得肯定。但是“多年来学校由于经费有限，大环境与小环境之不准许，学校许多方面未能实现，是不可否认的”。曾德超列举了学科方面的事实，认为培黎学校的物理化学“只到普通高中程度”，工程材料数学“只到代数几何三角”，缺乏对工程材料力学、机械动力应用力学、热力学等学科的教育，也同时缺乏解析几何、微积分等课程作为技术学生的基础。他同时认为，“一部分同学参加行政及生产，有时旷课，而教学上未能严紧，造成学生的基础未能有严格训练。”[②] 认识到这些状况之后，曾德超为培黎学校初

图 3-6　1949 年曾德超（右一）与张和堂（左一）、艾黎（右二）在兰州

① 资料来源：曾德超工作笔记。资料存于采集工程数据库。

② 同①。

步设计了一个修学课程计划草案。通过课程计划，可以看出曾德超强调扎实的理论基础，并将理论与实践相结合的指导思想贯穿始终。这也是曾德超自己求学生涯的亲身感受，更是他在以后的教书育人工作中一贯坚持的做法。但是这个课程计划，后来终因时局动荡，时间匆促，未能实施。

曾德超为培黎学校设计的修学课程计划草案 *

科目类别	课程名称	备　　注
普通科目	政治经济学	全体学生修读
	外国语	全体学生修读，英语或俄语
	中文	全体学生修读
	历史	全体学生修读
	数学	全体学生修读。4 年数学课包含几何、三角、算学、代数、解析几何、微分、工程数学等
	地理	全体学生修读
	会计	全体学生修读
	生活艺术	全体学生修读
	物理	全体学生修读
	化学	全体学生修读
	生物	全体学生修读
	生理卫生	全体学生修读
工程科目	制图	全体学生修读
	透视几何	全体学生修读
	力学	全体学生修读
	材料力学	全体学生修读
	工程材料学	全体学生修读
专业科目	锻工学	供机械制造专业学生修读
	木工学	供机械制造专业学生修读
	机工学	供机械制造专业学生修读
	铸工学	供机械制造专业学生修读
	电工学	供机械制造专业学生修读
	内燃机	供机械制造专业学生修读
	火力机	供机械制造专业学生修读
	水力机	供机械制造专业学生修读
	电工原理	供机械制造专业学生修读
	汽车学	供机械制造专业学生修读

* 资料来源：曾德超工作笔记。资料存于采集工程数据库。

续表

科目类别	课程名称	备　注
专业科目	机械设计	供机械制造专业学生修读
	玻璃、造纸、制革	供化工专业学生修读
	陶瓷	供化工专业学生修读
	制糖	供化工专业学生修读
	肥皂	供化工专业学生修读
	机械修理	供化工专业学生修读
	火力机	供化工专业学生修读
	电工原理	供化工专业学生修读
	化学分析	供化工专业学生修读
	内燃机	供化工专业学生修读
	煤矿学	供矿冶专业学生修读
	铁矿学	供矿冶专业学生修读
	炼铁	供矿冶专业学生修读
	机械修理	供矿冶专业学生修读
	火力机电原理	供矿冶专业学生修读
	内燃机	供矿冶专业学生修读
	化学分析	供矿冶专业学生修读
	毛纺、纱纺	供纺织专业学生修读
	针织	供纺织专业学生修读
	机械修理	供纺织专业学生修读
	电工学	供纺织专业学生修读
	火力机	供纺织专业学生修读
	内燃机	供纺织专业学生修读
	机械运动学	供纺织专业学生修读
	纺织学	供纺织专业学生修读
	农场灌溉	供农牧工程专业学生修读
	测量学	供农牧工程专业学生修读
	农产品加工	供农牧工程专业学生修读
	建筑学	供农牧工程专业学生修读
	机械修理	供农牧工程专业学生修读
	作物学	供农牧工程专业学生修读
	畜牧学	供农牧工程专业学生修读
	火力机	供农牧工程专业学生修读
	电工学	供农牧工程专业学生修读
	内燃机	供农牧工程专业学生修读

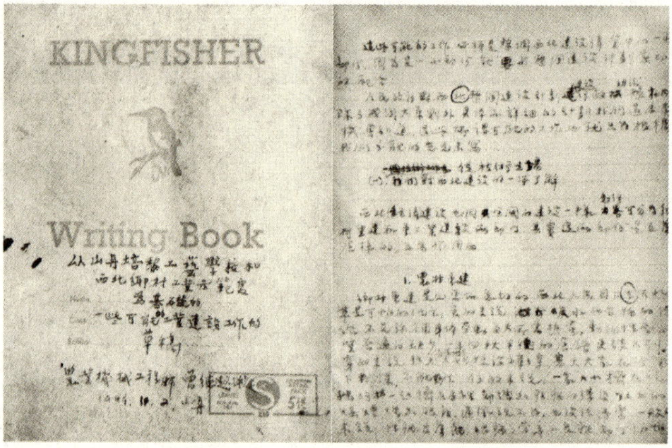

图 3-7　曾德超山丹时期笔记（1949 年 11 月 2 日）

1949 年秋，曾德超向兰州军事管制委员会汇报了原乡村工业示范处西北工作组在甘肃工作的很多具体情况，并于当年 11 月整理成较为完整的工作笔记，题为《从山丹培黎工艺学校和西北乡村工业示范处为基础的一些可能的工业建设工作的草稿》，以期向人民政府汇报作为一个“农业机械工程师”（曾德超工作笔记语）对西北建设的认识以及对未来建设的展望。在这篇工作笔记中，曾德超将“农村重建”排到了第一位，并且开篇就指出“乡村重建是必需而急切的”。这既是他一年来参与乡村工业实践的真实感受，也反映出他对中国农村长期落后状况的深刻认识和真切关怀，他当时在笔记中这样写道：

> 西北人民日下生活水准是可怕的低下，吃的来说，碳水化合物的供给不能弥补身体劳动每天所需热量，动物性蛋白质普通的缺少，一年四季平衡的食谱更谈不到。穿的来说，热天有些地方大人没裤穿，寒天大家在冷风下战栗，不能劳作。住的来说，一家大小挤在炕上，猪狗一起挤在房里，都会增加疾病的传染，灶上的煤烟增加眼疾，通风既不好，也没法清洁，一般的来说，性病、皮肤病、眼病，营养不良症都可怕的普遍，没有教育也没有荒灾保障，这种生活比贫民进步不了多少[①]。

这是曾德超所率工作组在西北看到情况的真实反映。新中国成立之前

① 资料来源：曾德超在山丹工作时期的笔记。资料存于采集工程数据库。

西北农村确实极度落后，地主占有大量土地，残酷地压迫和剥削广大农民，在西北特殊的历史条件下，田赋之外，积弊、陋规为祸日烈，高利贷盛行，农民穷困程度高，甘肃尤其严重。对于这样的状况，曾德超具体指出了西北农村水肥情况的重要性，认为地下水、山洪水的利用和建设水库不唯势在必行，且也“人力难于实现的”，一定要依靠现代工程手段。西北的骨粉矿石以及固体废物的利用也大有开发空间。

另外，传统畜牧业的衰落使西北地区广大农村的劳动群众失去了基本的衣食来源。曾德超将五佛寺工作站的体会进一步总结为西北农村“必须在原村庄上用手工加工成为村人自用的毛织物，这包含了村庄集体纺织厂的组织与推动”，织物外销后，如果销路好，就可以增加农牧民很大一部分收入。再有，胡麻的机器纺织具备比手工纺织高得多的工作效率，只要制作并推广动力纺纱，就能拉动纺织业的发展，从解决缺衣少被问题开始，逐步改变农村状况。

曾德超还提到农村的建筑问题以及土地的合理利用、乡村交通工作等等。“我们对最近将来乡村的憧憬是这样：够饭食，够衣穿，住合理，有教育，有医药，有安全制度，每个村庄盖上个像样的集会场所，作为娱乐中心，这个憧憬在技术上是可以做得到的。特别是新中国成立以后，土地政策是使佃农每年的总收入增加百分之五十以上，联合农民的政策是指出改善农村的决心，一个有组织、有计划动员农村工程师、农业家、农村社会工作者及一切乡村潜在的过剩劳力的行动，是可以于短期间内使农村改观。”①

从这份工作笔记，可以看出乡村工业的建设理念在曾德超的头脑中扎根有多深。不仅自身致力于尽可能去建设乡村工业，改变农村，也希望乡工处救济改善农村生活的目标能够在政权过度之后得以顺利实现。

1950年初，曾德超为甘肃省农业厅设计了一本技术小册《灌溉道理和方法》，从科学普及的角度，介绍了水与植物和土壤的关系，尤其强调了不同土质对灌溉水吸收利用的特点以及灌溉时需要注意的技术事项。需要

① 资料来源：曾德超工作笔记。资料存于采集工程数据库。

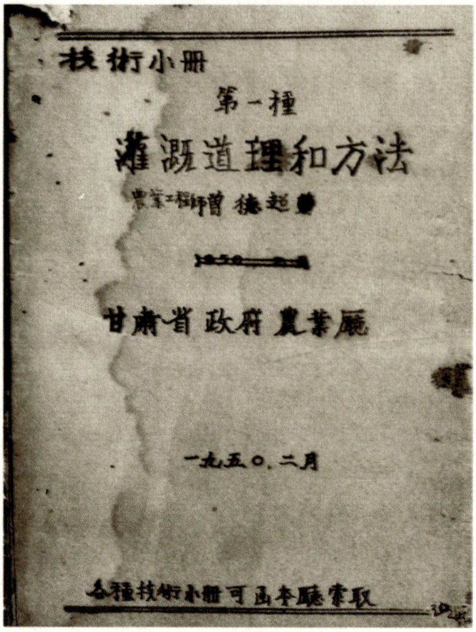

图 3-8　技术小册：灌溉道理和方法

指出的是，这份灌溉技术小册虽然是科学技术普及性质，但是对土壤学理的解释却并不吝于篇幅：“极干的沙粒吸收空气中的水汽，因此周围吸附着一层通常有 15—20 个分子厚度的水膜，这些吸着水量的多少因土壤温度和空气湿度的变易有关，也与土质有关。譬如砂质土壤，吸着水量通常不过是沙粒重的百分之一、二，黏土则达百分之四、五。吸着水的吸着力很大，极不容易与沙粒分离，因此也不能为植物所吸收。当土壤中水分比吸着水量多时，水分就分布在土壤的细孔间，因此孔隙表面张力比重力来的大，这些水就不会向深处流，像灯芯吸油般的，这些水叫毛细管水。毛细管水可因各方面的表面张力的变动而上下四方调动……譬如土面晒干了，近土面的毛细水渐渐减少，这处的表面张力就变大，把水由下向上吸；当土壤中水分再增加时，大孔隙都充满水。土壤中的大孔是不能留着水分的，因为孔大，表面张力比水的重量来得小，水就往深处流。”①

经过学理的解释，曾德超在这本灌溉技术小册中介绍了土壤中吸着水和流动水对作物生长的不同影响，强调“灌溉目的在保证收成，在增加每亩产量”，所以要避免“用水产生不必要的浪费”。可以看得出，这本“技术小册”虽然是面向普通农户的，但读者群却设定较广，对于有一定文化程度的农技人员，收获提高会更大。也许曾德超从西北农村灌溉水的浪费和土壤学知识的缺乏状况中意识到了这类农技科学技术的进一步研究与应用推广的必要。

建设乡村工业和采取适用技术改造农村，在中国即是特定历史时期下

① 曾德超编写的技术小册：灌溉管理和方法。资料存于采集工程数据库。

流行的学术观点，也是中国农村发展进程中具长期探索价值的一条道路。自新中国成立之日起，曾德超凡遇到解放军大小领导干部，都反复宣传通过乡村工业发展农村经济这条道路的可行性。尽管张宗逊非常重视曾德超这位工程师，对于曾德超迫切想发展乡村工业的想法，军管会和人民政府虽然予以认可，然而在西北政局方定，限于社会历史原因，农村经济发展从属于全国优先发展工业的大局，乡村工业已不拟再继续进行。

由于农村复兴委员会西北办事处没有来得及建起任何规模的实体事业，而在邵阳的那些工厂，新中国成立后又被分别利用作为大工业发展的基础，所以乡村工业的实践在业内暂时告一段落。随着社会的发展，几十年过后的 20 世纪 80 年代，中国乡镇企业[①] 开始获得迅速发展，对充分利用乡村地区的自然及社会经济资源、向生产的深度和广度进军，对促进乡村经济繁荣和人们物质文化生活水平的提高，改变单一的产业结构，吸收数量众多的乡村剩余劳动力，以及改善工业布局、逐步缩小城乡差别和工农差别，建立新型的城乡关系均具有重要意义。乡镇企业已成为中国农民脱贫致富的必由之路，也是国民经济的一个重要支柱。

对于亲身参与乡村工业实践的曾德超来说，支持乡村工业这套思路本身，即是他的农村发展思想，是以农民为本，以农业为本，从中国人多地少的实际情况出发，着眼于细节的发展思路。而社会的发展也验证了曾德超乡村工业思想的价值和前瞻性。曾德超参与乡村工业的时间虽然不长，但是这种发展模式、从实际出发而遵从的乡村工业思想以及两年实践工作获得的很多具体经验一直存留于他的科学思想中。

---

① 乡镇企业是指农村集体经济组织或者农民投资为主，在乡镇（包括所辖村）举办的承担支援农业义务的各类企业，是中国乡镇地区多形式、多层次、多门类、多渠道的合作企业和个体企业的统称。包括乡镇办企业、村办企业、农民联营的合作企业、其他形式的合作企业和个体企业五级。乡镇企业行业门类很多，包括农业、工业、交通运输业、建筑业以及商业、饮食、服务、修理等企业。

第四章 为农业机械化

调入中央农业部

1950年5月，曾德超迎来了他人生中的一个重要转折点。曾德超借着陪同军代表张和堂一起到北京开全国合作社会议的机会，与杨显东[①]同志联系，得以留在农业部工作，任中央农业部器械局技术研究室代理主任。"来北京之后，他开会，我就到农业部去。到农业部一查，有个杨显东博士，也是留美的，当时是农业部的副部长。我立刻去找他，我说我是曾德超，他说他知道我们这些人（留美学农业工程）的情况。我就跟他说，我希望到北京（工作），我跟军代表来北京开会，来找你，你看应该怎么办。他说好，就把我留在农业部。就这样我就留在了北京。"[②]曾德超终于重新找到了属于一个工程师应能发挥作用的工作平台，而国家正将大力发展

① 杨显东（1902–1998），著名棉花和农学家、农业行政管理专家、社会活动家。时任农业部副部长。

② 曾德超访谈，2011年9月16日，北京。资料存于采集工程数据库。

的农业机械化事业，也亟待第一批学习农业工程的青年人以舍我其谁的热情投入这片热土，推动中国农业的现代化。

1949 年与抗日战争前比较，全国粮食总产降低 26%，棉花下降 48%，耕畜头数减少 60%，一般地区农户缺少农具 30% 左右，部分地区达到 40%，因此，1950—1952 年全国农具工作的主要任务是增补旧式农具①。1950 年 5 月起，农具的制造改良和推广业务全部归属农业部主管，并设有华北农业机械总厂。曾德超不仅在技术上参与负担起全国旧农具增补、新式农具推广等工作，更是站在大局上指挥全国国营农场、拖拉机站和各垦区农机具的引进、调配、生产运用适应性改装和性能改进，进行新中国农业机械生产厂布局；同时还对全国各级技术人员包括马拉农具手、拖拉机手、修理工、机耕队长、修理队长、机务负责人和机务副站长等开展正规培训和轮训。“到部里工作以后，前后共四个多月，头一个月下乡到河北平原了解农具站情况，后三个月连续办了两期训练班。”② 曾德超还为这两期培训班主讲了新式步犁使用知识，解决了在生产中新式步犁不入土的问题。

在调任中央农业部任职后，曾德超以拓荒者的角色将全部精力投入新中国农业机械化技术的布局发展和农业机械化技术人员的培养上。曾德超当时留在邵阳的资料和衣物甚至直到 1953 年才托人运到北京，其中最重要的一只箱子也在邵阳丢失，工资积蓄也因邵阳变迁而分文无归。作为农业部工作人员，曾德超却极少待在办公室内，长期奔波于国营农场、拖拉机站、垦区机械化站等基层单位，深入了解基层需求，为基层农机化技术的发展与推广，各级技术人员的培训等做了大量基础性工作。

尽管到农业部工作的时间不长，曾德超认为自己在思想认识上得到了显著提高，主要表现在四个方面：

（1）辩证唯物论的初步系统化。因学自然科学，对质能互变，电子恒动，生物进化等自然现象有些认识，个人的宇宙观可以说基本上是唯物

① 中央人民政府农业部农业生产司编：《棉产工作参考资料（第 3 集）1951 年棉花生产典型专刊》。北京：中央人民政府农业部出版，1952 年，第 73 页。

② 资料来源：曾德超个人档案之《中央人民政府农业部第一季度干部鉴定表》。

的。但在新中国成立前这些认识只是断片的、晦昧的、无系统的，尤其是关于辩证一面，经过这阶段的学习，做了粗略的总结。

（2）各个社会生产关系的演进初步认识。由于工作关系，也曾参加企图于半封建半殖民地的社会制度下改进农业工具和乡村小工业工具，借以改进农村，这种纯技术观点的错误。在过去劳而无功的经验基础上，很容易地被点破。对自然经济在整个国家经济组成因素中的比重巨大的体验也帮助了对新民主主义经济政策的了解。

（3）工作方法的改进。尤其是群众观点，以前什么事情都抓着个人干，没有依靠群众的观点，也没有向群众学习的思想认识。其他如从实际出发，多调查研究，划分事实与臆造，主观辩证与客观辩证的融洽等等科学办事方法，也渐渐明确认识起来。

（4）个人在社会进化中地位估价的合理化（个体与群众的关系）。小资产阶级老是以自己为中心来看世界和处理事物。“自封”的责任过分加大了，社会地位的估价也过高。其实社会进步是全体人民劳动的结果，任何个人的价值、过渡作用、生长、工作与死亡，对整体虽各有不同的比重，也不过是自然现象、社会现象的一部分。以个人为中心的处理事务的方法也就毫无意义，这点在这时期中也能明确①。

1951 年春，农业部撤销器械局，在农政司下设一个农具处，管理群众生产所需的农具。此时，曾德超被调入国营农场管理局，任机务处副处长。曾德超到管理局时，局里主要任务是办好关内几个直属机械化农场和试办的拖拉机站，以便积累经验，进行示范和推广。曾德超当时的工作主要有：

是冬训开始时转到管理局来，迄今半年了。……头三个月主要是指导供应站研究室的工作。研究室是从无到有，直到现在尚未有一个需要的工场，工作人员亦只有两个。……在这种条件下，我们开始了福特改煤油，棉花点播装置，条播机播幅加宽装置，播种机镇压器，加油车、

① 曾德超个人档案：《中央人民政府农业部第一季度干部鉴定表》（填表日期：1951 年 5 月 15 日）。

> 加水车量油尺，播种面积计算仪，豆饼施撒机，棉花喷雾机等工作。……近两个月来主要是随苏联专家到华东、太原、天津检查春种，了解各场情况。在这阶段中的缺憾是没法抓紧时间从苏联同志学得更多的知识与经验……[①]

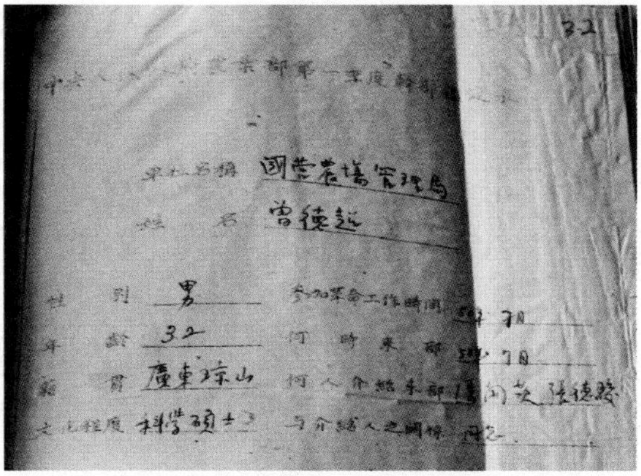

图 4-1　1950 年曾德超的干部鉴定表

正像曾德超在工作总结中所写，工作伊始，曾德超主要是指导供应站研究室的工作、检查春种和调研，随着对工作的熟悉，他在农业机械化方面的特长逐渐发挥出来。当时，机务处工作的一个突出压力是要保证所属场、站能够按农时完成机械作业，完成生产任务，并为接下来全国范围内的推广创造经验。当时，农场的拖拉机、联合收割机型号还较为杂乱，配套机具不全或不尽适用，配件缺乏，工人技术水平参差不齐，人数少。而局属机械化农场和试办的拖拉机站又急需积累经营经验，以便向全国进行示范和推广。所以，农业部在津郊芦台、柏各庄等地试办机械化农场，在京郊五里店试办拖拉机站。曾德超随后参与了这些国营农场的试办及其机械化运作试验，以及各大垦区所需机具的配置、选型、引进和生产运用的工作。其中，成效最为显著的，当属芦台农场。

芦台农场设立在渤海湾盐碱地区，南临渤海，东临蓟运河，总面积共 52292 亩（据 1953 年资料），抗日战争时期曾经是日寇为剥削中国农民而建立的一个稻田农场。经过抗日战争和解放战争，方圆 5 万亩土地已是一片荒芜。新中国成立后重新建为包括工作站、办公室、大礼堂、职工宿舍、食堂、医务所、招待所等建筑在内的社会主义农场，拥有规模巨大

① 曾德超个人档案《中央人民政府农业部第一季度干部鉴定表》（填表日期：1951 年 5 月 15 日）。

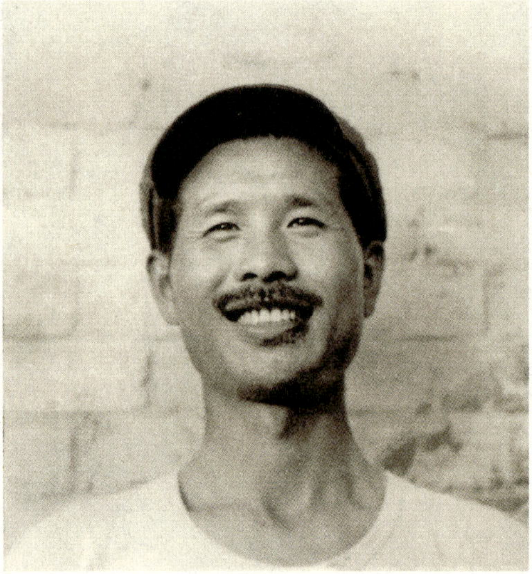

图 4-2　1951 年曾德超在芦台农场

的水稻区及棉产、杂作、畜牧、林业等经济区域。21 世纪，这片地域已成为唐山市芦台经济技术开发区。但是，在 20 世纪 50 年代初农场始建时，土壤含盐量高，必须灌溉洗盐才能种水稻。1950 年芦台农场每亩水稻只产 300 多斤（1 斤 =0.5 千克），以后由于土壤得到改良，栽培技术和栽培制度不断改进，水稻产量逐年提高。这个过程，离不开农业部国营农场管理局技术人员的贡献，其中就有曾德超的建言献策和实际参加。

根据曾德超家中存留的手稿片段，1951 年曾德超代表国营农场机务处赴芦台农场进行技术指导，曾提到了当时存在的一些问题并给予建议：

> 由于补苗而误除草工作和施肥工作，成为减产的主要原因之一地不平就要“大力平地”。大面积地面的铲平是不可能的。人工平地的水平程度亦是可怀疑的，厂方只是要平地，包给老乡平，而没有具体研究平地办法和其可期望的效果……
>
> 芦台土质黏重，透水性不强，蒸发速度迟缓，要使机器收割成为可能，必须于乳熟期间开始即撤水，这样既不影响质量亦利秋耕。为使土壤迅速干燥，不只要开深的小排水毛渠，把地面水排到排水渠去，排水渠也必须融通，九孔闸也必须尽早排水，使全场地下水面低降，为着保证秋耕、早熟品种亦是必须要的。
>
> 播种过深，是由于农业部要求机耕队播深 4 公分（厘米）。明年可以认真执行播深 1.5—2 公分的规定，而且横幅加宽成浅播是不成问题的[①]。

① 曾德超芦台农场时期工作笔记。资料存于采集工程数据库。

这段时间，芦台农场的不少具体工作需要曾德超参与指导，试验结果和相关报告也常有需要他过目而给出参考意见的情况。芦台农场在建设成功并成为全国示范农场的过程中，从机械化和规划管理方面渐次采纳了曾德超等人的意见，并不断在实践中继续总结符合农场实际情况的技术体系。

在农业部国营农场管理局副局长潘开茨的领导下，曾德超一头扎在农场，抢时间，赶农忙，改装、设计、使用、修理农机具，规划道路，开展灌排、平地挖渠等系列技术性工作。间或回部里汇报，夜宿办公室，经常与潘开茨深夜长谈。为配合农场经营管理等规章制度的制定，曾德超参与建立了为保证机具技术状态及所完成作业质量的全年工作节奏和机务规章制度。同时，他与机务处里几位技术人员和农场技工一起，在芦台农场通过技术改装实现了用谷物条播机旱直播水稻，解决了该场大面积种水稻的问题，并在华北、辽宁等水稻农场推广，每年高达 100 多万亩；完成了首例轮式自走谷物联合收割机下北方水田的行走装置及其谷物脱粒清选装置的改装，最早实现湿田水稻的机收；解决了芦台农场当年出现的大面积播麦后浇水结壳用机械耙壳出苗问题；进行了减少浸种棉籽机播破籽率的排种装置改进试验等。其中首例轮式自走联合收割机的改装成功，最终成为我国伊兰等收割机厂所造收割机的雏形。在曾德超等人的努力下，水稻旱直播成为芦台农场增产增效的典型技术，至 1955 年，13000 多亩旱直播水稻平均亩产 770 斤，比 1950 年平均产量提高一倍半，有三个生产队的平均产量每亩在 800 斤以上，第二站许建德小组 115 亩平均产量达到 952 斤，创造了全场水稻产量最高纪录[①]。

至 1957 年，芦台农场全场耕地 4 万多亩，除了水稻以外，还种小麦、大豆等旱作物，实行以水稻为主的水旱轮作。倒茬顺序一般是水稻后种大豆，收大豆后当年秋播小麦，第二年在小麦田间播绿肥或在收麦后再种一季晚庄稼，下年又种水稻。这样，虽然是以水稻为主的轮作，但也有复种面积，因此，土地利用率比较高。昔日盐碱荒滩开始焕发勃勃生机。六七十年

① 中华人民共和国农垦部编：《国营农场生产经验先进生产事迹介绍》。北京：财政经济出版社，1957 年，第 22 页。

代，芦台成为全国农业战线上的一面旗帜，受到国务院的嘉奖。芦台推行的农业机械化、盐碱地改良、水稻旱直播等技术都曾在全国起示范作用。

除了芦台农场的工作之外，曾德超还参与了农业部设在双桥农场的技术培训工作，从培训拖拉机手、修理工、机耕队长到轮训国营农场机务场长及拖拉机站站长。双桥农场在 1951 年是全国数十个国营机械农场中成绩较好的一个，刘子荣任实验农场场长。全场总面积为 2700 亩，除房屋建筑和沟渠道路外，耕地面积占 1940 多亩①。

1948 年 8 月，解放区善后救济总署（CLARRA）将一批美制拖拉机及农机具运入解放区，华北人民政府在冀衡农场举办拖拉机训练班，抽调地方干部、专业军人、农场职工到训练班学习，由联合国善后救济总署（UNRRA）美籍技术人员韩丁上课。1949 年 10 月北京双桥农场归属农业部管理之后，张省三、李直、韩丁等转到双桥农场，在中央农业部的直接领导下，开始举办拖拉机培训班，500 余位学员从全国各大农场抽调，学习使用由苏联进口的拖拉机和农具。

1950 年 4 月 1 日，中央农业部批准成立中央农业部双桥机耕学校，由农业部国营农场管理局机务处处长李直兼任双桥机耕学校校长，狄越任副校长，徐香圃任主任秘书。学校设于北京东郊双桥国营农场内，占地 127761 平方米，建筑面积 6261.3 平方米，全部是平房。设备有苏联、匈牙利、捷克、罗马尼亚及美国进口的拖拉机、挖沟机、康拜因（combine，联合收割机）和大型农机具 50 多台。双桥农场及附近的国营农场供应站修配厂也成为该校的实习基地②。

自 1950 年起，为适应机耕学校学员实习的需要，同时为了向全国国营农场示范，农场开始采用了以棉花和畜牧为主的多样性的经营方式，首先接受了苏联国营农场的先进经验，成为采用先进管理技术实现大面积棉花增产的典型案例。而双桥农场既是国营农场又是农业部技术人员培训和

① 中央人民政府农业部生产司编：《棉产工作参考资料（第三集）1951 年棉花丰产典型专刊》。北京：中央人民政府农业部出版，1952 年，第 73 页。

② 《北京农业工程大学四十年》编写组：《北京农业工程大学四十年》。北京：北京邮电大学出版社，1992 年，第 1 页。

实习基地。

双桥机耕学校最早的专职教员有万鹤群、张大同、高阜、陈思洁、王儒均、林起、王其美、申镇恶、赖彭年、聂英瑞、罗修贤、韩丁等人。从1951年下半年到1952年初，曾德超以农业部国营农场管理局机务处副处长的身份兼管机耕学校的教务工作，指导与组织教学。同期在校任教的有张伟、农绍华、李士铨、江绍文、马镜波等人。

双桥机耕学校的办学思想和教学方法十分重视理论结合实际。师生曾参加青田洼开荒，芦台农场建场劳动，还参加了双桥农场的机耕、播种及麦收，并根据机耕学校学员的特殊结构，除专职、兼职教师课堂教学外，还采取现场教学、直观教学、互教互学、能者为师等生动灵活的教学方法，结合生产和教学两方面的共同需要，在供应站、配修厂建立了柴油机燃料系实验室和发动机马力实验室，结合对生产部门的服务培训学员。学校还编辑发行了刊物《机耕通讯》，向全国农业机械化系统推广、传播技术信息。

曾德超结合自身求学经历，尤其是在美国明尼苏达大学时，通过学习大量课程与个人积累，熟悉工程类专业的全科课程设置，知识领域宽，具备了管理和领导组织工科教育教学的能力。在兰州时期做技术普及、推广以及协管培黎学校工作时，曾德超就系统对工科专业教育和学校教学管理进行了思考和初步实践。从双桥机耕学校开始，伴随曾德超大半生的教育工作，正逐渐成为他事业的重要内容和基本平台，也成为他对农业机械、农业工程行业的理论与实践做出贡献的载体。

呕心沥血办学院

筹建北京机械化农业学院

1951年冬，国务院计划大规模垦荒4亿亩土地，并为迎接建立机械化农场和拖拉机站的发展，周恩来总理指示农业部准备技术和干部。当时国营农场管理局干部中有一种主张，认为要提供这样快的发展所需要的真正能担负起生产工作的技术干部，只能采取“在战争中学习战争”的途径，将一批高中毕业生放到农场实践中摔打 4 年，会比关在学校读 4 年书的大学生好得多；另一种主张，则是在办技术专科以培养和轮训机耕队长、修理队长、机务场长的同时，兴办正规大学，按照工艺原理培训各种操作技术，按照科学理论、技术基础理论培养设计能力、技术改革能力和管理运营能力。

第一种主张，缘起延安的战时教育方针及办学经验。因为过去的经验表明，许多大学毕业生在农场不善于解决实际机务技术问题。而如果能在双桥机耕学校和华北农业机械专科学校的基础上，以条件较好的国营农场拖拉机站、修理厂为基地，举办培训班，招收中学毕业生短期培训，就能在最短时间内，将大量的中级技术人才输出至全国农业机械化各部门，也就能暂时解决国家对农业机械化的迫切要求，迅速恢复和发展国民经济。

而曾德超是后一种主张的积极支持者之一。后一种主张是从长远发展考虑，认为应该建立培养农场管理及农业机械化的高级技术人才的高等学校。因为只有发展了高等教育，才能在农业机械化领域开展产学研合作，以研促产，产学共进；同时，也才能提升整体学术水平，也会决定未来的农业机械化发展方向和深度。曾德超认为一个社会主义国家的农业机械化技术水平的提高和发展，既需要重视培养初、中级技术人员，也必须培养工程师①。后来，农业部征求了苏联专家卢森科（Ф.Г.Лученко）的意见后，决定采取后一种方案。

1952 年 4 月，曾德超参加北京机械化农业学院建院筹备小组。该小组在农业部领导下成立，由农业部副部长张林池任组长，组员有农业部办公厅主任耿光波、国营农场管理局副局长潘开茨，北京农业大学农业机械化系系主任陈立，连曾德超在内一共五人，简称五人小组。这五人中，潘开茨与曾德超负责常务工作。潘开茨曾是延安军政大学研究部为数不多的研究员之一，是曾德超的领导，非常赏识曾德超的才干，在问题思考上与曾德超也较为一致，比较投缘。学校最早定名为“北京机械化农业学院”

① 资料来源：《曾德超传略》手稿。资料存于采集工程数据库。

时，曾德超与潘开茨二人即持反对意见，认为这个名称与这所学校的工科性质和未来发展定位并不相符。“农大（北京农业大学）是农业学院。当时有谁提了‘机械化农业学院’，但是我同潘开茨就不同意。”① 然而，“北京机械化农业学院”的名称还是暂时确定了下来。

1952 年 7 月上旬，农业部根据教育部确定的全国高校院系调整原则，制定方案，确定将机耕学校、华北农业机械专科学校、北京农业大学农业机械化系、南京大学和金陵大学的农业工程系合并成立北京机械化农业学院；之后，又因为南京大学农学院与金陵大学农学院合并，另成立南京农学院，也设一个农业机械化系。又决定将平原农学院农业经济管理系等并入北京机械化农业学院。1952 年 7 月下旬，农业部、教育部联合成立北京机械化农业学院筹备委员会，成员名单如下②：

主　任：农业部副部长张林池

副主任：国营农场管理局副局长潘开茨

委　员：教育部农林教育司副司长周家炽

教育部干部钟岐

国营农场管理局机务处副处长曾德超

华北农业机械总厂副厂长刘子蔚

北京农业大学农业机械化系主任陈立

农业部干部张伞、韩家学、于民

北京农业大学农业机械化系学生代表颜昭宗

筹备会下设办公室及教学筹备、招生、基本建设三个组，陈立为筹委会秘书。曾德超担任教学筹备组的组长，负责制定教学计划工作草案，提出所需教师计划、急需教学设备清单，订立必要的教学规章制度；主持制定全校各专业全程教学计划，强调理论联系实际，四年中，要求完成包括基础课、技术基础课、专业基础课及专业课等 20 多门理论课程，要求机械化专业学生在毕业前必须达到三级钳工、三级驾驶员和三级修理工的操作

---

① 曾德超访谈，2011 年 9 月 16 日，北京。资料存于采集工程数据库。

② 《北京农业工程大学四十年》编写组：《北京农业工程大学四十年》。北京：北京邮电大学出版社，1992 年，第 1 页。

技能；同时，制定了各门课程的教学大纲、实习大纲，开始写有关讲义，并翻译苏联的有关急需的教材；确定了机械化专业学生教学实习、生产实习、课程设计、毕业设计的要求，决定学生考试用五分制，采用口试方法①。因教学筹备和招生工作紧密相关，事实上教学筹备组和招生组人员组成几乎一样，只是排序位置不同，而两个组中曾德超都排在第一个。教学筹备组：曾德超、陈立、王儒钧、陶雍、潘开茨；谷宗瀛、万鹤群、孙可宗、曹崇文；招生组：曾德超、叶谷瀛、谷宗瀛、陶雍、孙可宗、万鹤群、王儒钧、潘开茨②。在具体工作中，比如组织已到校学生温课，组织入学考试和口试等事项，也可以看出招生工作和教学筹划之关系密切。另外，曾德超还亲手起草了1952—1958年度北京机械化农业学院每年在院学生计划表③，由1952年的计划招生749人，发展到1958年在校生规模为4200人。根据计划表，自1952年起就计划招收研究生61人；自1953年起，招收计划中只有机械系、经管系、农业工程系三个系招收本科生，一直到1958年。不难看出，筹备委员会给予曾德超充分的信任，让他负责教学筹划工作的同时，还肩负着招生相关工作。而正是这份信任，曾德超争分夺秒地开展工作，将自己求学阶段，尤其是美国学习的相关经历融入新的教学计划和安排中。从筹建学院之初，曾德超就从宏观和整体的角度思考农业机械化院校办学理念，努力促进农业工程学科的发展。尽管当时未能立即执行，但学院的后续发展充分证实了曾德超的办学思想。

尽管曾德超不负责基本建设相关工作，但因深得潘开茨信任，曾德超还参加了校址的考察选址工作。最初潘开茨、曾德超经过现场考察后提出用昌平沙河机场（原日寇所建的一个机场，约5000亩），既可为校址，亦可为机械化实验农场。后因高教部原有计划在“学院路”建立八大学院，并与北大、清华、中科院等形成文化区的总体规划等，这样，最后校址经农业部确定，在学院路最北边的双泉堡，计校区700亩，实验地约500亩。

---

① 中国农业大学百年校庆丛书编委会：《百年纪事》。北京：中国农业大学出版社，2005年，第282页。

② 北京机械化农业学院筹备委员会第三次会议记录，1952年8月21日。存于中国农业大学档案馆。

③ 该表为手稿，存于中国农业大学档案馆文书档案1952年卷。

1952年10月，任命徐觉非为北京机械化农业学院党委书记兼院长，孙景鲁为副院长。10月15日，在北京双桥原机耕学校校址举行了北京机械化农业学院成立大会，曾德超也正式从农业部调入学院，任农业机械化系主任。来自华东、中南、西南、西北大区的新生150名来校报到，经复试后编班入学。农业部系统以及中国人民解放军生产建设部队的调干学生500名陆续到校，北京农业大学农业机械化系及华北农业机械专科学校的师生也在10月下旬到原双桥机耕学校旧校址报到。11月24日，学校正式开始上课[①]。

图 4-3　1952 年曾德超的工作证照片

1953年4月，学院根据教育部马叙伦部长在华北区各高等学校负责人座谈会上讲话的精神，动员号召全院教职工全面学习苏联农业机械化高等教育经验，并以苏联教学计划为蓝本修订全程教学计划；参照苏联教学大纲、实习大纲制定各门课程的教学大纲和实习大纲。曾德超利用自己的学习工作经验，具体规划每一门课程和实验要结合中国实际增加哪些教学材料和参考资料。在具体工作中，借鉴苏联的做法和模式的同时，也将美国的人才培养理念渗透到制定教学大纲的过程中。他说：

> 基本上就按照我在美国学习的思想，但是那个时候呢，苏联进来了，农业部本身共有三个苏联农业机械化专家，我们学校当时就有两个。当时的苏联专家，不论在农业部也好，在我们学校也好，那是绝对权威，他们都是农业机械化、电气化方面的教授，要求我们这个要听从，那个要办，所以有一段时期，就是跟着苏联走。虽然跟着苏联走，我在工作的过程当中，还是参考了在美国的学习体会，两边结

① 《北京农业工程大学四十年》编写组：《北京农业工程大学四十年》。北京：北京邮电大学出版社，1992年，第1页。

合，来搞我们农业机械化学院头一个机械化专业[①]。

例如在教学计划中，关于农业机械使用学的教学，曾德超确定了将课程设计分为机具配备、作业组织计划和运输三部分加以完善，同时确定毕业设计的命题格式与课程设计相统一。而对于实习内容，曾德超认为“实习方式是最重要的，时间倒次之”，将苏联在第三学年进行教学实习改为第一、第二和第三学年分别在校内、工厂、农场进行五次生产性实习，并提出了三个“三级工”要求（拖拉机手、修理工、钳工）。正是对学生学习基础严要求，密切联系实际，使教学内容更能有的放矢，使学风朴实、基础扎实、动手能力强的北农机毕业生赢得社会上的良好声誉，为我国农机化事业培养了大批骨干。

1953 年 7 月 13 日，高等教育部对北京机械化农业学院的任务和性质做了进一步明确。（53）农林字 210 号、（53）农研字 88 号文件精神要点重申：“北京机械化农业学院”的任务是为国营农场、机器拖拉机站、集体农业培养农业机械化高级技术人才和经营管理干部，目前以农业机械和社会主义农业企业经营管理两专业为主，并做增设电气化等专业的准备，条件成熟即可招生。经过系、科调整，原“北京机械化农业学院”已成为专业性质的农业机械化学院，校名应改为“北京农业机械化学院”。

农业机械化系主任

根据文件精神，1953 年暑假，学校撤销农学专业，将该专业 62 名学生部分并入农机化、经管两个系学习，其他学生和教师并入东北农学院。农学及畜牧两个专修科不再招生。1953 年 11 月 5 日，启用“北京农业机械化学院”新校印。自此，潘开茨、曾德超等人对学校应办成一所以农业机械化为主体学科及发展方向的想法得到了初步实现。同年 11 月 26 日起，开始由双桥迁入新校园（即今中国农业大学东校区校址海淀区清华东路）。

① 曾德超访谈，2011 年 9 月 16 日，北京。资料存于采集工程数据库。

至此，一个崭新的农业机械化高等教育基地在农业部、教育部筹备人员的努力下，在曾德超等人的热情工作下诞生了。

图 4-4　1953 年工作人员正在新校园临时校门口挂牌

北京农业机械化学院作为一个农业机械化高等教育基地，他的学生将在四年内培养成能够在工作岗位上尽快肩负起生产工作任务的机务工程师，既能进行农业机械的作业、故障处理和维修，又能进行农机具性能设计、样机制造和改装等工作，从而开发新的机械化技术，来满足我国各地多样的作业需要，以适应当时计划大发展的步伐。这就需要重视基础理论学习和基本技能训练，又要在一定程度上熟悉生产实际。这对于所有教职员工来说，任务都非常重。尤其在建校初期师资不足的情况下，教育教学管理必然需要突破难关。

农业机械化系是全校唯一的新建专业，也是全国农林院校中唯一的独立的工科性院系，自然成为全国农林院校中同类专业发展的龙头。早在学院成立之初，农业部领导就要求这个系不仅要办好，还要成为全国农林院校同类专业的领头羊，成为教学和联络中心。面对如此高的期许，创办一个全新的系，从行政到业务亦是步步艰辛。虽然曾德超仅是一个系主任，但由于这个系的特殊性，整个学院的全部基础课、技术基础课、专业课包括数理化、外语、体育在内，统统由农业机械化系领导，所以曾德超的教学管理任务十分繁重，既要抓学生的基础理论学习，重视基本技能训练，又要令学生在一定程度上熟悉生产实际。更为紧要的是，由于四年学习实践有限，必须周全地制定教学计划，周密地组织各门课程和各项实习的内容。而中国当时的实际是在包括教育业在内的国民经济全领域向苏联学习，这就存在一个如何将苏联的课程设置、教材使用、实习要求等一系列办学和授课经验转化为适应中国实际情况的问题。曾德超作为农业机械化系主任，理所当然承担着主要的责任。与此同时，每门课程相应的几十个实验室、实验加工厂、模型室、机库及实习修理厂等都要有计划依序设计建设。

北京农业机械化学院农业机械系（1952—1956年）学生课程设置表[①]

	第一学期		第二学期	
	考查	考试	考查	考试
一年级	物理、工厂实习	数学、机械制图	机械制图、农业机械学、工厂实习	物理、数学、政治
二年级	俄文、数学、物理、体育、马列主义基础	理论力学、材料力学	热工、俄文、机械原理、工厂实习、工程材料、体育	理论力学、材料力学、马列主义基础
三年级	耕作学、农业机械学、汽车及拖拉机学、俄文、政治经济学	机械原理、机械零件、热工、金相学	俄文、耕作学、机械零件	政治经济学、电工学、农业机械学、汽车及拖拉机学
四年级	使用学、燃料润滑油与水、农业经济、动物饲养原理、水利学及水利机械	修理学、汽车及拖拉机学	安全技术、水利学及水利机械、畜牧机械、课程设计	使用学、企业组织

根据上述课程设置，可以看出学生的学习任务非常重，按照考查、考试两种方式，课程除了机械方面的内容外，还包括农业经济、动物饲养、水利、畜牧机械、企业组织等相关知识的掌握。另外，在校园教学之外，结合寒暑假还安排了外出实习实践。

1956届毕业生，中国农业大学教授陈济勤回忆上学的时候，“课程安排上，学苏联学得非常认真，非常严格，毕业设计搞得很严格。”[②]

① 根据存于中国农业大学档案馆的北京农业机械化学院农业机械系学生登记册整理。

② 陈济勤在座谈会上的发言，2013年2月20日，资料存于采集工程数据库。

由于学校是新建的单科性专业院校，师资、科研力量十分薄弱，97名教师中有72名是青年教师。当时农业机械化系设有10余个教学组，但是并非每个教学组都有负责的教授和副教授。教育部从全国调配著名数学、力学专家来校任教，校方也千方百计地把知名的农业工程科技人员调入学院，充实专业师资队伍。为了保证质量，曾德超亲自挑选每门课程的任课教师，并根据学生对教学质量的反馈进行及时调整，协调每门主要课程和教学环节的重点，支持实验室建设，组织各课程编写讲义和教学法文件，加强金属工艺和拖拉机农机的基本教学实习等。在那段时期，迅速涌现出一批优秀的师资力量，其中以农机学院的“曾万柳李陈”五虎上将最为出名，分别为：曾德超、万鹤群、柳克令、李翰如、陈立。1956届毕业生，西南大学教授张朝轩回忆，“上学时要修很多课，政治、数学微积分、体育、理论力学、材料力学、热工学、发动机原理、汽车拖拉机理论、修理学、应用学、机械原理等。我还记得一些老师，讲农业机械的是李翰如教授，拖拉机的是许增建，教修理的教授是陈礼，教热工学的是张大同，教理论力学的教师是从航空学院请过来的，水平都很高。”①

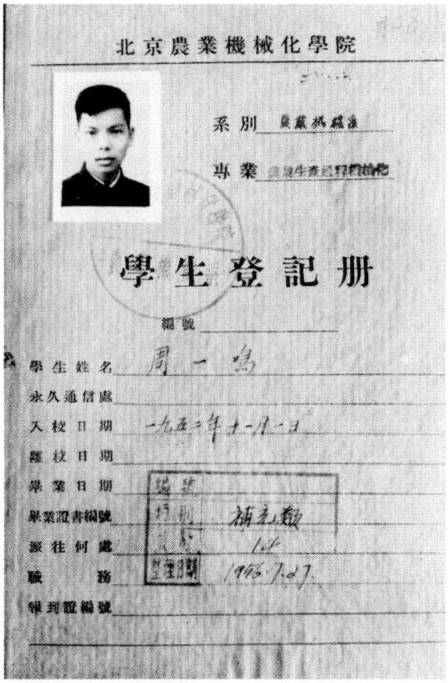
北京農業機械化學院
系別
專業
學生登記册
編號
學生姓名 周一鳴
永久通信處
入校日期 一九五二年十一月一日
離校日期
畢業日期
畢業證書編號
派往何處
職務
報到證編號

图 4-5　1956 届毕业生周一鸣的学生登记册

在曾德超的组织协调下，农业机械化系内教学安排得井井有条。各个教学组实行主讲教师全面负责制。各教学组内部加强教学法研究，讨论教案，推行课前试讲制度，发挥教研室的集体作用。曾德超经常参加每个教学组的讨论，听课前试讲，严格把关，督导教师重视学生的综合素质培养。

① 张朝轩访谈录音，2014年7月16日。

据张朝轩回忆，“那时候，有种说法，没有星期天，只有星期七。星期天都要做作业，都是大作业。记得北京市团委书记来校做报告，他说，星期天是上帝的休息时间，上帝都要休息，你们怎么不休息？那时候非常重视体育锻炼，早上早操，同学自觉得很。下午有一节课，都到操场去活动。周末组织文娱活动，看电影，还跳舞。要求每个人必须学会国际舞，如果没有学会，男的被叫着干面包，就是这样子。那时候觉得生活过得很不错的，很开心，既辛苦又幸福。”

“有一段时间，实验室每个晚上都开放，学生来实习。考试的时候，抽题考，抽中哪道就是哪道，督促学生全面复习。我觉得很好，但那次我只考了个中，一直是优秀和良，从来没考过中。”

“课余还非常注重劳动实习，很有好处。尤其是毕业的那年，有同学去北大荒开荒、湖北开荒，我去的是湖北。去了就当拖拉机手，大片的芦苇地，苦战四天四夜全部耕出来。除了劳动，还要负责办培训班，教当地的人，还是学生就能当老师，很得意；每个月有 18 块钱的生活费，很高兴。教书的时候，我下去带实习，都没有问题，与上大学打下的基础很有关系。”

“同学间都非常团结。我们不用交学费，困难的每个月有 2 块钱的生活费补助。那时候，我们讲是党和国家培养的，我们应该好好学习，来回报党和国家。”①

北京农业机械化学院农机化系通过输送毕业生、接受教师进修，讲义、教学法文件的编写和交流以及专业教学的各种全国性交流，对全国农林院校的机械化专业起到了带动作用。1956 年由高教部农林卫生司组织，苏联顾问叶尔绍夫教授参加的对各农林院校教学工作的检查中，北京农业机械化学院农业机械化系被认可为“全国农林院校中教学工作组织得最好的一个系”。

曾德超在实践中完成了学院建立时上级领导交下的任务，办好了自己的事亦带动了全国农林院校数个农业机械化系的相继建立和开展工作，受

① 张朝轩访谈录音，2014 年 7 月 16 日。

农业部委托主持召开了各类会议。就像当初北京农业机械化学院学习苏联模式建校时一样，新成立的各系都纷纷学习北京农业机械化系的先进办学理念、教学计划和课程设置、实验室配置、设备购置等，有的学校还派教师来学校进修。

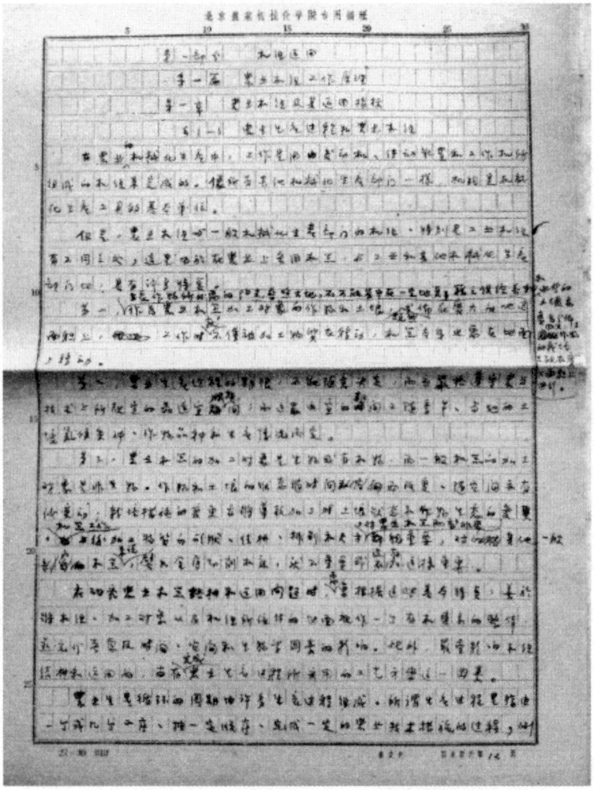

图 4-6　曾德超的“农业机械使用学”讲义手稿

曾德超在做好行政的同时，始终坚持在教学、科研第一线。在担任农业机械化系系主任期间，开设了农业机械学和农业机械使用学课程，编译出版了苏联经典教科书列拖士聂夫教授的著作《农业机械》，在主要参考苏联农业科学院院士史维舍夫斯基著《拖拉机农机机群运用》专著的基础上，最先编写了“农业机械使用学”讲义，成为后来全国农业机械化专业教材编写规划会议上决定由北京农业机械化学院主编出版的《农业机械运用学》教科书的基础。

曾德超工作非常投入，与教职工相处非常融洽。那个年代他的工资相对较高，而且未结婚，家里负担不重。所以，系里工会的负责老师经常带着工人去向曾老师借钱。据贺子石回忆：曾老师把左边衣服和裤子兜里的东西掏出来放在桌子上，随着又把右边的都掏出来。工人整理了一下，说，借了十块钱啊。曾老师头都不抬地嗯、嗯应了两声，又分别把东西放回左右两边兜里，继续工作。

曾德超注重体育锻炼，生活简单，一切都是为了工作。据贺子石回忆，曾德超吃午饭总是较晚，食堂的师傅知道后，总会给他留下一些吃的。等到下午下班后，他喜欢运动一下，经常去和学生一起打篮球。打完球后，学校食堂已经关门了。他也不好意思去麻烦食堂的师傅，就去离学校不远的小吃部弄点吃的。有的时候，习惯性的买一两猪头肉、一碗面条，再来一瓶啤酒。吃过之后，再回到办公室继续工作到深夜。

在保证基础课、技术基础课、理论教学和制图、设计、实验室基本训练质量的同时，曾德超还要联系、组织农机化系学生参与主要农时季节的生产实习。例如1953年4月就是学生的春耕生产实习时间，农学系甲、乙两个班和专科同学共计163人在国营双桥农场实习，机械系和机械专科同学172人在国营芦台农场实习，59人赴汉沽农场实习，经管系和经管专科同学112人赴五里店农场实习。由于社会主义国家的战略物资在50年代受到帝国主义的封锁禁运，而中国华南是社会主义阵营中唯一适合于种植橡胶的地区，所以根据中苏两国政府的协议，苏联无偿提供全部装备并派遣专家，支持中国组建华南垦殖局开发种植橡胶。北京农业机械化学院1950级、1951级学生被派往华南垦殖局，为开发种植橡胶参加机械化垦荒工作。为了做好赴华南垦殖局参加机械化垦荒工作的准备，学院安排了汽车、拖拉机驾驶实习和工厂实习，还安排了俄文突击学习班。1955年春，1950级学生又到河北省芦台水稻农场进行运用学实习，曾德超亲自带队。这些农业实践与生产实习后来通过毕业生的工作表现证明具有良好的效果。1957年和1958年的春季学期，应王震司令员的要求，学校分别派出1953级、1954级全体学生到东北北大荒和湖北长江滩涂开荒，曾德超都亲自带队，并在中期两赴农场检查指导，了解实习情况，安排工作。各基层反映农机学院毕业的学生最能吃苦，最能解决实际问题。这与系主任曾德超一贯注重培养学生踏实求学、理论联系实际密不可分。

1955年，北京农业大学农业机械化系1950级学生从北京农业机械化学院毕业。这批学生的特别之处，在于他们经历了北京农业大学农业机械化系因先天不足，与该校农科背景格格不入而停止招生的困境；又经历了自发努力与华北农业机械专科学校联合办学重建农业机械化系的波折，但一直执着地坚持学习农业机械；最后因北京农业机械化学院的成立，转入农机学院学习。特殊的经历使这批同学特别珍惜在北京农业机械化学院学习的机会："新校舍里教学楼、大礼堂、实习工厂、实验室及师生宿舍一应俱全。坐在新教室里听课，在实验室里做实验，在工厂里实习，真让我们有说不出的高兴。农业机械教育的发展如此迅速，始料不及，大有梦想成真之感。"① 该届学生萧镜在离开母校前，写出了"走向生活——为毕业而作"的诗篇，选入《我们爱我们的土地》②。这首诗既表达了农机学子的事业理想，也充分体现了农业机械化系理论联系实际，重视农场实践的育人特色：

图 4-7　1958 年参加北大荒农垦开荒时的部分学生

海南岛的炎热
我早就尝过
北大荒的风雪
又算得什么
看我这结实的肌肉
黝黑的皮肤
不都是五年来锻炼的结果……
走吧，快去把那
沉睡着的土地翻醒来
把小农的耕作制度
深深埋没吧

---

① 张家颉，等：与众不同的五年。参见《百年回眸》，北京：中国农业大学出版社，2005 年，第 214 页。

② 中国作家协会选编：《1956 年青年文学创作选集诗歌选辑》。北京：中国青年出版社，1956 年。

荒地应该种满瓜果
边疆需要开遍花朵
在那幸福的劳动浪潮中
走，要成为
千百万战士中的一个！

“肃反”的冲击

中华人民共和国成立之后，中国的科技事业开始走上在中国共产党领导下的“服务于工业农业和国防建设”（《政协共同纲领》第 43 条）的发展轨道。中国共产党在短短的三、四年内完成了对旧有科研体制的改造，确立了中国共产党在科技界的领导地位；而作为科研主体的科学工作者，他们也不再是独立的知识分子，而成为有组织的国家干部。他们的职位和工作，不再是自主的选择，而由党和政府来安排；他们的思想和言论，也随着社会的变革而必须加以改造和约束[①]。

新中国成立以后，包括科学家、工程师在内的知识分子，先后参加了各种中短期政治培训、土地改革、“肃反”、反“右”、大跃进、“四清”、“文化大革命”等各项运动。曾德超也随其他知识分子一样，在各种运动中浮沉。他们的命运稍有不慎，便将陨落。对曾德超的第一次冲击便是“肃反”运动。

1955 年 5 月，经过几年努力，学院和系里各项工作正在蓬勃发展，曾德超正意气风发地带领机械化系茁壮成长。就在这时，“肃反”运动开始了。北京农业机械化学院成立由徐觉非、孙景鲁等 5 人组成的肃反领导小组，负责领导在学院教职工和学生中开展“肃清胡风反革命集团及一切暗藏反革命分子”的政治运动。在这场运动中，曾德超的经历受到怀疑。当

① 路振朝，王杨宗：20 世纪五六十年代中国科学家的科研时间问题。《科学文化评论》，2004 年第 1 卷第 2 期。

时，在《曾德超问题结案报告》中这样写着：

曾德超问题在去年运动中，我们根据当时已掌握的材料，经研究分析怀疑曾有潜伏任务，其主要根据有：湖南邵阳专区工矿保卫科以及原和曾一起工作的韩庆祥等对曾检举和证明材料，说明当时乡村工业示范处，是美帝分子史德沛在中国进行侵略的外衣，而曾为该处机械水泥二厂厂长，又是当时的活跃分子，尤其是与史德沛的关系，非常密切，一直为史所重用。又据中公部转来甘肃省合作局等处材料称：兰州农村复兴委员会系特务组织，曾到达兰州景泰后即与美籍特务萨汉民（农村复兴委员会西北办事处主任）、甘培林等，共同研究成了景泰合作社，该社设有电台（收发报机）于49年（1949年）8月临解放前半月，萨汉民乘飞机逃走时，将电台、收发报机密码等，均交给曾德超管理使用，农复会的工作亦交由曾负责。特别又谈到兰州农村复兴委员会，系特务组织，曾系该会的工程师及副主任，主持农村工作，并常坐吉普车往返于五佛寺、景泰、宁夏等地，调查我农牧业情况，并派韩庆祥、鲁雄飞搜集材料，向曾汇报，后由曾打成文件向萨汉民报告。曾与萨汉民的关系甚为密切，活动经费亦无限制，均由萨汉民供给，萨逃走时，给曾留下活动经费80两，银元五百枚。根据以上情况，当时我们研究萨汉民既是美籍特务，景泰合作社又以萨为首组成，以合作为幌子，而实际是搞特务工作，收集我农牧业方面的情报。曾既是其组织中的主要成员又是萨汉民的亲信，尤其是萨逃走时，将电台交由曾管理，一切工作由曾负责，并留给曾有活动经费，尤其是电台下落，迄今不明。萨走后曾指示其部下积极工作，完成训练任务。由此情况分析，曾德超当时接受潜伏任务的可能性很大。虽在解放后未发现他有活动事实，也可能是没有条件，或时机未到的原因。据此于1955年9月14日报请上级党委批准，列入我院二类专案，于10月5日开始进行谈话追查。

曾德超问题从去年（1955年）10月初开始到现在（1956年）历时四个半月，在这个时间中经领导亲自动手反复向其交代政策、指明前途，一贯以动员说服和平谈判的方式，给予耐心的帮助和教育，由此曾亦主动的一次比一次详细的交代了他过去的问题，并交出原在乡工处的旧档案材料及一切往来信件电报和证明等，同时我们亦曾会同市公安局数次分析研究，并积极派遣得力干部亲往西北的兰州、玉门、华中的江西南昌、湖南的邵阳、长沙以及上海、东北等地，通过原来与曾在乡工处及农复会一起工作的有关人员30余人深入详细地了解当时两个组织的性质及曾德活动情况，并与各所在当地的公安机关、与党委作分析研究。根据现下所有的证明材料来看，曾在运动中交代的问题，基本上是符合于原来的事实的[①]。

1956年3月12日，北京农业机械化学院肃反领导小组对“曾德超问题”给出处理意见，认为“他在伪乡工处以及农复会的工作期间，尚未发现参加反动组织及反动活动，也不能证明他接受潜伏任务，只由于他崇美、亲美思想严重，政治觉悟不高，不知不觉地被美帝分子史德沛、萨汉民二人所利用的可能性是很大的。以邵阳解放前夕，史德沛给曾德超的电报中看，史德沛是想有计划的利用他，幸亏新中国成立早（曾德超和萨汉民、史德沛一起工作仅一年时间）否则有被拉下去的危险。新中国成立前在西北乡工

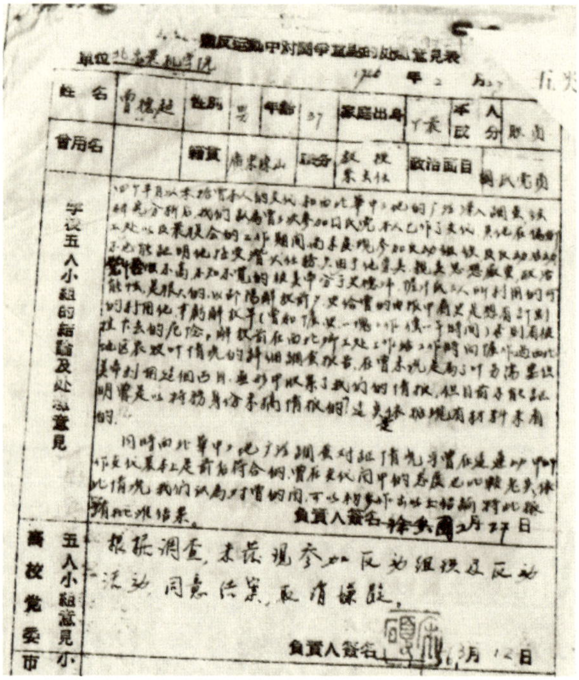
姓名 曾德超
性别
年龄
家庭出身
本人成分 职员
曾用名
籍贯
政治面目
学校五人小组的结论及处理意见
负责人签名
高校党委市五人小组意见
根据调查，未发现参加反动组织及反动活动，同意结案，取消嫌疑。
负责人签名

图4–8 “肃反”运动中对“斗争重点”的处理意见表

① 北京农业机械化学院，《曾德超问题结案报告》（1956年2月22日）。存于中国农业大学档案馆。

处工作站工作时向萨汉民作过西北地区农牧业情况的详细调查报告，对曾德超来说是为了业务需要，但美帝利用这个面目，无形中收集了我们的情报，但目前不能证明曾是以特务身份来搞情报的，这点是依据现有材料来看的。同时西北华中两地广泛调查对证情况与曾在这运动中所作交代基本上是前后符合的。曾在交代问题中的态度也比较老实，依此情况，我们认为对曾的问题，可以初步作出以上结论，特此报请批准结案。”

“根据调查，未发现参加反动组织及反动活动，同意结案，取消嫌疑。”①

曾德超对于兰州经历的看法，都是从技术出发，造福于当地的老百姓，根本没考虑到政治问题，也多次表示自己内心的清白和坦荡。他在《个人自传》中这样写道：

> 解放后我曾设法把乡工处的工作做下去，不行后就参加军管会农林处合作科的一些零碎工作。当时我是不论什么工作也积极做的，后来到了农业部我也是积极工作的。在“肃反”前我一直没有把兰州这段看作政治问题，一直是心里坦荡的②。

1956年12月3日，曾德超经过慎重的考虑之后，递交了入党申请书，申请加入中国共产党。在申请书中，曾德超深刻剖析了自己的思想和心路历程，分析了“肃反”对自己思想的变化，表明了自己加入中国共产党的坚定决心。在入党申请书中，他写道：

> 肃反后思想很矛盾：一方面深深体会到一个人活在社会上不可能摆脱政治，政治会找到你的，必须在政治上发展才行；但是另一方面，自己感到自己的政治历史更糟糕了，以前一直没有把临快解放尚参加农复会的工作当作回事，以为自己搞的是技术工作，是好心，心里一直很坦然；肃反帮助自己正确地认识了自己历史上的污点后，在

---

① 肃反运动中对斗争重点的处理意见表，曾德超个人档案。存于中国农业大学档案馆。

② 曾德超个人自传（1956年8月24日）。存地同①。

老同志和同学们面前就有点内疚，没有以前那样理直气壮了……假使我是真心为着祖国的科学，在党领导全国知识分子向科学大进军的今日，我就没有理由不走上战地的最前沿，加入到先锋的队伍里来……我决定请求入党，决定不论党什么时候才能接收我，我也要自动地把自己交给党，从今以后坚决地踏上集体主义的道路，从狭隘的、不健康的个人主义思想意识中解脱出来，为党的科学事业贡献出全部精力与智慧。”①

1957 年 7 月，北京农业机械化学院党委认真讨论后，决定将曾德超列为发展对象，对于曾德超的觉悟表现评价为：“曾在学术上是我院比较好的一个，几年来，工作积极负责，能吃苦耐劳，能联系群众，没有干部架子，因此在群众中有威信；能钻研业务，也肯亲自动手，因此教学工作实绩效果较好。1955 年‘肃反’时，虽经过专案小组审查他的问题，他能老实交待问题，而且表现较好，无埋怨情绪。最后作了结论，他感谢党给他把多年未搞清的问题搞清了，今后更应轻松愉快的工作。这次整风运动中，他帮助党提出了工作上的缺点，在反‘右’派时又积极参加，并与柳克令等人共同参加大会主席团主持会议，积极领导对‘右’派作战。”

“具体反映在以下四点：

（1）政治上要求进步，靠近党的组织，能汇报思想情况，争取党的帮助，在整风反右双反等运动中表现积极，分配什么工作就干什么工作。

（2）拥护党的领导和党的政策，听党的话。如参加电犁现场会议，知道党对电犁的发展很重视，回院后积极参加电犁的设计研究工作。在下放农村劳动中积极肯干，注意改造自己。在参加劳动和各种下放活动时积极，自己常脱下鞋袜在水中工作。做试验时亲自动手，不怕脏不怕累。下放中给同学上课负责努力，上课地点分散，有时候学

① 入党申请书（1956 年 12 月 3 日）。曾德超个人档案，存于中国农业大学档案馆。

生有迟到现象，而曾没有迟到过。有几次连续讲一天课精神也很饱满。

（3）工作中干劲大，不怕艰苦，能积极想办法完成任务。下放中对科研工作很关心。钻研精神好。有一次研究水稻插秧机，他头在门里身在室外，中途下雨，身上湿透了，他仍坚持着干。对同学的一些科研活动尚能给予启发和支持。

（4）工作作风正派，生活朴素，没有教授架子，群众关系好。”[①]

尽管如此，申请也未能获得上级党委的批准。

在“肃反”运动狂暴之后，自1956年初开始，中共对知识分子政策进行调整，主要解决了对知识分子的信任问题、使用问题和待遇问题等。一大批知识分子得到了重用，与曾德超同期的王万钧[②]、陶鼎来[③]也都提干了。据贺子石回忆，“我没听到他一句抱怨，依然像往常一样努力工作。我有疑惑，但也不会问，觉得俗。我了解他的人格和学识。他在学校的工作，从表面上看起来都没受到什么影响。”[④]

1957年9月，学校根据拓展专业和发展需要，拟定徐觉非、曾德超等组团前往苏联莫洛托夫农业机械化电气化学院考察，所有手续都办理齐备，临行前曾德超却被通知不能出行。“快到时候了（出国的时间），问他还有什么需要准备的。曾德超坐在位置上一边工作，一边回答：不去了。”[⑤]在后来的交谈中，曾德超才心情沉重地告诉贺子石“肃反”的事情，并告诉她自己提交了入党申请书，可能也需要等一段时间才能批了。

历时四个半月的谈话和调查，近乎掘地三尺的追查，作为一个只是看过一些谍战片的笔者来说，脑海里想象的情景就让人不寒而栗，精神亦压抑异常。但在口述访谈中，笔者提起这段经历，曾德超微笑着，好像在听

① 教授、副教授发展对象单人材料（1957年7月10日）。曾德超个人档案。存于中国农业大学档案馆。

② 1956年10月农业机械研究所成立，任研究所副所长；1959年加入中国共产党，1964年当选为全国第三届人大代表。

③ 1956–1962年任中国农业科学院北方农业机械化研究所农业机械应用修理研究室主任、副所长。1962–1978年任中国农业机械化科学研究院副院长。

④ 资料来源：据贺子石回忆。

⑤ 同④。

别人的故事。尽管嫌疑被取消了，但申请入党和出国未被批准，落实知识分子政策中没能提干等事情使曾德超因“肃反”事情结束而感到的一些轻松，立即带来了无以言状的沉重。曾德超的满腔热忱并没有得到组织充分认可和信任，这让他的自信受挫不少。尽管在随后的整风运动和“反右”运动中，曾德超因积极向党组织靠拢，未被划成“右”派。但随后的一系列运动中，曾德超也随同浮沉。即使在“文化大革命”结束后，他仍有余悸，觉得对他和他的家庭过于残酷。可想，尽管未曾影响工作，但心结一直萦绕。直至晚年，曾德超记忆恍惚而无法再工作时，他念叨和怀疑无法工作的源起仍然是“肃反”事件的并未完结。

千辛万苦扩专业

1956 年，学院已培养出近 800 名农业机械专业人才，分赴包括国家部委、县级政府、教学科研、农场工厂等全国农业机械化各条战线。学校领导认为继续办好专业，设立新专业的条件业已成熟。总结过去，展望未来，党委决定开始筹建农业电气化系。曾德超提出，应同时增设农田水利系和农业机械设计制造系。

曾德超认为农业农田水利问题、农业环境问题、农村能源问题、污水处理问题，在农业机械化过程中已成突出问题，亟待解决。所以，应该培养农田水利方面的人才，来解决上述问题。另外，随着机械化进程和机械化程度的提高，农机具的问题也很突出。虽然新中国成立初期开展了声势浩大的工具改革的群众运动，希望以选、改、创的方式，生产适合我国条件的多种类型的农机具，但最后发展成为实用产品的很少。马拉农具、拖拉机、联合收割机、手扶拖拉机动力灌溉机械都依靠进口，进口的机具因各国耕作制度的不同、土地气候条件的不同、作物品种的不同等在选型引进时存在很多问题。此外，农机具在供应维修、经济指标等多方面也表现出许多问题。国内现有的农机厂规模小，技术力量有限，产品不定型，技术适应性差。曾德超力推学院创建农业机械设计制造系，经过几年时间可以和农业机械化系一样成为先行者，为国家培养一批人才，生产出符合国情的系列化先进机具和特殊条件下适用的专用机具。

早在1955年以前，曾德超就已经持有扩大学校的思想，同年派出龙振熙、曹崇文、陈祖燕、杨存保、张珍、萧镜等7人去苏联留学后，1956年，又选派1955届、1956届毕业生冯悟庸、夏德济、汪懋华、曹鸥、董绿风、王开华等6人在留苏预备部进修两年后，赴苏联攻读农业机械化及电气化副博士研究生，为学院进一步发展和建立农业电气化专业准备师资。所以，将农机学院扩建为符合农业工程高等教育要求的综合教育体系，是势在必行之事。

时任院长徐觉非、党委书记兼副院长孙景鲁自北京农业机械化学院成立以来，无论细微处或大的方针政策，始终信任和支持曾德超的工作，采纳了曾德超的意见。

1956年4月，北京农业机械化学院拟定了五年发展规划草案，确定出两种发展速度和规模，并决定，除农业机械化专业外，再增设农业电气化专业、农业机械设计制造专业和农田水利专业。这是与建校初期曾德超、潘开茨等人按照向农业工程大学的发展方向建设农机学院的思想是一脉相承的。

1958年，正当学校各项建设平稳向前推进，增扩专业开始招生，中国进入了“大跃进”时期，时任中共中央政治局候补委员、中央文教小组副组长的康生，利用视察教育、参加会议的机会到处宣扬他的“教育革命”主张。1958年7月，他在视察北京农业大学时说：教授要按种地能达到的产量评级，产1000斤的只能当五级教授，2000斤的四级，3000斤的三级，4000斤的二级，5000斤的一级。以后又加码说：“亩产10000斤才能当教授，5000斤当讲师，学生3000斤才能大学毕业。”1958年7月17日，康生来到北京农业机械化学院，对学院的情况大为不满。当时。学院教学用81个标准台拖拉机，有3000多亩地的农场，小麦亩产130斤。康生指责说：“有什么脸见农民？农民为什么要出钱办这个学校？说明这个学校没有存在的必要。”当汇报到农业机械化专业的学生要学习拖拉机、农业机械的构造、原理、运用和修理等方面的知识，毕业后主要从事农机运用和修理方面的工作。康生说："这些内容为何要学五年？五个月完全可以解决，只能算个机耕学校。"这些违反科学和教育客观规律的言论，为后来"文化大革命"中某些学生"砸烂农业机械化专业"提供了依据①。

康生把农机学院定为"落后的典型"，对 1952 年建校 6 年来所做的工作进行了全盘否定，认为是"烂了六年"。在 8 月的北戴河政治局会议上说："农机学院是白旗学校"。康生还说："有一天和农村工作部 ××× 到毛主席那里，谈起学校问题，把农大、农机的问题向主席做了汇报，主席当时立刻指示：城市办农学院、林学院，根本不妥当，这些学校应该立刻到农村去，要同农民一道苦战三年，这些学校并不取消，但必须和农民群众打成一片。""在 8 月北戴河会议时，主席很关心，第一天做报告就提到这个问题，并问他们处理结果如何，北京的三个学校是否下去了？我们回答，已经照办了，农业部已有报告给中央。正是由于这样，在会议中讨论农业问题时，搞了一个关于改进农林大专教育的指示。"指示规定，农业院校一律下放一至二年，并由大城市迁往农村和林区②。

1958 年 8 月初，学院党委根据毛主席指示和农业部党组决定，全院师生员工除少部分留在校办工厂、农场外，大部分下放到河北、河南、湖北和北京郊区。同时决定 1958 年暑期入学的新生入学后也一律下放，包括新设立的农业机械设计制造、农业电气化、农田水利三个专业的新生也下放。组成几个下放大队，分别由院领导和党委委员领队③。曾德超被分派的队伍，由徐觉非、艾荫谦领队，下放至湖北孝感。下放到农村锻炼的师生分散住在农民家中，和当地农民同吃同住同劳动，参加工具改革，帮助当地搞技术革命工作，受到农民好评。曾德超所在的湖北孝感分队收到孝感县长风人民公社农民送来的锦旗，旗上写着"农机学院是和生产结合的

① 《北京农业工程大学四十年》编写组：北京农业工程大学四十年。北京：北京邮电大学出版社，1992 年，第 24 页。

② 《北京农业工程大学四十年》编写组：《北京农业工程大学四十年》。北京：北京邮电大学出版社，1992 年，第 25–26 页。

③ 中国农业大学百年校庆丛书编委会编：《百年纪事》。北京：中国农业大学出版社，2005 年。

模范。”①

康生事件也延缓了成立新专业的进程。1958年，申请已上报农业部，同年即完成了新专业的招生。直至1959年3月20日，学院终于得到农业部同意成立新专业的批复：农业机械设计制造系，下设农业机械设计制造专业；农业电气化系，下设农业电气化专业；农田水利系，设农田水利专业。学院结合批复精神，决定按照教育与生产劳动相结合的方针，确定教材编写规划与协作方案，并讨论了专业培养目标，教学计划、教学与科研及生产劳动相结合等问题。7月下旬，下放到外地的师生陆续返回学校。新成立的3个系和干训部正式挂牌。至此，曾德超由农业机械化系调任农业机械设计制造系系主任。

1960年，曾德超再次向上级申请农业机械设计制造系里增设拖拉机设计制造专业。为了能赶在秋季招生前获得批复，曾德超两次利用时任农业部部长廖鲁言起床至吃早饭的时间，当面汇报。因汇报内容都是农业机械化生产过程中迫切有待解决的问题，有事实，有论证，也有背景分析和专家呼声，廖部长迅速做出指示，提请相关部门进行论证。在曾德超的不懈努力下，同年秋季开始招收了第一届拖拉机设计制造专业学生。至此，学校规模扩大至4系7个专业。同年10月学校被教育部定为全国重点院校。

不会再有选择

1956年底，38岁的曾德超与26岁的贺子石喜结连理。其时，贺子石还是北京农业机械化学院大三的学生。

关于曾德超的情感经历，在其个人自传中有两段记载：

在大三时，我曾对一位女同学产生了强烈的感情，她可说是当时

---

① 中国农业大学百年校庆丛书编委会编：《百年纪事》。北京：中国农业大学出版社，2005年。

图 4-9　1954 年的贺子石

的校花，成绩好、人美丽，追求的人很多；一方面我很自卑，认为自己条件够不上；一方面我又讨厌她的小姐作风和她父亲是国民党主要分子，很快地我就坚决地把感情压下去。

在美国的时候，我同一位华侨女同学要好，互有感情，但我没有让感情发展下去。因为当时我已意识到自己终要回国。在中国这样落后黑暗的国家，自己一个人吃吃苦可以，实在没有力量保护一个爱人和家庭，因此强制地保持一个距离。回国后也只是偶尔通通信，解放后我自五佛寺回到兰州，写了封信给她，说现在解放了，中国从此不再走下坡路而是将日益光明，问她愿不愿意来中国一起生活。她拒绝了，以后不再通信[①]。

回国工作之后，不断有人介绍和张罗曾德超的婚事，曾德超一心投在工作上，很少有个人时间，在情感上一直坚守着，直至贺子石的出现。

贺子石，1931 年 9 月出生，浙江宁波人，兄弟姐妹 7 人中排行第四。父亲秉承着“不给女儿办嫁妆，而要办教育”的理念，使贺子石接受了良好的教育。1950 年从浙江省立宁波中学毕业后，原本考大学的计划被时局影响而毅然参军，为空军第六预科总队第一期学员。8 个月的培训结束后，贺子石被分配到华东空军文工团，随后参加“抗美援朝”战争。1952 年 5 月，贺子石转入华东军事政治干部学校任教员。在女战士纷纷转业的大潮中，贺子石选择重圆自己的大学梦。因受当初苏联电影中农业机械化场面的震撼和影响，贺子石顺利考取了北京农业机械化学院。与此同时，部队

① 曾德超个人档案之自传。存于中国农业大学档案馆。

结合当时政策，按照调干生[①]的身份，结合她本人意愿，将她保送至北京农业机械化学院农业机械专业上大学。

1954 年 9 月，具有良好文化素养和工作经历的贺子石，刚进大学就担任学生会文化部部长，负责组织各类文化活动，来充实同学的课余生活，缓解同学们因苏联 5 年的培养计划而压缩至四年带来的紧张学习压力。学校每周六晚上会放电影，因为电影是学院路八大院校跑片[②]，有时候要等到 9 点多才轮到。所以，放电影之前，贺子石就组织社团演些自己排练的节目。另外，每个月会组织一次舞会。因为组织能力突出，周末的活动搞得有声有色，贺子石在教师和同学中都小有名气。可能因为贺子石的活跃和优秀，也引起了曾德超的关注。而关于对曾德超的印象，贺子石说：

> 那个时候，曾主任（曾德超）教四年级的农业机械使用学，也给我们进行专业介绍、学习方法、实习要求等方面的讲座和动员讲话。同学们谈论最多的就是曾主任风度好、学识高，与同学的关系非常好。曾主任喜欢运动，抽空和青年教师、学生打篮球，周末则一次不落地参加学生活动。每次周末舞会他必到场，总是站在大礼堂西侧窗户下，女同学们都一个个排着队找他跳舞。他的舞姿是最漂亮的，行为举止又非常庄重。我因为要组织活动，就没有太多时间，但总是在最后一首曲子前，找他跳舞。我们女生都不太会跳舞，但也勇敢找他跳，跟他学。我们女生都很喜欢他，我也喜欢他，像兄长[③]。

曾德超和贺子石第一次的单独谈话，是在第一学期期末考试结束的当天，贺子石在自己的 44 号信箱收到一个小纸条，“晚上 8 点，来系办公室”。看到这个没有称呼，没有落款的纸条，贺子石有些疑惑，但想到是

---

① 从1953年开始，凡是国营企业、事业单位和机关、团体以及中国人民解放军系统的正式职工，经组织上调派学习或经本人申请组织批准离职报考中等专业学校和高等学校的，都称调干生。

② 跑片：在电影拷贝有限的情况下，为了使几家戏院能同时放映同一部影片，经电影制片商授权，各戏院将放映时间错开，由跑片员骑自行车或摩托车来回运送单卷拷贝。

③ 资料来源：据贺子石回忆。

系办公室，也就准时去了。办公室只有曾德超一个人。贺子石有点纳闷：曾主任怎么单独见我呢，是不是因为期末复习的那段时间，总是去系办公室楼下的教室自习，有时候自习到很晚，恰巧被他注意到了呢。第一次谈话显得很“官方”，没有太多特别之处，反而让贺子石立即感觉出了曾德超超出了工作谈话的意义：

> 他问我考得怎么样，寒假怎么安排，等等。然后拿出事先准备好的图纸，指给我看，以后还要盖什么楼，学校的布局……其实，当时考试学的苏联的口试制，当场给分，他应该是早就知道我的考试成绩的[①]。

图 4–10　1957 年曾德超夫妇在北京展览馆前

第二次的联系并没有因为有个良好的开端而迅速升温，而是在半年之后的 1955 年夏，贺子石正在九龙山农机总厂实习。曾德超想约贺子石去看电影，而贺子石考虑到电影院离实习的地方很近，担心被同学们发现，婉拒了。他们之间的第三次联系，却是在一年之后。贺子石不知道什么原因，也从未问起，曾德超亦没有做出任何解释。其时，曾德超在这段时间里正在经受“肃反”的调查。也许，他的内心正在煎熬，除了干好工作之外，是否应该去坚持追求幸福的婚姻，“肃反”的事情会不会连累到自己的家人。直到 1956 年 8 月下旬，“肃反”结案近半年之后，曾德超才给贺子石信箱放入了一个纸条，“晚上 8 点，在 4 号楼前等你”。依然没有称呼、没有落款，但贺子石很清楚这是曾主任约她，而且，几乎所有的学生都知道曾德超住

① 资料来源：据贺子石回忆。

在 4 号楼。面对曾德超的直接，贺子石有些犹豫了，她知道这次应该与以往在办公室的意义有些不一样了，但还是决定去赴约：

我很勇敢，就去了。进到房间，他坐椅子，把我让到床沿上。他把早已准备好的一杯水，轻轻递过来，给我的；然后把一个蓝颜色的花瓶，当时很流行，推过来，也是给我的。然后问我，实习怎么样。最后，结束的时候，就说明天我还等你①。

在那以后，曾德超与贺子石开始了定期来往，时间只能是在晚饭以后到七点半贺子石参加晚自习以前。但是，曾德超下班晚，为了等贺子石，他经常吃不上晚饭。后来，变成了贺子石等他，可是等曾德超回来，时间总是只够说上几句话，就要匆匆地离开。尽管这样，彼此都很默契，很幸福。毕竟曾德超是校园里的名人，两个人都有些顾虑，恋情也就无法公开。有一次，曾德超告诉贺子石，有一个已毕业的女学生找他表白，被他婉拒了。这样一来，还有两年才大学毕业的贺子石就有些担心了，曾德超可能会有多种选择的。而曾德超轻轻地对她说，“不会再有选择了”。

1956 年年底，曾德超向院领导汇报，申请结婚。因为贺子石调干生的身份，结婚申请迅速得到了批准。学校领导、同事都非常关心，希望能尽快举行婚礼：

我们没想那么急，更不想有婚礼。可是领导了解情况后，从开介绍信到婚礼通通包办，还规定元旦前去登记，另外教工工会主席陈伯川教授、系副主任万鹤群教授牵头成立了一个什么筹备组，决定 × 日 × 时在西楼园厅举行婚礼。结婚后，我才知道曾主任他工作有多忙，事情太多，也就十万分理解领导和年长的同事要这样催促他完婚，完全出于长期以来对他的关爱②。

① 资料来源：据贺子石回忆。
② 同①。

婚后，两人的关系在校园里公开，不用再悄悄进行，但工作生活照旧。贺子石依然住在学生宿舍，曾德超忙碌着工作。有时候，周末两人一起去看电影。曾德超让贺子石去前面找个位置坐，他自己则站在最后面看。他说，坐了一个礼拜了，站站挺好。

1958 年，贺子石毕业后，曾德超并没有动用关系把她留校任教，而是根据组织安排，分配到农业部拖拉机站干部学校任教员。8 月，曾德超按照《北京农业机械化学院下放规划》，下放到湖北孝感劳动一年。1959 年 4 月，长女曾明出生。曾德超从湖北回京，没有一直在医院照顾妻子和女儿，反而一头忙在工作上。贺子石回忆说：

> 入院的时候，发电报让他回来。4 月 9 号生的小孩，第二天，他才赶回来，一身脏衣服，护士要把孩子抱给他看，他没看。隔天，他穿着农业部工作期间的一身呢子衣服，很有风度，来了。约好 13 号出院，同屋别的产妇，上午 10 点来钟，一家子都来，全接走了。我从上午开始等，直到晚上他才来，说是开会去了。我倔脾气上来了，非要出院不可。很晚才到家了，可是家里什么都没准备，连吃的都没有。他回来几天，家里事一点都没做①。

1959 年 8 月，院长、兼党委书记徐觉非调离学院。农业部党组成员、部长助理兼农机局局长李菁玉调任学院院长兼党委书记，由李菁玉任校长的农业部拖拉机站干部学校同时合并到农业机械化学院，原副校长臧珍五调学院任学院副院长，接替孙景鲁分管教学工作。此时，贺子石回到母校任教。

1959 年 8 月 25 日至 1960 年 1 月，学院在党员干部中进行整风。教授都不让上课，全院到处都是教授的大字报。系主任、书记都在进行调整，分管教学的臧珍五副院长表示，谁也不能动曾德超，他要像孙景鲁一样，支持曾德超好好办学。那时候，一些人希望贺子石与曾德超划清界限，贺

① 资料来源：据贺子石回忆。

子石表态：

> 在一次动员会后，我回到系里，就被质问是做奴才的奴才，还是做学生的学生。我表态：我没有重新选择的可能，我一直听党话，跟党走。我的嫁人也是一样[①]。

图 4-11　1964 年 7 月曾德超与曾明（右）、曾雨（左）

1964 年幼子出生的时候，曾德超陪在贺子石身边，特意雇了一个保姆来照顾孩子。1965 年，曾德超在“四清”运动中，给贺子石写信，依然简短，有时还附上自己在工作中做设计的插图。寒假期间，他趁着几天的假期，特意回家看望。恰巧贺子石因父亲生病，带着孩子回了宁波老家。面对着冷清的房间，曾德超没有流露出一点的埋怨。

图 4-12　1965 年全家福

贺子石的出现，就像他们婚礼上，朋友借词调趣“你为他而来，他为你而等待，天造地设”。也恰如曾德超所说，“不会再有选择”。执子之手，与子偕老。曾德超与贺子石，认真经营和呵护着这份并非轰烈的爱情，同甘共苦，相濡以沫，直至生命的尽头。

① 资料来源：据贺子石回忆。

向科学进军

《农业机械学报》主编

1956年是我国社会主义建设的第一个五年计划即将完成，第二个和第三个五年计划又将更大规模的展开。1月，我国提出了“向科学进军”的口号。制定出中国第一个发展科学技术的长远规划，即《1956—1967年科学技术发展远景规划》。在规划中明确阐述了农业机械化、电气化的研究，包括农作物生产的田间作业、农产品初步加工和畜牧业生产等机械化、电气化及其技术装备的制造问题。研究方向分两方面：①掌握农业机械组织运用的理论，根据调查试验，制定我国不同地区各种农业机械的运用维护技术规程与作业的经济技术指标，并研究各地农业机械化发展的步骤，为国家农业机械化的远景规划提供科学技术资料。②掌握农业机械耕作与土壤、作物相互关系的基本理论，利用国际农业机械设计、制造的新成就，创制新型的农业机械（如水田农业机械、煤气、蒸汽拖拉机等），逐步建立各类机械系统。

1956年10月11日，曾德超撰写的《我国农业机械化科学技术研究的任务》在《人民日报》第七版发表。这篇文章运用翔实的数据和事例，对《1956—1967年国家科学技术发展远景规划纲要》中关于农业机械化要求的解读；提出研究任务的现状目标，工作的轻重缓急，研究的方法途径以及号召全国农业机械化战线上的人员完成任务的决心。在文中，曾德超特意提出：“我国农业机械化的科学技术研究既要紧密配合生产和建设的需要，又须迎头赶上世界先进水平。在研究解决各方面问题的同时，又必须加强理论的研究。基本理论研究的成果将有助于具体应用性质的研究，而具体应用性质的研究将促进生产和建设的发展。把研究工作建筑在理论—实验的基础上。忽视理论偏重试验的道路是比较容易的，但是效果也是受到限制的。团结全国的农业机械工作者，使设计、制造、运用、修理工作

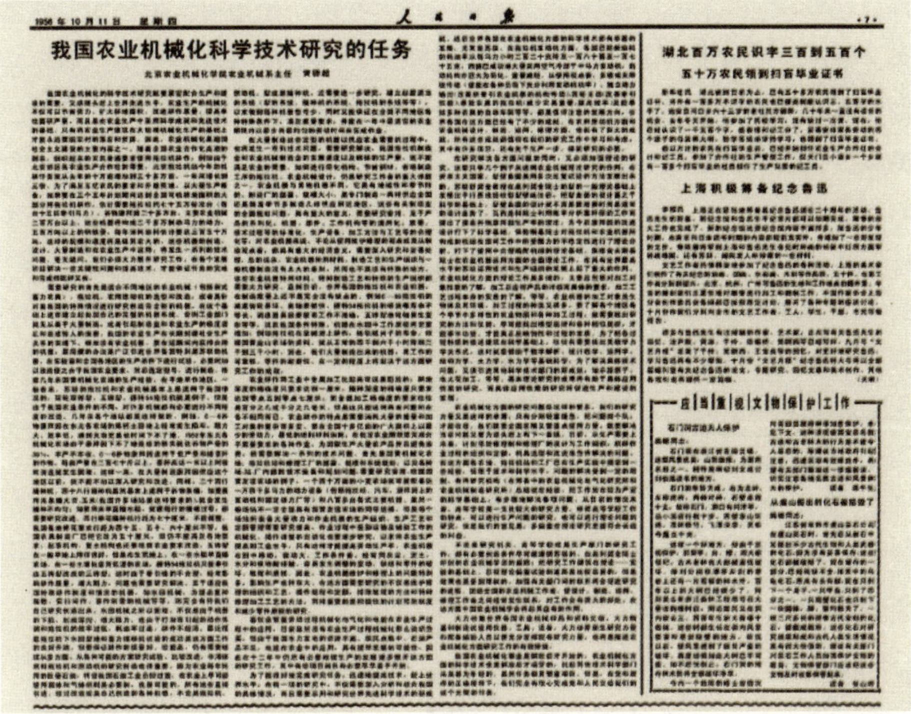
1956年10月11日 星期四　人民日报　·7·

我国农业机械化科学技术研究的任务

湖北百万农民识字三百到五百个
五十万农民领到扫盲毕业证书

上海积极筹备纪念鲁迅

应当重视文物保护工作

图 4–13　《人民日报》1956 年 10 月 11 日第七版

者之间经常发生联系，对工作会有很大的好处。在这方面中国农业机械学会将起其应有的作用。”[①] 曾德超刚经过“肃反”运动，也并非中国共产党党员，但是作为我党最重要的报纸，能给他一个约 4000 字篇幅的版面阐述我国农业机械化科学研究的任务和挑战，让他倍感信任和重视的同时，更是激励他将更多的热情投入到农业机械化事业中去。

曾德超所提到的中国农业机械学会，是由第一批留美学习农具学回国的学者所倡议发起。早在 1950 年农业部在北京召开第一次农具会议时，他们就开始酝酿成立中国农业机械学会。在党中央“向科学进军”的伟大号召鼓舞下，农机科技工作者迫切感到需要组织起来，促进农机事业的发展。经当时内务部和全国科联的批准，1956 年 2 月 9 日在北京召开了中国农业机械学会筹备委员会成立大会，会上选出了 9 名筹备委员：刘仙

① 曾德超，我国农业机械化科学技术研究的任务，《人民日报》第七版，1956 年 10 月 11 日。

洲、蹇先达、吴相淦、余友泰、李克佐、王万钧、曾德超、陈伯川、孙景鲁，并推选时任北京农业机械化学院副院长的孙景鲁为主任委员。筹委会挂靠在北京农业机械化学院。陈伯川任秘书长，孙威任秘书，刘仙洲、曾德超、王万钧任学术委员，李克佐等任组织委员。经讨论，确定了筹委会的方针任务是：团结全国农业机械科学工作者，学习世界先进科学技术成就，开展农业机械科学技术的研究，促进我国农业技术改革的实现。筹委会一次会议酝酿决定，尽快出版我国《农业机械学报》和《农业机械译报》。中国农业机械学会筹委会成立了编辑委员会，开展学术及会务工作，决议成立北京、南京、哈尔滨三地区分会筹备会，并确定编辑委员会编委由 29 人组成，主任曾德超，副主任王万钧。

当时，按规定，一个学会不论创办出版什么科技刊物都必须获得国家科委出版社的正式批准。《农业机械译报》很顺利地获得了批准，于 1956 年 10 月创刊，北京农业机械化学院陈立教授任主编，柳克令教授任副主编。编委采取分工专责制：陈立教授负责修理领域，柳克令教授负责农机运用，李翰如教授负责农业机械，张伟教授负责拖拉机领域等。主要摘译俄、英、德、日等有关专业文章，供农机工程界科研人员及师生参考。1958 年 7 月起改为综合性通俗刊物——《农业机械》。《农业机械译报》一直出版了若干期，直至北京农业机械化学院全校下放，才被迫停刊。1957 年 12 月，《农业机械学报》也终于出版了第 1 卷第 1 期，由曾德超任第一届农业机械学会编委会主任委员，也即《农业机械

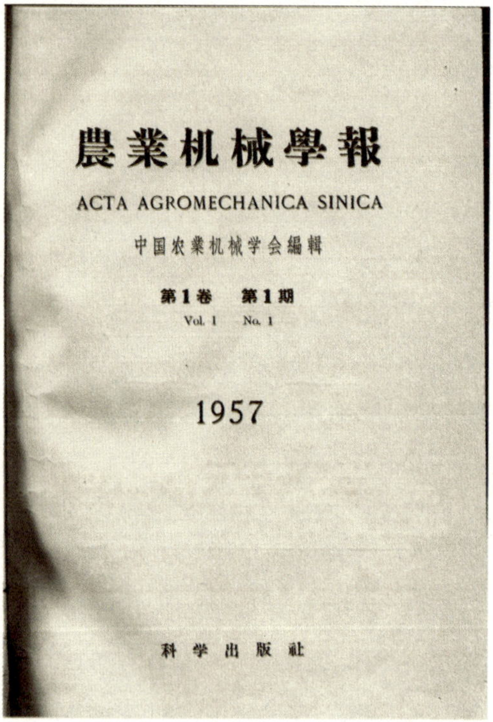

图 4-14 1957 年《农业机械学报》首期封面

学报》第一任主编。

1958年底，农机学会筹委会合并到中国农学会，成为农学会下的农业机械学组，对学组领导成员进行了调整，他们是：李菁玉、李克佐、王万钧、余友泰、陶鼎来、徐觉非、曾德超、朱则民、水新元9人，由李菁玉（原农业部部长助理）担任组长。学组挂靠到农业部，迁至农业部农机局办公。1959年农机部成立，随之挂靠到农机部，在农机部科技司办公。在农机学会的筹委会时期，曾举办报告会、座谈会等学术活动，多次邀请苏联专家做学术报告，介绍国内外农机研制动态。这期间总计举办学术报告会、座谈会、讨论会80余次，现场评比会两次，并开展了国际学术资料的交换工作，组织专家到国外访问、考察。经历8年的认真筹备，中国农业机械学会于1963年3月3日在北京正式诞生。成立大会在友谊宾馆隆重举行，来自各方面的代表200余人参加了大会。经过选举，产生了由92名理事组成的第一届理事会，推选常务理事27名，理事长由清华大学原第一副校长、著名机械专家刘仙洲担任。5名副理事长分别是：唐有章、郭栋才、陶鼎来、王万钧、曾德超。

根据中国农业机械学会编辑委员会及《农业机械学报》编辑委员会的组织条例，中国农业机械学会编委会同时兼任《农业机械学报》编辑委员会（以下简称学报编委会）。学会编委会和学报编委会的职责包括讨论拟定学报的编辑方针和发展规划，并组织实施；研究提出不断提高学报质量的措施意见，并督促检查其执行情况。另外，编委会委员还需根据本人的专长负责学报有关稿件的审稿工作，并向学报编辑部推荐稿件或协助组织稿源。作为中国农业机械学会编辑委员会的主任委员（即《农业机械学报》的主编），还需负责每期学报的定稿工作，也要组织进行大型综合性农机专业图书——丛书、词典、手册等的编、译、审、校工作；研究确定这些图书的正、副主编和编委的人选；组织参加全国性大型工具书——百科全书、综合性手册等的编、译、审、校工作；并向有关部门推荐参加编委会、分编委会或正、副主编的人选和撰稿人的人选。另外，学会编委会还需协同学会普及委员会做好农机普及性书刊的编辑工作，并对有关编辑方针、规划、计划等提出意见和建议；组织开展有关农机书刊编译工作的国际交流和合作，等等。学会和学报编委会每年开会一次，内容如下：

（1）听取学报和其他书刊编辑工作的汇报，并审查、制订下一年度的编辑工作计划。

（2）研究学报和书刊编辑工作中存在的问题，并提出改进意见和建议。

（3）进行必须由集体讨论审定的书稿的审定工作。在编委会闭会期间，由正、副主任委员负责处理编委会的日常工作①。

曾德超对创办学报是极其热心的。作为第一任主编，为了确保学报能够体现当时农机领域科学研究工作的实际社会效果，他不但联系、推荐了学报撰稿人，自己更以高水平学术文章充实学报稿源。《农业机械学报》申请批准出版发行要求较严，要求所刊论文必须能代表我国本学科的最高水平；有创造性、前沿性；能在国内外同行中有好评等等。为此，曾德超等人决定在第一期选用一些"重头"文章，如周总理亲自授予国家奖的有关内燃水泵的论文，有关我国领先发明的插秧机的研发，水田耕作的拖拉机行走装置的研发等等。这样，经过创刊号几篇"重头"论文约稿的落实和与国家科委出版局主管干部同志的多次反复陈述争取，最终获得了对《农机学报》创刊发行的批准[21]；并由曾德超、王万钧等 28 人组成了第一届编委会。《农业机械学报》创刊后，也始终坚持为农业生产、农村经济和农机工业服务的指导思想，集学术性、理论性于一身，不断适应改革与发展的要求，严把稿件质量关，成为学术交流的第一阵地。

挤出时间做科研

繁重的学院筹建、教学管理和农业机械化系从无到有的创建工作，几乎充满了曾德超的整个生活。据 1954 年北京农业机械化学院毕业留校工作的余群回忆，曾德超经常工作到深夜，甚至是凌晨 1 ～ 2 点。很多时候，办公楼里就剩下他们两个人。余群陪着一起加班，习惯了等曾德超离开之

① 参见《中国农业机械学会编辑委员会及〈农业机械学报〉编辑委员会组织条例》，1978 年复刊后。

后，再去关灯和锁门。尽管如此高强度的工作，曾德超仍然没能挤出太多的时间来开展科学技术研究工作。这在一定程度上也与当时所处的时代背景和中国共产党的知识分子政策不无关系。20 世纪五六十年代，中国科学家，特别是知名科学家的研究工作时间长期得不到保证，成为一个特别突出的问题。为此中国科学事业的领导者和有关管理部门采取了一系列措施，如 1956 年中共中央提出要保证科学家六分之五的工作时间，60 年代初又几次重申，但问题始终没有得到彻底解决①。在此阶段，曾德超的科研成果的产出主要表现为论文。尽管产出远非丰硕，但曾德超对于科学的思考始终未曾停歇，早期对于壁犁的研究为探索机器、土壤和植物的关系奠定了坚实基础。这既是符合当时国家科学技术发展规划纲要的要求，也是曾德超发展机械土壤动力学的一个起点。

新中国成立之后，全国农村迅速完成了土地改革，在许多农村农民成立了互助组和合作社，一些合作社努力兴修水利，改土造田，显著提高了作物产量。1957 年 10 月 9 日，毛泽东在《山东省莒南县厉家寨大山农业社千方百计争取丰收再丰收的报告》上批示："愚公移山，改造中国，厉家寨是一个好例。"同时，河南省长葛县孟排村胜利一社总结出一套深翻土地的方法，也获得了增产。1957 年冬，长葛县提出"千年老地大翻身，争取亩产 1500 斤"的口号，掀起了深翻土地的热潮。一方面是实际生产

图 4–15　1956 年秋曾德超（右）在校园北边实验场做犁的牵引线调整田间试验

① 路振朝，王杨宗：20 世纪五六十年代中国科学家的科研时间问题。《科学文化评论》，2004 年第 1 卷第 2 期。

中使用深耕办法增加产量的事实，另一方面是党政领导基于深耕增产在一定科学范围内可行的现象对农业生产和农业科学技术提出进一步不切实际要求的倾向。农业机械耕作机理的研究在这个时期显得尤为必要。“那么，究竟耕作一个什么样深度才能够满足基本要求。既满足高产，又不用耕那么深，要经济一些”[①]成了曾德超在50—60年代的一段时间里，不断思索的一个问题。

曾德超很早就注意到，犁地不仅在传统人畜力耕作中非常重要，在机耕作业中也占首要地位。犁地的质量，足以影响其后的作业及直接影响产量。依机械化程度的不同，犁地所消耗的机械能占全部机耕作业机械能消耗总量的百分数也是不同的，而只有在多样性经营、栽种着各种中耕作物而又全面机械化了的农场才能低达20%及以下。曾德超考虑到，50年代国营农场和拖拉机站主要采用牵引式犁地机组，而对开垦荒地发展大规模国营农场的东北等地区，由于自然条件的限制，在将来一个相当长的时期内，中、大型拖拉机及牵引式机具仍将是主要的工具。因此，减低牵引式犁地机组的能量消耗而同时获得良好质量指标，具有现实的经济意义。为此，必须选择适当的犁和犁壁曲面，耕前正确确定和校正犁的技术状态，进行正确的牵引调整以及正确地机组作业。

此前，关于犁的牵引调整有两种理论：一种理论认为正确的牵引调整应该是牵引线通过犁的阻力中心，为美国学者所承认；另一种则以苏联学者郭辽契金为代表，认为牵引线应该通过犁的重心在沟底平面上的投影点——重心迹。曾德超认为苏联学者和美国学者的前期研究都有可商榷之处。只要犁的牵引线不通过重心迹前后一定范围以外时，实际工作者都可以观察到并没有不平沟底的现象。另外，牵引线不通过重心迹时所引起的尾轮或地轮、沟轮的轮轴载荷加大的问题，也可以通过改进设计来考虑解决。至于不论在水平面上或在垂直面上牵引线不通过重心迹时阻力增加的论点，则不是理论分析的结论，而是试验的结论。

1957年，曾德超在《农业机械学报》创刊号上发表了“机引犁的牵

① 曾德超口述访谈，2011年9月16日，北京。资料存于采集工程数据库。

引调整问题”一文。这是新中国成立后曾德超正式公开发表的第一篇学术论文。这篇论文在分别分析了机引犁所受外力在垂直面上的投影、机引犁垂直调整对犁工作稳定与阻力的影响，以及机引犁所受外力在水平面上的投影、机引犁水平牵引调整对犁工作稳定与阻力的影响等问题之后，得出结论：对机引犁而言，以阻力中心为牵引线调整依据的理论，由于缺乏受力的全面具体分析，所获得的工作稳定性、阻力的增减和部件的受载都缺乏准确的理论描述；以重心迹为牵引线调整依据的理论，主要考虑了稳定性而没有顾及对阻力的影响；机引犁由于装置有轮子，从而增大了支持面积，以至在垂直面上正常耕作条件下，犁的工作可以在牵引线通过重心迹前后一定范围内保持稳定，耕地深度、质量不受影响。机引犁的垂直调整可以不必考虑阻力中心位置或是重心迹的位置，而是在保证起落机构不失灵，犁能达到要求耕深并能保持此深度，以及拖拉机不因拖把位置过高而在较为湿软的土地上显著地影响其牵引性能的条件下，将牵引线尽可能地往前调整，这样可以节省每亩耗油量，或利用剩余牵引力多增加一铧，以提高生产率，或增加耕深以提高产量。对于机引犁的水平调整，不应该以考虑重心迹位置为主，而应该以考虑土壤阻力的水平投影作用在中间铧铲刃上的位置与角度为主；机引犁的水平调整可以根据犁体的几何形状来进行[①]。

1959—1961年，持续的干旱灾害席卷大面积国土，黄河流域、华北平原、东北平原等北方大部分地区受旱尤其严重，加之“大跃进”运动以及牺牲农业发展工业的政策所导致的粮食短缺和饥荒，给农业科学工作者特别是农机化工作带来了更大程度的挑战。一方面，很多铁制农具和其他生产资料被捣毁作为炼钢原料；另一方面，农业生产的机耕化要求农业机械制造部门供应更多性能优良的犁耕工具。自然灾害和粮食减产都使新式旱作农业技术的开发利用更为紧迫。作为农机科研工作者，探讨机械化旱作农业以及旱作土壤上各类机械作用力与土壤动态行为之间的规律性关系，又成为曾德超心头挂念的问题。

---

① 曾德超：机引犁引调整问题。《农业机械学报》，1957年第1卷第1期，第80页。

旱作农业需要充分利用自然降水，并同时补充灌溉。中国秦岭—淮河以北广大地区都属于北方旱作区，占国土面积的一半以上，可见其重要地位。在旱作农业区，特别是干旱半干旱地区，要保证农业增产，就必须有一个保水、保土、保肥的良好土壤环境。1962—1964 年，曾德超先后发表了《在旱作沙壤土上铧犁犁体曲面性能的分析》《关于减轻步犁阻力的试验报告》《旱作沙壤土上铧犁犁体曲面阻力分析》《滚垡壁犁犁体曲面的有理设计方法》4 篇重要文章，以机引犁的设计、改良为工作中心，力图获得耕作质量好、阻力轻、制造容易的犁体，然而实际理论突破点却是立足于对土壤物理性质的深入研析和机械与土壤在耕作过程中的一系列力学关系的全面把握上。这类科研不论是在当时国内还是在国际相关领域都具有创新性和特色。这 4 篇论文，连同 1957 年发表的“机引犁的牵引调整问题”共同构成曾德超机械土壤动力学理论的基础。

从 20 世纪 60 年代开始，曾德超对用数学解析法表达壁犁曲面的设计问题进行了深入的研究，取得了重大突破性的成果，得到国外有关专家的好评。曾德超所依据的原理是，壁犁的碎土机理特点是通过挤压剪切等应力场的作用，而不是通过刃口的直接切削来碎土。他和学生根据这一原理设计制造了旋转翻垡犁等几种新型耕具，经初步试验，可适用于各种耕作条件。

从 1958 年起，曾德超连续当选为北京市第三届、第四届、第五届人民代表大会代表。1960 年，被评为北京市文教体育卫生战线先进个人。1961 年，曾德超作为主要召集人和负责人，参加了农业部在学校召开的农机化专业教材会议；1962 年 8 月，被聘为中华人民共和国科学技术委员会农业组组员和农业机械组组员。

在 1959—1964 年的工作中，曾德超在科研、教学和研究生培养方面取得了较大成绩，然而这些成绩的取得并非是在平静的校园环境中，而是有着各种政治运动的影响和干扰。能够较为单纯地看待政治运动中劳动下放这些事，工作未曾止歇的一个重要原因，是曾德超一心为了工作，一贯自觉服从领导、顾全大局的品格立场决定的。1960 年 2 月 10 日，农机学院党委作出了《关于四年级学生参加北郊农业机械化系列化试点问题的决议》指出，为了进一步贯彻执行党的教育方针，把教育与当前农业四化事业紧密地结合起来，使学生通过劳动和工作彻底改造思想，熟悉农业生产过程，掌握农业四化的理论和实践知识，把学生培养成又红又专、全面发展的人才。于是曾德超、万鹤群等教师带领学生投入沙河公社的农业机械化系列试点工作。1964 年，农机学院实行半工半读教育制度，并将参加阶级斗争的实践作为所有学生的一门主课列入教学计划。曾德超于 1965 年下放去赵各庄“四清”，同时学校的工作也并未松懈，学校有事情就赶回来。例如，是年春天，学院接待了刚果（布）以团长季米可斯为首的农业考察团一行 6 人来院参观，曾德超赶回校同副教务长徐香圃等人一同接待了外宾①。

① 中国农业大学百年校庆丛书编委会编:《百年纪事》。北京：中国农业大学出版社，2005 年，第 277 页。

第五章
与学院共赴时艰

“十年动乱”中的艰辛

1966 年 6 月 1 日，北京农业机械化学院传达中央改组北京市委的决定和广播北京大学聂元梓等人的大字报后，2 天内学校的大字报已铺天盖地，学校停课搞“文化大革命”。13 日，曾德超等人从“四清”工作点返校。领队干部艾荫谦等，进校门一下车，即被揪斗游街。运动初期，学生和群众仿效北大的做法，勒令一些干部和教师参加拔草劳动。曾德超由于日常较受学生和教师的尊敬而幸免，在家自学《毛泽东选集》。8 月，学校内相继出现“八一八”、“红卫兵”、“八一八斗批改兵团”、“毛泽东思想红卫兵”、“农机红卫兵”等组织。各种红卫兵组织一面揪斗打骂所谓的“走资派”、“反动学术权威”，“反党集团”，“反康生集团”，“地、富、反、坏、右”等，一方面以破“四旧”为名义进行打、砸、抄，许多教职工被打、被抄家。随着运动的展开，曾德超也因学术权威而受到批判，揪斗、挂牌游街和抄家。当时有一帮造反派认为不打倒曾德超这样一个“反动学术权威”，农机学院的“文化大革命”就是走过场，于是对曾德超实行了“文化大革命”中一贯的做法：先定性后审查，划为敌我矛盾，并对教导看管的青年学生说，“对敌人的仁慈是对人民的犯罪”。1968 年 8 月中旬，学院清理阶级队伍工作开始，将“劳改队”人员男女分别集中住在两个大教室，几十个人以“人挨人”的形式住在狭窄水泥地上。冬季移到学生宿舍，6 人的房间里，住进 12 名“劳改队”人员。无论住哪，晚上都把“劳改队”人员锁在房内。把“劳改队”中所谓的重点人又进行“隔离审查”，让他们受冻挨饿。在审讯、批斗劳动当中经常发生打人、摧残身心，侮辱人格等情况，病了不能看病，有的人被迫害致死①。曾德超在这段时期经受了很多批斗和折磨，几欲毁灭。他似乎不愿提及那段历史，在晚年回忆时，断断续续地说了这些话：

> “文化大革命”那一段，批斗就多了。一般的教师，好像对我的仇恨什么的，倒是没有。我在制造系当主任，另有一个党支部书记叫吴春涛，一个副主任叫马焰，是我的两个上下（关系），我是中间的（层级）。贯彻党的政策，商量怎么组织教学，我们很谈得通，合作得非常协调，一直到现在我们还是老朋友。只是后来，来了个军代表叫张鹤伦，把我打得……那个时候分两派，可能他是最革命的一派，要求比较严格。这位同志呀，他在系里胡来，不问青红皂白，不管好坏，把系里的工作搞得一团糟。同我和吴春涛、马焰的做法完全不一样。不过呢，我们一起下乡，车开到半路休息时，我们是受监督的，下去了在车旁边坐着。车的密封不好，有些滴油，油随着坡往下流。他正好站在那里抽烟，结果一下子就着火了，把他烧死了②。

曾德超因为肃反时期的政治问题受到隔离审查，被“专政”于学校五四楼，每天早请示，晚汇报，接受审讯和批斗改造，白天扫厕所，冬夜

① 中国农业大学百年校庆丛书编委会：《百年纪事》。北京：中国农业大学出版社，2005 年，第 298 页。

② 曾德超口述访谈，2011 年 9 月 16 日，北京。资料存于采集工程数据库。

平整溜冰场，受冻挨饿。只允许每周日下午探视，最严重的时期完全与外界隔离。

同住一屋的王更生、吴春涛，不时地宽慰曾德超，告诉他，党内整风，每次都是这样，很快就会过去的，一定要坚持住。据曾德超夫人贺子石回忆：因为经常会有一些跳楼的噩耗传出来，所以，她特别担心曾德超会想不开。那一年多的时间里，每天上午在曾德超出来劳动的时候，她就带着10岁的女儿和5岁的儿子，远远地站在五四楼边，望着楼门口，看到曾德超出来，她心里才能踏实。

1969年5月，由于生理、心理承受能力已到极限，被关押一年多，时年51岁的曾德超被迫承认所谓的“美帝特务”身份，并声明并无同党，反复交代、承认却无法提供更为详细的所谓“事实”，特别是因为不愿凭空诬陷他人，心力交瘁。月底，终因“事出有因、查无实据”而获释放，成为学校被调查时间最长，动用专案组人员最多，释放最晚的教授。获释后，定案为“敌我矛盾”，按人民内部矛盾处理，仍须在学校劳动。

1969年7月，学校300名左右教职工开始下放罗山“五七”干校，贺子石在名单之内。学校规定在“清队”中定为敌我矛盾的人不准去“五七”干校。尽管贺子石一次次去找联合指挥部领导反映实际情况，希望组织考虑批准曾德超一同前往或者让她留下照看曾德超，始终无果。贺子石在出发前，同曾德超进行了一次认真的谈话，要求和鼓励曾德超千万不能放弃，一定要坚持下来。另外，贺子石还反复叮嘱一对儿女，要始终一左一右的牵着爸爸的衣角，无论爸爸去哪都得跟着。

9月，按照中央“八二八”命令精神，曾德超携子女随学校在京的大部分教职工一起，从北京赴在河南省博爱农场的学院分院劳动锻炼，另一部分已下放罗山“五七”干校的300名教职工也于11月25日前合并到博爱分院，妻子贺子石也从罗山到了博爱分院。10月，曾德超又被调到山东潍坊柴油机厂接受工人群众的监督劳动改造和审查，在去程火车上还遭造反派教师组织旅客批斗。在柴油机厂的情况，据贺子石回忆：

在山东时，主要在厂里翻砂车间去除部件上的毛刺。原本可以用打磨机去处理的，结果被工人要求只允许用榔头。面对滚热的部件，曾德超手上烫伤连续不断。同时，繁重的体力劳动，让曾德超每天都必须在同去参加劳动的工友蒋弘彬帮助下，才能从床上爬起来①。

1970年6月，因当时学校军宣队、工宣队、联合指挥部和革命委员会向师生传达，根据林彪的一号命令，要准备打仗，北京的高校都要搬离北京，为此决定，学校迁往重庆西南农学院院内，校名仍保留北京农业机械化学院，业务上归第一机械工业部领导，党政关系划归四川省革委和重庆市革委领导，1971年在全国教育工作会议上决定学院改为四川农业机械学院；1972年7月为避免与郫县四川农机学院混淆，改名为重庆农机学院。曾德超被通知从山东回到北京，参加搬迁。贺子石回忆这段往事时，禁不住眼泪涟涟："因为从北京去博爱的时候，房间都锁着，什么都没搬。这次要搬到重庆，就是大动作了。当时在博爱的很多人都回来参加搬迁，我没获得批准。只好托人把11岁大的女儿带回北京，帮助他爸爸，做个伴。那天我带着6岁大的儿子去送女儿，等火车开走，才发现回博爱的车已经先走了。17里地，两个半小时，带着儿子一步一步地走回去。等回去后又听说当天新批准了一批回京名单，我急忙找去，得到的答复是已批完。直至马上要搬迁的头一天，才获准回京。当时，就想死也要死在一起。这样我带着儿子赶了回来，见到他们父女已是深夜。当时，（曾德超）看到我后，惊讶、欣喜、五味杂陈。"②

从1970年10月开始，全校教职工大部分在重庆参加修建学校实习工厂的劳动，曾德超的工作是修房梁。不分领导和群众，不分教授和助教，不分男女老少，在山坡上一齐上阵，打眼放炮，手推肩抬，个个抢重活、危险的活干，无论暴雨和酷暑从不停工，星期天和夜间加班加点。教职员工自己动脑筋设计施工方案，自己动手施工，几百斤重的石头，两个人抬，哼着四川号子，一溜一溜迈步快走……当地老乡开玩笑说："你们大

① 资料来源：据贺子石回忆。

② 同①。

图 5–1 1970 年曾德超在重庆参与修建的厂房

学老师真行，硬是把我们的饭碗给抢了”。经过近一年的奋斗，实习工厂于 1971 年 8 月初开始投入生产。

在这个时候，曾德超得以有空进入图书馆仓库看书。曾德超迫切想了解国际尤其是欧美国家农业机械化动态，由于学校当时仍在重庆，只能得到一些日文的资料。为此，他一边自学日语，一边对感兴趣的内容进行翻译，先后通过日文资料译出了《欧美农业机械化、农业工程学、农机制造业的动向》、《农业机械的国际交流》、《农业机械学的任务》等多篇文献资料。另外，在重庆期间，因看到当地农民的繁重劳动，曾研究设计了山区水田小推车、山地用脚踏车、太阳灶、打炮眼用的简易动力机械以及农民收集处理粪便的器具。以山区小推车为例，曾德超认为："川东丘陵山区的农村运输全靠肩挑背篓（因坡度大，手推车不便），农民以此沿公路大路运粮、菜、副产品到市集及运粪、工业品返回，运肥、运稻从生产队到田间。建筑工地虽用一部分小推车、木排车运石头、运砖瓦，但抬的仍很多，主要是地不平不方便。为了消灭肩挑，减轻劳动强度，发展生产力，节省劳力，向农业的深处广处发展，除了发展公路、汽车、拖拉机运输之外，研究发展适用于山区水田的小推车不仅对川东、对全国耕地面积 60% 的其他山区亦有意义。”[①] 可惜因当时条件受限，所有设计的东西无法生产和推广。

2014 年暑期，在西南大学校园里，还能看到当初修建的厂房，现在是用来作为西南大学车辆与现代农业装备实验室。据实验室的管理员讲，厂房从建成到现在没进行过任何加固维修，依然非常结实；厂房设计非常现代化，现在用起来都觉得特别宽敞、合理。当沿着厂房中部的楼梯爬上二层，夏天的炙热，让笔者顿时觉得有些晕厥。环视四周，看那坚固的墙壁、房梁，仿佛看到了曾德超及那一代人在挥汗如雨的奋力劳作。

1971 年“九一三”事件后，军宣队三结合领导小组解除了对曾德超等一批人的劳动改造。

但是，这时曾德超的身体再也不堪重负，在校园里有几次晕倒。在那个缺医少药的年代，曾德超被街边的中医诊断为“死脉”。回忆起当时的情景，曾德超倒是异常疼惜自己的爱人和孩子：

> 在重庆的时候，我的毛病多了，打摆子，心脏乱跳……其实，最苦的还是我爱人。她在重庆挑石头把腰都挑断了，一直到最近才治。另外，她还带着两个孩子，来回跑，山城，自行车也踩不动。我们住的地方，要自己弄水洗衣等。那个时候，太苦了，我们大人倒也罢了，关键是两个孩子……[②]

其实，贺子石在“文化大革命”初期就感染了乙肝病毒，没有医疗也没有休养，还要自觉坚持劳动，病就越来越重。1973 年暑假，曾德超夫妻俩病重，只好托人将子女带到上海贺子石哥哥家。据贺子石回忆：

> （曾德超）最后一次晕倒是 73 年的夏天，后来两个人都病倒在床上了。“文化大革命”前我曾帮助接济过一位留校教师叫韩安牛。他

---

① 曾德超山区小推车设计方案手稿。资料存于采集工程数据库。

② 曾德超口述资料，2011 年 9 月 16 日，资料存于采集工程数据库。

非常厚道，带着实验员倪灿程，两人来看我们。他们帮忙买面条，给曾老师拿中药。但后来病得没力气起床做饭，买的好几斤面条都馊了。我们只好请住在斜对面的邻居，帮助做饭，给一些钱。我当时的工资62元，他有39元，还有老妈（曾德超母亲）要管。五个人100元。把小孩送到我哥哥家后，（我们）轻松了。当时也没有想法，谁也不知道还能不能回北京，再往下能去哪。那时候，他已经没劳动力了，我在不断地鼓励他。即使离开学校到农场，养鸡什么，我也可以养活四个人吧，没关系。即使这样，我也从来没有从曾德超的嘴里听到一个苦字，他倒是和我说过“我要知道这个样子，绝对不会生两个小孩的。”①

1973年底，革委会传来好消息，允许曾德超及夫人回京养病。据贺子石回忆：

陈正人② 事件之后，引起中央重视。有病的这些人，都要给治，从北京出去的，可以回北京治病。当时的组织部长王厚去看我们，我就哭。他说革委会讨论，允许你们回北京养病。我说，去北京养病，没钱。他说，钱可以借出来。曾老师一个月的工资241.5元，我就全借出来，每个月打借条，一直到落实政策③ 。

1974年1月22日（农历大年三十），曾德超夫妇由重庆抵京。第二天，夫妇俩就去北京大学医学部附属第三医院看病。医生一诊断，惊讶得紧，问他俩怎么来的。他们说坐公交车啊。医生更觉得不可思议，因为他有个同事，与曾德超一样的病，都住院治疗四年了，还无法走太远。

① 资料来源：据贺子石回忆。

② 陈正人（1907–1972），江西遂川人。1925年加入中国共产党，曾为中国共产党第八届中央委员会候补委员。新中国成立后，任江西省委书记、建筑工程部部长、中共中央农村工作部副部长、国务院农林办公室副主任、农业机械部部长等职。“文化大革命”中受迫害。1972年4月6日在北京逝世。1980年得到平反。

③ 资料来源：据贺子石回忆。

后来曾德超转入阜外心血管医院，每次去医院太困难，上公共汽车都要靠贺子石从身后把他托上去。曾德超病情好转一点，稍微能走一点的时候，就去西苑医院看中医。有时候，曾德超在沙发上都坐不稳，一直摇晃。即使这样，他还不停地用手敲着沙发扶手，大声喊：“我要工作，我要工作。”

在贺子石悉心照料下，曾德超的病情一点点好转。到秋天的时候，曾德超开始自觉锻炼，围着学校走，回来用凉水擦身体。1975—1977 年，随着身体状态的康复，他立即开始了一些力所能及的工作，每天去北京图书馆看书学习，同时也抽出时间来辅导孩子学习，早出晚归，不吃午饭。尤其是在 1976 年 10 月粉碎“四人帮”之后，尽管曾德超尚未获得“平反”，但社会大环境在悄然地变化，曾德超似乎感受到了那份光明，更加努力地补充和更新业务知识，为将来的工作做准备。在访谈中，曾德超很少谈论这十年的动荡，也未能表达出“文化大革命”结束时我们期待的那份欣喜，只是那份怔怔的眼神，让笔者仿佛感受到了先生内心的翻腾、经历生死之后之于一切的平淡、对于不确定未来的那份坚守，尤其是不叫光阴虚度的进取精神。贺子石说，那段时间也没觉得先生有什么情绪上的波动，倒是管孩子的时间多了些，经常辅导孩子学习英语。

> 1976 年以后，孩子们也都不好好上学。五道口有个外文书店，他去那买一些影印的英语会话书，教曾明（曾德超的女儿）学。曾明不愿意学，说我以后扫地、卖油饼（不用学英语）。他说，去干什么都没关系，总要认字和看书。认中国字你可以知道中国的事，学外文就可以知道全世界的事情，那多好啊。后来，老外到清华访问，曾明敢开口，会说。这对曾明申请到奖学金出国还是有帮助的[①]。

① 资料来源：据贺子石回忆。

动荡中的坚守

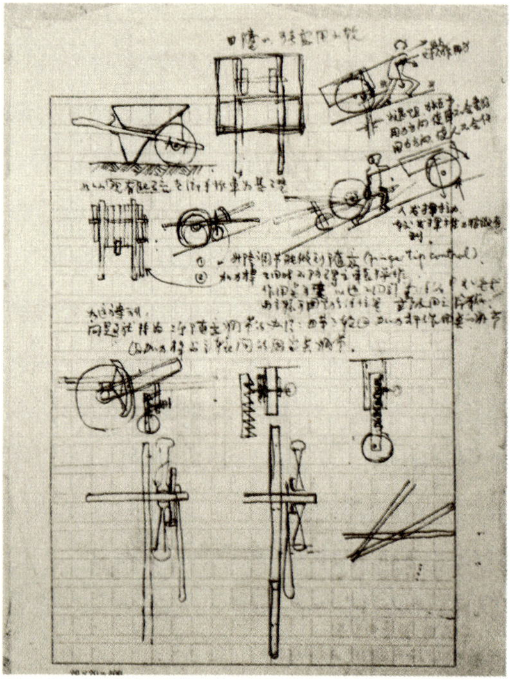

图 5-2　1972 年曾德超的设计手稿

尽管一直经受着“文化大革命”的动荡和繁重的体力劳动，只要是条件允许，曾德超仍然坚持看书学习。

曾德超在北京养病期间，于 1974 年开始应农垦部和机械出版社的要求，为援外人员中译英全套农机资料。于是在 1975—1977 年，曾德超健康稍有恢复，就钻进了北京图书馆，完成了五个设计和一篇研究方案，分别是：设计了旋转式内燃机和半活塞式内燃机两种新动力，设计了一种小型简易农用汽车，改革设计了旱地水田拖拉机行走机构，改手扶拖拉机转向机构成为轻便拖拉车的研究设计；撰写了一篇提高活塞式内燃机效率的研究方案。

这些设计从问题的提出到方案的选择，工作原理分析，理论计算，结构与草图，直至投产的计划任务书，以请军宣队三结合领导小组审查的方式提交上去，呼吁试制生产。可惜提交的任务书如泥牛入海，音信杳无。

1973 年秋，政治形势开始宽松，西南农学院下放的师生要求返校，但校园由原北京农业机械化学院及铁道兵六师及家属占用，难以解决。农业部与国务院科教组联合提出关于将学院迁至河北省邢台市建校的报告，获准后学校于 1975 年陆续迁往邢台，改称华北农业机械化学院。由于要白手起家，数千名教工及家属主要分住到邢台周边农村住户和农机局培训班、邢台拖拉机厂等地，共分 32 个点。教学和生活条件十分困难，没有教学条件，只能依靠农机局培训班、拖拉机厂甚至破龙王庙等地举办各种不同的短训班，招收少量工农兵学员，在艰苦的条件下勉强维持对农业机械化人才的培养。教职工都呼吁尽早解决学院办学的条件问题。正在治病尚未康复的曾德超很是忧心学院发展，向学院和农业部领导提出了《对华北农业机械化学院在新的历史条件下怎样才能更好地办成适应新时期总任务的需要提一点意见》，提出了几项重要建议及想法：

其一，认为华北农业机械化学院[①]（原北京农业机械化学院）是中国唯一一所属于农业工程性质的高等学校，它是以工程技术来为发展国家农业生产服务的。基于在现代化国家中发展农业生产的实质是通过发展科学技术，利用各行各业为农业服务的理念，重新重视农业工程及其相应高等教育发展，应成为国家经济发展和农业战略的重要内容。

其二，认为当前中国农业机械化事业的一个关键问题是许多地方不能做到增产增收。农业机械化不能做到增产增收，就不能完成其使命，实际上表征着用能源换取大量粮食的渠道存在许多问题。尤其提到了农机化方面的运筹研究："如何以最少的设备投资发挥最大的增产作用，如何在机具的使用、管理、维修上组织起来，如何构成最优的机器系统"等一系列所谓的"如何机械化"的问题。

其三，认为华北农业机械化学院的基本任务就是"要为同时发展农业生产和开辟农业机械化新的技术途径培养人才并承担有关的科研任务"，实际上重申了关于高等教育的功能等一系列问题，特别是强调科学研究在农机化学院这类专业技术性较强的单科性院校的重要性："作为重点高等学校，只有成为科研中心，通过科研才能与生产真正密切结合，才能真正做到三大革命一起抓。这是高等学校完成新时期历史任务是关键所在。"

其四，提出华北农业机械化学院要完成其服务于国家和农业这一基本任务所必需的途径，是"必须具有本门学科第一流的、能以之作为赶

---

① 1970 年 7 月，按照上级指示，北京农业机械化学院全部迁往四川重庆的西南农学院院内办学，更名为四川农业机械化学院。1975 年，学校整体搬迁到河北邢台，更名为华北农业机械化学院。

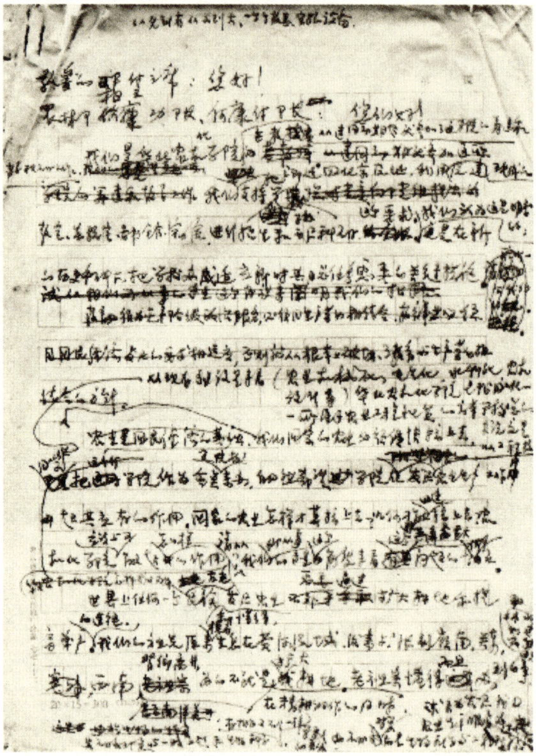

图 5-3　1977 年曾德超给邓小平等领导的信（手稿）

超世界水平的基地的实验中心和情报中心。”而且提出实验中心和情报中心的建设可以通过“与农林部农机研究院、农机化所配合，共同协力建立一个农业工程方面的国家实验中心和情报中心”①。

这几点建议，最终指向一个问题，即学校办学环境急需改善；为国家建设考量，华北农业机械化学院迁回北京是最适宜的选择——既然建成国家级实验中心和情报中心是实现农业工程高等教育任务的必由途径，而最佳方案是学校与农机研究院和农机化所相互配合，那么，由于国家只能建设一个这样的科研中心，这个中心就只能建在北京，即意味着华北农业机械化学院只能迁回北京。

1976 年粉碎“四人帮”之后，国家进入了新的历史发展时期，各项政策制度在不断地恢复、落实和完善。1977 年中央决定恢复高等学校统考招生制度后，华北农业机械化学院的农业机械化、内燃机、拖拉机、农机设计制造四个传统专业分别在河北、山西、内蒙古三个省（区）第一次招生 160 名。1978 年农林部（78）农林（科）字第 87 号文又指示农机化、农机制造、农机设计制造、内燃机、拖拉机、农田水利工程、农业电气化等 7 个专业在 13 个省、自治区、直辖市招生 235 名。1978 年学院又恢复招收硕士研究生 13 名。另外，1977 年还办各种短训班共培养 4398 名学员。

① 曾德超手稿：对华北农业机械化学院在新的历史条件下怎样才能更好地办成适应新时期总任务的需要提一点意见。资料存于采集工程数据库。

因条件所限，1978 年各种短训班将面临无法再招生。临时党委向农业部党委并转呈邓小平、李先念等中央领导同志报告，提出在河北邢台建校的困难、不利和迁回北京原址办学的可能性和必要性。此时，教授们纷纷向中央上书，要求将这所全国唯一的农业工程类院校迁回北京。曾德超在写给邓小平、方毅等中央领导人的信件中，反复表达作为一个老教授对学院的命运和国家农业现代化建设的殷切期望及深刻思考，他在信中写道：

……北京农机化学院（现迁邢台，改称为华北农机化学院）建立于 1952 年，在“文化大革命”前已发展成为包括农业机械化、农机设计制造、拖拉机、农用动力、农田水利、农业电气化等多种专业的农业工程方面的全国重点理工院校，是同类院系教学科研活动的中心。1966 年前为国家培养了 7000 多名大学生，100 多名研究生和外国留学生，还开办了函授部、干部训练部和教师进修班。不少毕业生已成为各地农机化事业的骨干力量。此外，还承担了国家重点科研课题，并取得一些成果。但是，由于林彪“四人帮”的疯狂破坏，这所有基础的农机学院被迫三次迁移，教学科研活动几乎全部停顿。迁校七八年来，一共才毕业了 14 名学生。目前仅共有 300 多名学生学习，已很困难。今年，就招不了新生。与过去比较，实在令人痛心……

华北农机化学院是我国唯一一所属于农业工程性质而又以农业机械化为中心的全国重点理工院校。办好这样一所重点学院，对提高我国农业机械化、农业工程科技水平具有重要意义。为此，需要给这样一所重点学校一个尽可能高的起点。其中，校址的选择是属于战略性的。

新中国成立 20 多年来的经验说明，把高等学校办成许多的孤立的单科性专业学院，尤其是在一个偏僻地区单独办一所单科性重点专业学院是不可取的。这是由于现代技术发展中一个突出的特点是学科之间的相互渗透、借鉴和协作。过去已经办了的单科性专业学院本来就有必要在条件允许下与研究和生产单位形成科学中心。农机化学院完全有条件迁回北京原址，与农机研究院、农机化所、农科院、通县全盘农机化试点、北京农机厂以及其他高等学校形成中心。这样不仅有利于这所学院的办学，也有利于其他科研、教学和生产单位的工作进展①。

在信中，曾德超从教学科研和学科发展、基础理论研究和新技术运用的设备、与国际的交往、与高水平生产单位就近结合等四个方面陈述了不能在邢台办学的理由，并从实际困难和迁回北京办学的可行性方面进行分析，提出建议。此外，曾德超还通过会议等各种方式，来表达希望将学校迁回北京办学和推动学科发展的强烈愿望。1978 年，在参加国家科委农业工程学科座谈会的书面发言中，他认为“支持和栽培像华北农机化学院这样一所农业工程性质学院，给它一个尽可能高的起点，对实现农业现代化，尽快把农业搞上去，发展我国的科学技术，赶超世界水平，可能是具有战略性意义的，最终将为历史所证明是明智的。”

在这封信上签名的有李翰如、万鹤群等老教授们，由于他们的联名呼告，并经当时学校领导及张纪光等人的具体努力，1978 年 6 月 6 日农林部、教育部联合向中央领导写了《关于华北农业机械化学院迁回北京恢复北京农业机械化学院的报告》，学院临时党委于 1978 年 8 月 22 日给农林部党组并转呈邓小平、李先念等中央领导的报告，反映了学院的困难处境和当年新生推迟入学、1979 年无法招生的情况，请求中央批准学院搬回北京原址办学。1979 年 2 月 16 日，胡耀邦对华北农业机械化学院迁回北京原址办学报告作了批示，同意由邢台迁回北京原址办学。1979 年 3 月王任重副总理带领农业部、农机部、一机部、教育部的 6 位正、副部长到学院北京原校址视察。1979 年 4 月 16 日，农业机械部写了给国务院副总理王任重并报党中央副主席邓小平的《关于华北农业机械化学院迁回北京原址办学和恢复北京农业机械化学院名称的补充报告》。5 月 12 日，农机部将 15 位总理、副总理批示同意学院迁回北京原址办学的复印件正式转发学院。

① 1977 年曾德超给邓小平等领导的信（手稿）。资料存于采集工程数据库。

至此，北京农业机械化学院迁回原址。

曾德超在 20 世纪 60 年代、70 年代的所经历的曲折和坎坷，凭借着一心工作的信念支撑着，即使在受尽了屈辱，饱受了病痛的折磨之后，他坚持了下来。曾德超与大多数同期的其他知识分子一样，将自己的命运与单位结合起来。他的事业和命运已经同北京农业机械化学院紧紧联系在一起，也与整个国家的农业机械化事业紧紧联系在一起。而他当时提出的办学理念，与 21 世纪国家的综合型、研究型大学建设方略，国家协同创新中心等战略部署都有高度的契合性。他在多个时期的前瞻性思考和意见也正源于对事业的热爱和坚守，也必将对北京农业机械化学院和国家农业机械化事业的发展产生重大影响。

第六章 跑步向前

1978年4月，在全面拨乱反正和落实干部与知识分子政策的背景下，曾德超在“文化大革命”期间的冤案得到结案平反。更令曾德超高兴的是1979年4月10日，农机教研室党支部认为曾德超“有较强的事业心，工作认真负责，兢兢业业。作风正派，在群众中有一定威信，基本上具备了预备党员的条件。支部大会一致通过，接收曾德超同志为中共预备党员。（参加支部大会人数14人，一致举手通过）”[①]。时任农业机械制造系党总支书记吴春涛是曾德超入党介绍人，认为曾德超“从不计较个人得失，上对领导下对同志都是一样；群众反映该同志作风正派，工作积极任劳任怨，积极钻研业务，身体有病也很少休息，在学术上有较高的水平”[②]。一年后，曾德超如期转正。正如曾德超在《入党志愿书》里所言，“我申请参加中国共产党，以个人利益服从党和人民的利益，立党为公，不怕困难，不怕牺牲，为实现党在整个社会主义历史阶段的基本纲领和新时期的总任务、为实现农业、工业、国防、科学技术等四个现代化，积极工作，为共产主义事业奋斗终生。”[③] 自此，曾德超终于可以重新全身心投入到

① 入党志愿书，曾德超个人档案，存于中国农业大学档案馆。
② 同①。
③ 同①。

他所热爱的工作阵地上，用自己的行动践行着对党的承诺，将“有生余年无保留地献给党和人民的这一伟大事业[①]”。

据贺子石回忆，“1978 年 4 月，先生劫难之后得到彻底平反，全家有了生机和希望，从 1955 年“肃反”算起，整整 24 年的岁月啊。已经 60 岁的曾德超焦虑地说，我跑步都赶不上了。我知道他不是说的自己，他是对事业、对国家的感慨。”

推开农机外交之门

1979 年初，迎着国家对外开放的春风，曾德超得到组织的信任，经一机部推荐，以中国农机专家代表的身份，独自一人代表国家被派出参加联合国工业发展组织在维也纳召开的全球农机专家会议，在会上发表了题为“中国农业机械化可能适用于发展中国家的经验”的报告。这次会议研究帮助发展中国家发展农机工业的问题，同时讨论筹备在意大利特雷斯卡由联合国工业发展组织主持召开的全球农机工业协商会议。这一年，曾德超作为第一届全球农机工业协商会议的咨询顾问之一，也是中国唯一一位咨询顾问，参加了筹备与正式会议的全过程，在 2 月、5 月、7 月、9 月多次赴维也纳与会讨论。通过在维也纳的几次会议，曾德超结识了美国代表 Esmay 教授、荷兰代表 Moun 教授和英国、德国、匈牙利等各国的农业机械、农业工程专家，交流互访迅速开展。

1979 年 10 月 10 日，曾德超随中国代表团自北京启程，11 日上午抵达维也纳，向中国常驻工发组织副代表曹贵彬汇报后，会见了联合国工业发展组织相关工作的负责人哈希尼和麦逊士，讨论 10 月 15 日至 19 日在意大利斯特莱扎召开全球农机工业协商会议的筹备事项。在意大利会议期间，计划请他在会上解释中国农机化相关政策，为此，在出国前曾德超拟

① 入党志愿书，曾德超个人档案，存于中国农业大学档案馆。

图 6–1　1979 年曾德超在全球农机专家会上

定了发言报告“中国农业机械化政策对其他区域国家可能的应用”。后来，由于大会未能就讨论每个国家的机械化经验安排出时间而未能发言。代表团领导唐有章，作了关于非涉农问题的机械化情况发言。这样，曾德超的任务改为对“发展中国家农机工业战略的拟定”议题，给予“技术上的支持”；并“为了增加会议总结的技术气氛”，对讨论中出现的要点，加以扼要地概括。这样一来，曾德超即须面对所有发展中国家的代表团，通过讨论，研究发展中国家在发展农机工业中的主要困难所在，与工业化国家的条件有什么不同，应采取怎样的农机化模式等等。他所参与的战略拟定议题，除了由工业发展组织官员古诺代表工发组织作了从方法论上的介绍之外，主要由各国代表团轮流发言，对本国情况或对议题作一般发言。曾德超出色完成工作的同时，最大限度地得到了与各国代表交流的机会，为以后的交流合作奠定了基础。会后，意大利米兰大学农机教授用车接曾德超到米兰大学农工系参观。从米兰到罗马后，拜访了粮农组织的农业工程科，并在瑞士为学院买了台微处理机。

1980 年 2 月，联合国工业发展组织谈判处为了研究如何具体贯彻第一次农机工业协商会议决议，特召开一个非正式的特别会议，邀请 12 位各国农机专家参加。会议由哈希尼主持，除了工业发展组织官员五六人之外，还有匈牙利、巴基斯坦、印度、英国、法国及中国各 1 人，阿尔及利亚和意大利各 3 人。会议主要研究了在第一次农机工业协商会议之后至 1982 年召开第二次协商会议之前，工业发展重点要抓哪几项工作，这些工作如何落实到执行项目上去，会议同时研究了北京会议和巴黎会议（关于发展中国家与发达国家的中小型企业之间的经济合作问题）的目的与任务。会议结束后，曾德超利用候机时间参观了维也纳农业大学的数学教研室和农机教研室，参观了维也纳技术大学的金相教研室。回国后，对参会的情况和体会向上级部门和学院进行了书面汇报，其中提到体会时，他认为：①他们工作效率高，有成效，值得学习；②同他们（打交道）我们还要学精些；③我们对国际经济技术活动的一套还很不熟悉，要做到在各种场合中能纵横捭阖，还有很多需要学习，需要培养干部。

无论是对于公务还是私事出国，曾德超总是利用一切机会去参观学习，尽可能的搜集足够多的资料，以备回国后借鉴学习。对于参加维也纳会议，他认为："为了了解国外的高校情况，有时我们还专门派考察团出来参观，这次有机会到维也纳，就利用时间顺便进行了参观。乃通过北京林学院在此进修的王礼先同志到维也纳大学，向数学教研室和农机教研室的教授了解了一些情况。通过在维也纳技术大学进修的殷为农、张忠良、韩良峰同志参观了金相实验室，又同两位教授进行了座谈。"2012 年 7 月，笔者在美国衣阿华州立大学农业工程系查找与曾德超的相关资料时，偶遇 94 岁高龄的韦斯利教授。他听到曾德超先生去世的消息，这位早在 20 世纪 80 年代初就和曾德超相熟的同龄人，沉默了好久，缓缓地说："他是一个好人。当初访问我们学校的时候，总是拿着相机不停地拍，还说这个回去可以学习一下……"

曾德超作为全球农机专家代表和联合国工业发展组织顾问，每次出国，国家（或联合国）除了负担旅费外还会发放相应的生活补助。这在当时的条件下就是一笔可观的收入，但他每次回来都及时清楚的向学校书面汇报。除了收获感想之外，费用情况是必不可少的一部分。他在维也纳会议汇报中写道："费用情况：这次去开一周的会，事先说明由他们负担旅费及生活补助。这次共给我生活补助费约合 500 美元。除路途外，我在维也纳逗留 12 天，在布加勒斯逗留 2 天，共节约 180 美元，为学院购买了记录器 2 个，畜牧教研室用制冰淇淋器 1 个，另外墙黏、速度表，自动吸水器等多件。”据曾德超夫人贺子石回忆，曾德超对经费管理非常规范，从不乱用。每次从国外回来，曾德超如果当天不能将出国经费使用情况和结余的钱上交，就一定会将装钱的皮包交给贺子石保管，换一个包出门开会或者办别的事，等第二天一早再将皮包交给学校。有一次，曾德超的女儿希望他能从国外买一个计算器回来。曾德超没敢动用公家的一分钱，而是通过几次出差，从自己的伙食补助里一点点省出来，才能满足女儿的心愿。

1980 年 6 月，应中国农业机械学会的邀请，美国农业工程师学会代表团一行 15 人来华访问，就农业机械化问题进行考察和技术交流。这是中美建交后两国在农业工程领域的首次访问。利用工发会议的平台，曾德超首先与美国代表埃斯梅教授（Merle L Esmay）共同推动和协助组织了中美农机—农业工程科技界代表团的第一次互访。代表团成员有密执安州立大学农业工程系教授埃斯梅，新荷兰公司研究部主任贝斯特，约翰迪尔公司工程师哈林顿，麦塞福格森公司工程师汤普森，加拿大萨卡彻温大学农业工程系教授佐阿布，国立耕耘机械实验室工程师泰勒，雨鸟公司工程师简妮，田纳西大学农业工程系教授路特雷尔，新荷兰公司顾问工程师斯克

图 6-2　1980 年美国农业工程师代表团首次访华（后排右一为曾德超）

罗姆，福特公司执行工程师麦肯，普渡大学农业工程系教授利杰达尔，内布拉斯加大学农业工程系教授克劳蒂尔，爱达荷大学农业工程系教授迪克逊，加拿大奎尔夫大学安大略农学院农业工程系教授比伦斯基，宾夕法尼亚周立大学农业工程系副教授马克 · 肖。在华期间，代表团参观访问了北京、哈尔滨、上海、杭州、广州等 10 个城市、28 个单位，分别就牧业机械、产品发展、农业工程研究管理、工厂生产管理、农业工程教育、农业系统工程等 6 个方面同我国农机工程技术人员进行了 15 个专题的技术座谈。曾德超与吉林工大张德骏教授共同作为全程陪同代表。

1981 年，曾德超参加了中国农机学会对美国回访的五人代表团，从南到北，从东到西参观了美国各大学农业工程系，农场、美农业部农业工程研究所，Peer 农机公司总部以及美农业工程学会总部等。启动了美农业工程学会与我国农机、农业工程学会的联系与互动；同时，为改革开放以后大批农机、农业工程等系毕业生到美各著名大学农业工程系攻读研究生开拓了渠道，也为两国间的学术交流打下了基础。另外一个收获就是在这次访问过程中，他遇见了以前在乡村工业示范处工作期间的同事史德沛博

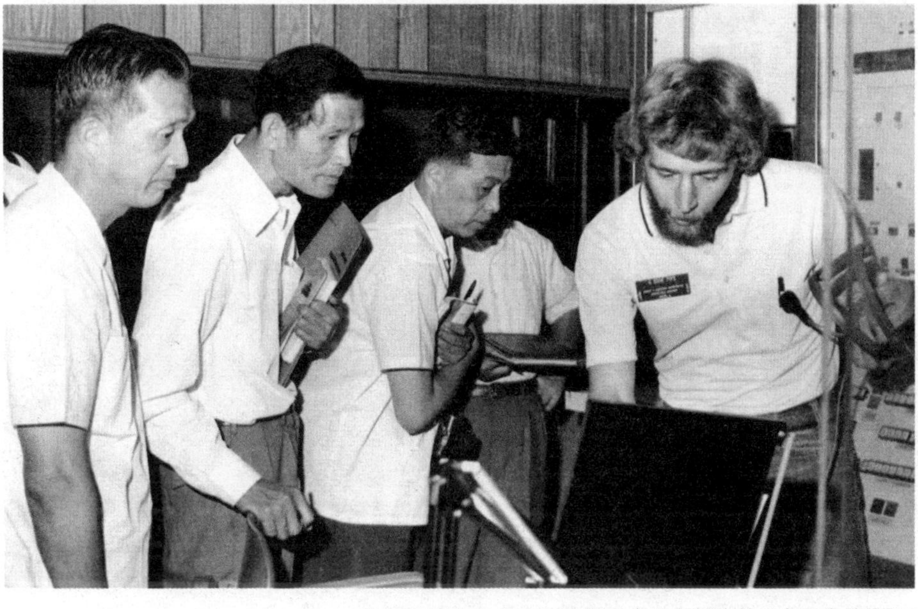

图 6-3　1981 年中国农机学会代表团访美（左二为曾德超）

士，他们交谈很愉快，提出在长沙举办一次座谈会。曾德超回国后，积极联系国内外相关单位和人员，史德沛提供拟邀请国外专家的名单并联络外方专家，曾德超具体落实外方专家来华的接待、与会的中方专家邀请、会议议程等多项事情，确保会议的顺利召开。

1981 年 11 月 4—14 日，在曾德超的召集和协作组织下，于湖南长沙召开了“长沙支农工业现代化国际科学技术座谈会”（Changsha International Seminar on Modernization of Industry Related to Agriculture）。这是改革开放以来中外农机界人士第一次在国内聚首的盛会，到会的国际代表主要来自美国和印度。

11 月 4 日上午大会由曾德超主持，时任湖南省副省长周政接见国际专家并致开幕词。在 10 天的会议中，国际专家进行会议报告，宣读会议论文，分五个小组进行经验交流以及对湖南如何在这方面开展工作提出具体意见和建议。这五个专题小组分别为技术交流与转让、资金财源及出口加工区、促进出口、农村工业化、管理与情报。会议期间，还安排专家分两路去工厂参观。曾于 1946—1949 年在邵阳工作过的史德沛、唐福、苏罗门、伊士利、哥达里兹、本衡等六位美国朋友及他们的夫人和儿子共 14 人去邵阳参观，其他外宾参观长沙、株洲、湘潭有关工厂和社队企业。在大会秘书组印制的《湖南长沙支农工业现代化国际科学技术座谈会简报》

图 6-4　长沙支农工业现代化国际科学技术座谈会代表合影（前排右一为曾德超）

中详细记录了会议的讨论和进程，其中提到外宾对参观安排和会议交流讨论等予以高度认可。而这次对于曾德超的意义远超出会议本身，在个人自传中，曾德超这样写道：

> 发展中国家发展经济，特别是农村经济的战略是战后国际社会所共同关心和反复议论的一个课题。采用适度的规模因而投资较少，采用适当复杂程度的技术因而本地能够制作，并能有盈利以便逐步积累而向高一级技术发展壮大，这样一种通过乡村工业来发展经济的战略思想，起源于哈佛的一派学者。这个思想通过战后救济总署首先在邵阳乡工处得到实验。后来在印度也进行了类似的实验。1979 年我在与国际活动隔绝 30 年之后第一次参加联合国工业发展组织召开的全球农业机械专家讨论会时发现，这个思想后来逐渐从印度扩大发展成为适用技术（Appropriate Technology）的概念，在国际社会中颇为流行。1981 年 11 月 4—14 日在长沙由我和原邵阳乡工处美方副处长史德沛博士共同主持召开、有哈佛经济管理学院戴维科尔，美国际适用技术志愿者协会（VITA）执行秘书及国内外乡村支农工业方面专家参加的支农工业现代化的国际学术讨论会，实质上是一个试图对 30 多年乡村工业运动作一个总结的回忆。讨论表明，尽管利用便宜劳动力发展高技术的出口加工工业使一些发展中地区获得引人注目的发展，尽管中央计划经济因能集中巨额资本采用最高技术而可能获得更快的发展，就广大发展中地区为满足广大国内市场而言，就力量有限的集体资本、个人资本而言，适用技术和乡镇企业仍然可能发挥不可跳跃的过渡作用。适用技术的思想曾长期潜在地对我的设计思想发挥影响，利弊得失，尚难作出结论[①]。

正是通过联合国工业发展组织全球农机专家代表会议这个难得的机会和平台，曾德超凭借勤奋努力的工作、良好的业务能力和外语沟通能力、优秀的做人处事品德，赢得了各位代表的尊重，开启了一系列卓有成效的

① 资料来源：曾德超个人自传。

国际交流活动。自 1979 年开始，曾德超应邀参观访问的国际学术机构共计有英、法、德、意、奥、荷、澳、新、加、美等国 30 余所（详见《曾德超国际学术活动一览表》）。在交流互访的基础上，开始有计划地大量派出教师、学生赴欧美进修学习。1980—1985 年，曾德超依靠个人的良好信誉，向国外有关学校争取到攻读研究生的奖学金名额 30 余名，按国内学科发展和学校教学科研师资培养需要选送 30 余名毕业生出国留学，打开了学生到美国各著名大学农工系攻读研究生的申请渠道。同期，为农业机械化领域其他部门联系推荐来华留学生、访问学者数十名。在此过程中，时任副院长的曾德超还根据学院发展需要，选派有潜力的优秀教师出国访学，为他们推荐，确定研究方向。1989 年，曾德超代表中国农业机械化学会、中国农业工程学会参加国际农业工程大会，这是我国第一次参加该组织，并为 2004 年国际农业工程大会在中国首次召开进行申请、谈判。正是凭借一颗事业心，曾德超以点带面，星火之势，与众多农业机械化、农业工程学者一起，在国际舞台上展现出我们的精彩，为我国农业机械和农业工程国际化进程奠定了坚实基础，做出了重大贡献。

图 6-5　1987 年曾德超（右）与翁之馨（左）在学校会见美国农业工程代表团埃斯梅教授（中）一行

曾德超 1979—2003 年国际学术活动一览表

序号	时间	国家或地区	参加活动名称	任务和内容
1	1979 年春	联合国维也纳工业发展组织	联合国工业发展组织召开的全球农机专家圆桌会议（各主要国家各派代表一人）	任工业发展组织咨询顾问 参加筹备 1980 年春在意大利（Tresca）召开的全球农机工业协商会议
2	1979 年 2 月、5 月、7 月、9 月	维也纳	参加筹备 1980 年会议全过程的多项会议中，启动多项交流活动 参观维也纳农业工程学院	1. 与美国与会代表 Esmay 教授共同倡议经国家管理部门批准组织中美农机——农业工程科技界代表团第一次互访 2. 与荷兰代表 Moun 教授互动组织的两国间多项交流和贸易引进
3	1980 年 4 月	意大利 Tresca	参加全球农机工业协商会议 参观访问米兰大学农业工程系	会议咨询顾问兼由八机部组成的中国代表团成员之一 在会上作“中国农业机械化政策对其他地区国家可能的应用”的报告
4	1980 年 5 月	喀麦隆雅温得	受德国 GTZ 贫困农村春天信贷与技术指导组织邀请参加西非湿热地带小规模农场机械化学术讨论会	主席团成员 作“中国农业机械化经验”报告
5	1980 年 6 月	中国北京、东北、华北、华南	以 Esmay 为团长的美国 8 人农业工程师代表团访华，与农机学会代表张德骏教授共同接待陪同对我国农业机械化，工厂和学校考察观光	负责工作 推动农机化农业机械学会之间的联系和互动 王任重副总理接见并合影
6	1981 年 6 月	美国自东到西、从南到北	中国农业机械学会 5 人代表团访美国。参观了几所大学农工系、农场，美国农业部 Baltzville 农业工程研究所，Dear 农机公司总部以及美农业工程学会总部等	访美代表团团员 启动了美农业工程学会与我国农机、农工学会的联系和互动

续表

序号	时间	国家或地区	参加活动名称	任务和内容
7	1981 年 11 月	中国长沙	参加并主持国际支农工业现代化研讨会（通过访美期间与前联合国救济总署邵阳乡村工业示范处 Stepenik 博士商议在长沙召开）	中方主持 省长周政接见与宴请并致开幕词 作“中国条件下为发展农村经济对农村工副业适用技术的评价尺度”的报告 会后湖南与美国卡罗拉多州建立起姐妹州关系
8	1982 年 10 月	荷兰阿姆斯特丹	应荷兰参加工业发展组织会议的专家 Moun 教授邀请率团访问荷兰 参观访问瓦根宁大学农工系	代表团团长 与荷兰工程研究所及农机工业协会谈判达成协议。 ①由荷兰于次年派遣马铃薯研究所所长访问北京及海拉尔、佳木斯农垦局，谈判引进土豆粉生产线；②由我国向荷兰在科威特的养鸡场提供饲料、鸡笼等作为引进生产线的支付手段；③邀请荷兰农机工厂考察团访华，商议我国中小型拖拉机及配套机具向荷出口
9	1983 年	中国北京、海拉尔、黑龙江佳木斯	荷兰马铃薯研究所所长等访问佳木斯、海拉尔	主持谈判 陪同参观
10	1984 年 8 月	海拉尔	土豆粉加工工厂建成生产	
11	1985 年	中国北京	荷方农机工业协会代表访华	陪同谈判 八机部接待，谈判拖拉机出口经销问题，未成
12	1985 年 6 月	美国亚拉巴马州	参加由美国国家耕作机械实验室在 Alabama 召开的第一届国际土壤动力学学术会议	学术交流 作“以旋转切土过程为例的一种解释预测方法”的报告

续表

序号	时间	国家或地区	参加活动名称	任务和内容
13	1985 年 6 月	美国密歇根州、伊利诺伊州	参加在密执安大学召开的美农业工程 ASAE 年会和 ASAE 的中国委员会会议 访问普渡大学农工系	在会上作“中国农业工程高等教育与农村发展”的报告 学术交流
14	1985 年 7 月	美国纽约州	访问康奈尔大学	作“固体材料和介质强度方程的建立研究”的学术交流报告
15	1985 年 7 月	加拿大	参加在加拿大 Gurlp 大学举行的第十届国际土壤耕作研究会议，并访问该校	作为期一周的讲学
16	1985 年 7 月	美国德克萨斯州	访问 A&M 大学 应邀任德州农业部短期顾问	学术交流 讲学
17	1985 年 8 月	美国科罗拉多州	参观访问科罗拉多大学 访问美国中小企业协会	商谈与我校合作 商谈引进该校儿童食品加工工艺和节水程序控制技术 作“农村适用技术发展”的报告
18	1985 年 8 月	美国加州	访问加州大学戴维斯分校农工系	为我院农业工业考察团访问该校接洽安排接待日程，和部分教授和研究生申请事宜
19	1985 年	中国北京	中澳两国政府签订科学合作协议，农业方面的项目	经申报审批获得项目 任中方主持人
20	1988 年 1 月	中国北京 澳大利亚墨尔本	农业部和澳方发文正式启动中方与澳方 ACIAR（澳大利亚国际农业研究中心） “华北水果生产中水的利用”，合作项目，项目代号 ACIAR No.8578	任中方主持人 与澳方主持人 Peter Jerir 共同主持项目

续表

序号	时间	国家或地区	参加活动名称	任务和内容
21	1989 年秋	澳大利亚 墨尔本	访问 ACIAR 访问 Tursa 灌溉研究所 墨尔本大学农工系	协调合作研究全部事宜 谈判该所加入研究项目的可行性 学术交流专项演讲
22	1989 年秋	新西兰	代表学校访问林肯大学农工系	学术交流专项演讲
23	1990 年	中国北京 澳大利亚 墨尔本	在 No.8578 基础上增加延续项目内容 （代号 ACIAR No.9048）	继续任中方主持人
24	1989 年夏	爱尔兰都柏林	参加国际农业工程协会 CIGR 第十一届学术会议代表中国农机学会，农业工程学会理事长、农业部部长刘江参加 CIGR 管理委员会谈判申请，加入该组织	在会上作“冻结期土壤水热盐运动的计算机模拟”报告 中国两会自 CIGR 第十一届会议后加入该组织成为会员及相继开展工作安排，完成中国农业工程学会组织与国际接轨，参加到了农业工程的国际大家庭
25	1989 年 8 月	英国西尔索	通过以往工业发展组织的关系和已建立的学术交流关系参观访问英国农业工程研究所，农业工程学院（英国 CIT 的 Silsoe 学院）和世界著名的排水技术中心	启动了英排水所和内蒙古的一项河套排水技术项目的研究合作及与 Silsoe 学院共同培养博士研究生，我方博士研究生练国平此时已在 Silsoe 访学
26	1989 年 8 月	英国伦敦	访问剑桥大学土力学实验室	参观访问
27	1993 年 6 月	美国西雅图	参加美 ASAE 年会 参观访问华盛顿大学农工系	作专项演讲
28	1993 年 6 月	拿巴拉斯州	参观访问拿巴拉斯大学农工系	作“拖拉机行走系统新设计探索”的报告
29	1994 年夏	美国明尼苏达	受中国农业大学校长毛达如委托，代表他回访明尼苏达大学 crokeston 分校	明大派 Pierre Robort 教授陪同，他是美国精细农业的创导者和每两年一次国际会议的组织者，与他的团队达成协议共同启动与我校土—机—植实验室的合作

续表

序号	时间	国家或地区	参加活动名称	任务和内容
30	1994 年夏	美国伊利诺伊州	再访普渡大学 访问伊利诺伊大学	学术交流
31	1995 年 5 月	中国北京	召开中澳两国合作课题项目 ACIAR No.8578、No.9048“华北水果生产中水的利用”国际鉴定会	主持会议 作技术总结报告
32	1996 年 6 月	美国凤凰城	受中国农业工程学会派遣参加美 ASAE 第十六次年会，是 ASAE 改革后的第一次年会	作“中国农业机械化、农业工程概况”的报告
33	1996 年 6 月	美国明尼苏达州 新泽西州	再访明大 参观访问罗格斯大学农工系	洽谈合作 交流各自研究领域
34	1996 年	中国 澳大利亚	启动中澳新一轮合作研究 ACIAR No.9447“利用现代灌溉技术提高水的有效利用率的示范研究”	中方主持人 在中国建立五个示范推广点
35	1999 年夏	美国堪萨斯州 伊利诺伊州	参观访问堪萨斯大学及灌溉研究所 再次参观访问普渡大学农工系	作专项演讲
36	2001 年 12 月	中国北京	召开中澳双方合作研究课题项目 ACIAR No.9447 国际鉴定会	主持会议 作技术总结报告
37	2003 年 9 月	德国波恩	参观访问波恩大学农工系	学术交流

履职副院长

扛起教学管理重担

1979 年 5 月 12 日，农业机械部将华国锋总理及全部副总理批示同意北京农业机械化学院迁回北京原址办学的复印件及正式文件转发到学院。这对于自 1966 年以来经历十年动荡，尤其是自 1970 年以来数次搬迁之后的学院，无疑是重获新生。

为把工作重点尽快转移到教学、科研上来，学院一面抓师资培训，采取缺什么补什么的原则，举办外语、数学、电子技术等各种培训班，选派部分新学科的教师到校或出国进修，还从 1977、1978 届学生中招收了六人办师资班，培训师资。抓教学工作的基本建设，拟定指导性教学计划和每门课程的教学大纲，恢复和建立考试、考查、升留级、考勤等规章制度，调整组建教研室，筹建电子计算机站，电化教学科和中心实验室。

同年，学院成立了曾德超任组长、万鹤群任副组长的专业调整领导小组，根据农业现代化发展的需求，提出了改造老专业和筹建新专业的五条原则：

（1）坚持教学科研两个中心的前提。

（2）坚持专业调整与研究方向必须具有我校特色，即工程技术与农业紧密结合，学生必须既懂工程技术又懂生物技术。

（3）坚持专业设置与研究室建设成龙配套，将缺腿的农业经济管理、农学、生物学、农产品加工贮藏、环境控制、能源、畜牧机械等学科专业补齐。

（4）坚持按学科设专业和研究室，打好学生的三个基础——理论基础、工程基础、技能基础。

（5）坚持理论与实践相结合，普及与提高相结合，侧重于提高。

上述五条原则为发展农业工程学科和研究室的建设拟定了框架[①]。这

---

① 王步峥，艾荫谦，赵竹村：《探索之路——中国农业大学跨越百年的办学历程》。北京：中国广播电视出版社，2013 年，第 398 页。

五项原则也是曾德超一贯的坚持，也为学校“七五”规划的制定打下了基础，为中国农业工程教育和教学发展起到了十分关键的作用。

图 6-6　1981 年曾德超在寓所前

1980 年 5 月，在农机部党组转发中组部的任命书中，曾德超被正式任命为北京农业机械化学院副院长；同年 6 月，北京农业机械化学院召开第五次党代会，选举曾德超等 9 人组成党委常委会。党委书记张纪光在工作报告中总结了 14 年间学院的变迁和党的工作，特别是十一届三中全会以来学院取得的成绩，提出贯彻“恢复、调整、整顿、提高”的方针，“把学院努力建设成为在农业工程方面学科比较齐全，专业设置比较合理，教学、科研和管理工作水平比较高，学术空气比较浓，有自己特色的名副其实的重点农业机械化学院。”“要从调整专业，加强师资队伍、实验室和教材图书建设，调整科研方向、加强协作分工，提高管理水平等四个方面加以落实。”[①] 曾德超任学院副院长时，分管学校教学、科研、外事、学科及实验室建设等，承担着学校恢复和快速发展的重要任务。1981 年，曾德超、万鹤群、杨存葆被推荐为农业机械部学科评议组成员。同年 11 月，国务院批准北京农业机械化学院为首批博士、硕士学位授予单位。曾德超创建的农业机械设计制造专业获得博士、硕士授予权。曾德超、李翰如、余新福三位教授为博士生导师；农业机械化专业获得硕士学位授予权。1982 年 3 月，曾德超为主任的北京农业机械化学院学位评定委员会，批准授予

① 王步峥，艾荫谦，赵竹村：《探索之路——中国农业大学跨越百年的办学历程》。北京：中国广播电视出版社，2013 年，第 403 页。

1978年入学的10名硕士研究生工学硕士学位，这是“文化大革命”后首批授予硕士学位的研究生。1982年4月，北京农业机械化学院由农业机械部划归农牧渔业部领导。11月，学院召开第六次党代表大会，总结了两年多来工作的主要成绩，并制定学院发展的长远规划。在这一次党代会选举中，曾德超再度被选为九人党委常委[①]。而这正是在北京农业机械化学院逐步调整办学层次，全面扩大办学规模的时期。按照综合工科院校的目标进行学校建设的曾德超，现在迎来了大踏步实践学校整体改革的最好时机。

1983年开始，曾德超受命起草学院1983—1985年发展规划，学校制定实施了“七五”发展规划纲要，实现多层次、多形式办学，使在校学生恢复到3000人规模，学科建设有较大进展。身处学院领导层的曾德超也在此形势下加紧工作，任务愈加繁重起来。

曾德超担任副院长期间的主要工作有三[②]：

其一，主管学位、学术委员会的恢复及建设工作。自1981年起，于1984年、1987年、1991年，曾德超连任学校第一届到第四届学位委员会主任，直到1995年，学校与北京农业大学合并成为中国农业大学。

在恢复招生的最初几年，研究生方面，学院采用各系提名、主管院长或学位评定委员会主任批准确立研究生导师。1985年12月，学位评定委员会针对农业工程学科的特点和学校现状作出《关于设置研究生副导师和组织研究生指导小组的规定》。《规定》促进了研究生的培养与社会主义建设实际的结合，改善了研究条件方面的不足。

1984年5月10日，经民主协商，群众酝酿和基层推选，由学校郑定立院长聘任，经农牧渔业部批准的学术委员会成立，曾德超任主任。

其二，主管实验室建设工作。1979年，学院迁回北京后，由于校舍已被其他几个单位所占用，搬回来的教工学生住宿、上课、工作都靠临时搭建的板房对付，图书、设备几经搬迁，损坏、散失严重。“当时学校搬

---

① 中国农业大学百年校庆丛书编委会：《百年纪事》。北京：中国农业大学出版社，2005年，第314页。

② 根据原北京农业工程大学校长翁之馨回忆，同时参考北京农业工程大学校史。

回来以后，实验室全部瘫痪了，设备搬来搬去，搬到重庆，搬到邢台，又搬回北京。当时招收了学生，又把邢台的学生招收回北京来上课，需要建设实验室。”[①] 因而，实验室建设成为学校硬件设备、科学研究与人才培养的当务之急。1983 年 2 月，学院确立农业电气化系为改革试点，成立系属基础电工中心实验室。4 月，由于校舍仍大部分被占用，学校利用幼儿园一间房子做计算机房，电气化系在临建平房做自动化研究课题。农业部何康部长看过后讲“农业机械化学院在托儿所搞计算机，在草棚子搞自动化”；并组织司局级干部来学院参观，宣扬这种艰苦奋斗的精神[②]。

1984 年 6 月 1 日，学校召开第一次实验室工作会议，农牧渔业部教育司高教处、综合处、研究生处的有关领导出席会议。会议传达了全国高等学校实验室工作会议精神，表彰了拖拉机、机械工程材料、农学畜牧学、修理、物理和基础电工中心实验室六个先进集体，组织与会人员进行了参观。会议通过了《北京农业工程大学实验室工作条例》等八个有关实验室管理的规章制度，提出了实验室发展的近期目标和要求。正是在这种情况下，学校数十个实验室相继建成。

其三，主管教师队伍的培养，教师职称的恢复评定及其他工作。教师职称评定是学校发展与教师个人发展有机结合的具体体现，是体现学校办学宗旨和科学评价体系的重要因素，更是教师成长和奋斗的目标，其重要意义不言而喻。经过 14 年的动荡，教师年龄老化，教师职称多年未评定，如何将青年教师的培养与教师职称评定恢复工作结合起来，曾德超思考良多。他认为：“青年教师的培养，是学校师资队伍建设的一项重要措施。对于提高青年教师的理论水平、积累教学、科研的经验以及改变我校的师资队伍的结构、尽快形成学科梯队都具有重要意义。凡是达到规定要求的，经考核合格即可被审定具有讲师职务的资格，也可高一级的职务，具有特殊贡献或表现突出者可以破格聘任，不合格者不能审定和聘任。”[③]

---

① 部分老教授座谈会口述，2013 年 2 月 20 日，资料存于采集工程数据库。

② 中国农业大学百年校庆丛书编委会：《百年纪事》。北京：中国农业大学出版社，2005 年，第 314 页。

③ 曾德超工作笔记。资料存于采集工程数据库。

图 6-7　1984 年实验室建设先进集体表彰会（前排右四为曾德超）

图 6-8　爸爸在工作（儿子曾雨绘 20 世纪 80 年代的父亲）

当时曾德超提出讨论青年教师培养目标，要求青年教师首先具有良好的学风和教师道德，且能全面履行助教职责，然后，才是“须具备聘任讲师的条件”。[①] 这与曾德超多年来在教育教学战线上所提倡并身体力行的师德精神是完全一致的。在他接手学校教学管理期间，规定的时间内青年教师必须全面履行以下职责[②]：首先须承担一门课程的辅导答疑，批改作业，上习题课、带实习实验课、组织课堂讨论等（体育、公共外语、制图等课程的教师还应讲课）。经系主任批准可担负起某些课程的部分讲课工作，协助指导毕业论文、毕业设计。其次，要参加实验室建设、生产实践、社会调

---

① 曾德超工作笔记。资料存于采集工程数据库。

② 同①。

查等方面的工作。然后要担任一定时间内的学生思想政治工作或系教学、科研等方面的管理工作（包括辅导员、班主任、团的工作、系秘书、干事等）。最后，还须参加教学法研究或科学研究。这对学校青年教师的要求是非常高的。然而，曾德超具体在用人与组织管理时，也同时注意到张弛有度，量体裁衣，特别是在涉及教学科研工作时，他较为注意将青年教师在工作中达成个体的自我实现的内在需求与学校对教职工的业务需求结合起来，常乐于从利于青年教师事业发展出发，进行管理调度。

曾德超一直致力于北京农业机械化学院的教师职称评审工作，对教师的业绩条件掌握得非常清楚，保证公平公正，不徇私情。据贺子石回忆，“与我同期的人都晋升到了副教授、教授，我的成果也不差，但他明确告诉我，你不要申报，即使报了我也不会批。后来我很晚才晋升到副教授，直至退休。”[①] 正是这份一心为公的工作状态，赢得了教师的尊重。1989 年、1992 年连续担任学校教师职务评审委员会主任，促进师资队伍建设。

此外，借助自己出国开会和考察的机会，曾德超尽可能多地学习和了解国外高校的一些做法，认真进行总结、对比，自觉借鉴和运用在学校的管理工作中。比如，1980 年初，曾德超在维也纳参加联合国工业发展组织农机工业专家特别会议时，利用空余时间去考察，取得了一些收获。比如在本科生培养方面，他了解到维也纳农科学生要学三门数学课：解析几何与微积分，统计基础，计算机语言；农科学生一般都选农机课。汇报内容部分摘抄如下：

“农机教研室的教学样机主要由各工厂将其产品送来进行教学，经常更新，用先进产品替换。”“他们做了许多实物剖切模型。维也纳农业大学以教研室为单位，一个教研室一幢楼或几层楼，以实验室为主，没有专用教室，教师的办公室就附设在实验室里，图书资料以及答疑上课，都在那里。农大的教学设备很新，已全用反射仪讲课，不

---

① 资料来源：据贺子石口述回忆。

用黑板粉笔，充分利用红灯。教室设备也较好，每个学生都有挂大衣的地方，教师可以自动地拉上挡光黑幕。”“在技术大学，大学生课程由教授讲，高年级的专门化课由副教授讲。他们学生较少，专门化课往往就在实验室里坐在一张桌子旁就讲起来，一般教授、副教授每周约有四节课，其余时间全在实验室，指导研究生以及进行科研，力求完成科研任务，得出成果，发表论文。奥地利实行义务教育，中学、大学都不收学费，中小学生还由政府发每人每月900先令（约100元人民币）营养费，中学生毕业就可以进大学。家庭收入低于一定水平的还可以得到补助，但通常淘汰50%。对大学生强调自学，可以不来上课，只要考试及格。”①

在研究生培养和选聘教师方面，曾德超也进行了详细了解：

研究生一般不上课，全自学，进行课题研究。研究生的研究课题一般由指导教师从企业领来，有经费、有设备，但也要按期拿出成果交账。这样教授对研究生的指导，完全是真刀真枪，很具体。执行与实验由研究生来做。论文发表由教授具名领头。这样，教授带几位研究生，责任就很不轻，每天要用很多时间给研究生具体指导。教授也愿意多带研究生，多承担企业研究课题。就可以多收入，也可多发表文章，文章越多，成果越大，名气越高，有个教授发表500多篇文章，有位粉末冶金教授发表200多篇，同我谈的副教授，年纪四十岁左右，已发表75篇。研究生可以从所承担的由企业委托的课题中得到生活补助。成果好，通过答辩，即可得博士学位。如留学校就当助理教授，经5—10年，要通过考试，才能获得讲课资格，升为讲师，考试主要由有关委员会审查。审查论文发表情况，主持学术讨论和主持课题讨论情况（我国学校对课堂讨论环节不够重视）以及实验答疑，等等。通过后才获得讲课资格。以后

① 曾德超1980年赴维也纳考察访问汇报。北京。资料存于采集工程数据库。

如教研室中，在专门化方面有缺，就可以递补为副教授，再递补为正教授[①]。

对国外情况的调研和借鉴，使曾德超在担任副院长期间的管理工作中，突现了一些国际先进理念，并与学校实际相结合，从而更好地帮助曾德超出色地做好学院副院长的工作。

为教育改革再筹要策

从改革开放初到20世纪80年代前期，是北京农业机械化学院发展的关键性阶段。从1983年开始，根据中共中央关于教育体制改革和科技体制改革两个决定的精神，学校以改革为中心，调整专业。同时，1982年和1983年，中央两个一号文件规定农业要实现“三改”（生产结构改革、管理体制改革和技术改造），使农业的发展迅速向着商品化、专业化转化，这对农业科技人才提出了多方面的要求。为了解决高等农业教育专业面窄，课程内容陈旧，科技人才“下不去”、“留不住”等问题，农牧渔业部和北京市委教育工作部于1982年底和1983年初，分别召开高等院校领导干部会，传达邓小平同志讲话，研究高校改革。北京农业机械化学院也即在这一时期，拉开了从教育教学至全面深化改革的序幕[②]。

详尽的发展规划，是北京农业机械化学院明确办学方向的行为准则，也代表着中国农业工程高等教育在改革开放的大背景下审度取舍、修废兴举的风向标。1983年1月，曾德超受命起草《北京农业机械化学院发展规划纲要（草案）》。1983年秋，曾德超起草的纲要草案，开始向学校各系专家教授征求意见。1984年3月下旬，学校组织教师、干部充分讨论以学科建设、专业调整、发展规模为主要内容的《1986—1990发展规划纲要（草案）》。

在修改完善的纲要文本中，明确提出学院的发展应该根据我国农业现

---

① 曾德超1980年赴维也纳考察访问汇报。北京。资料存于采集工程数据库。

② 《北京农业工程大学四十年》编写组:《北京农业工程大学四十年》。北京：北京邮电学院出版社，1992年，第99页。

代化与农业工程学科的发展趋势与社会需求，同时，又要考虑学院现有条件和基础，立足当前、放眼未来，扬长避短、发挥优势，努力挖掘潜力，以提高培养人才的质量和提高科学研究水平为中心。要采取一切必要的措施，尽快把学院的教学科研水平搞上去。在保证质量的前提下，努力扩展规模，把学院建设成一所多学科、多层次，既是教学中心，又是科研中心，教学、科研、推广三结合的综合性农业工程高等教育与科研基地。同时，在曾德超提议下，《纲要》把即将改名为北京农业工程大学从“工科性质的”多学科综合性全国重点高等学校修订为“以工程技术为主体，工程与生物、经济学科相结合”的多学科综合性全国重点高等学校。

关于学校的改名，曾德超也做出了自己应有的贡献。学院从20世纪50年代初单一的农业机械化专业发展到50年代末四个系六个专业的重点高校，再到80年代初的四个系九个专业。而且正在计划增设农产品加工、农村企业经营管理、土地规划管理三个专业，学院整体条件和规模已达到综合性工科性质的重点大学水平。曾德超不失时机提出了学校更高的要求和计划，为了有利于学科的进一步发展，适应改革开放后农村现代化建设的新局面，倡议将北京农业机械化学院改名为北京农业工程大学。1982年12月28日学院以院字［1982］175号文件，上报农牧渔业部，申请学院改名为北京农业工程大学。

在学校党政领导和全体教职工的共同努力下，北京农业机械化学院根据社会需求，进一步实现了扩大办学规模的目标，1984年增设农产品加工工程系和农畜产品加工工程专业，1985年4月农业机械设计制造、农田水利、农业电气化三个系分别改为农机工程系、水利与建筑工程系和电子电力工程系。“六五”期间，学院逐步发展为包括机械、电子、计算机、土木、建筑、加工、水利、能源、系统工程与管理等多学科综合性工程大学，并准备增设人文社会科学和生物技术应用学科。1985年10月，在经1982年、1984年、1985年3次报请，农牧渔业部终于批准北京农业机械化学院改名为北京农业工程大学。

根据北京农业工程大学的发展定位，必须符合新时期面向经济建设进行高等教育改革的要求，曾德超负责起草的学校发展规划纲要对学校的教学改革、人才培养和学科建设等几个方面做出明确合理的反映。

在教学改革上，曾德超认为可以分为三部分，首先是对教学计划、教学大纲及教学法的改革，然后是以教师队伍为对象的改革，最后是面向招生对象的改革。关于教师队伍的建设问题，是教学改革的重中之重，曾德超认为应从思考科研和教学的关系入手。在起草草案的过程中，为了提高一线教师的积极性，曾有“以教学为主的教师每月收入不低于科研为主、推广为主的教师的最高收入”的提法。曾德超认为这样的提法不全面，只是考虑到教师的待遇，而没有考虑教师业务水平的提高。教师队伍“倒宝塔”结构的形成，表面上看是人员的老化，实质上是知识和专业素养的老化。十年“文化大革命”之后，这个状况是必须面对、必须解决的问题，不容回避。他站在科学技术辩证发展观的视角上提出，科学的高速发展既广而深，不仅影响专业课的水平，也影响基础课的水平。如果把教师满负荷地固定在教学上，而不重视科研和进修，不需几年，以教学为主的教师又会遇到知识老化的问题，不能胜任教学工作。为此，他提出的建议是对于教学为主的教师，需要建立轮修制度，使他们有机会通过进修或参加科研，更新知识。为了改变教师队伍知识老化的问题，应在专业课与基础课之间适当地调配教师，使他们都有机会参加教学改革，并把教学改革作为进修的一种手段，以提高教学质量。要做到这点，就需要避免满负荷地为基础课教师安排教学时数。在教学改革中，再配合适当提高教师待遇的措施，就能在教学改革同时提升水平。随着教学改革的深入，教师队伍也能得到有效提升，这样，能“把事情做得合情合理，可能而易于为教师所能接受。”草案还规定近三年内将仪器操作技术、实验方法与数据处理、计算机语言、编制程序和模拟技术、外语（英、日、德、俄任一种）、计算数学、系统分析与规划、运筹技术、技术经济等有关内容普及至现有教师，并提出五年内逐步解决师资队伍老化问题，要广为聘请国内高水平高校的毕业研究生及学有专长的编外教师，建立起教师梯队，同时将大学毕业的年轻教师送往国内外进修。

在人才培养方面，曾德超提出“根据农业的发展以及农产品产量、品种的改变提出相应的机械化规划及工程措施，以达到增产节约及物尽其用的目的，同时对农业工程措施，要能从使用管理、维修及设计制造三个方面的综合分析，对新产品提出优化设计的要求（规范），对老产品提出鉴定的标准，取得最大的经济效益。”[①] 这是农业工程科学发展的目标，将其作为北京农业机械化学院制定的育人目标，是对学校发展的长远估量，也是对中国农业工程事业的责任担当。

不论是科研，还是育人，对曾德超来说，都是前瞻性的观点。在科研工作中敏锐捕捉学科生长点的曾德超，把科学的创新精神转而用于育人工作上。曾德超在修订草案时所强调的，是育人工作所反映出学校创新与未来发展的活力。北京农业机械化学院作为全国农业工程人才培养的一个中心，学校的育人不仅仅关乎一校，也关乎中国的农业工程和农业事业。因此，培养高级工程技术人才，科学研究及技术开发和管理人才。是需要全面地展开讨论，并根据需要及可能性来做出决定的问题。而在这个过程中，学校自身能做到什么程度，实际上也就意味着在全国范围内引领农业工程科学技术事业向前发展的活力发展到什么程度。“农口的工程院校究竟是培养工程管理人才，还是工程设计人才。在当前的人力、物力、财力的限制及社会分工的条件下，脚踩两只船，最后将是一事无成。我们作为重点院校，必须首先作出判断及决策，切忌坐观方向，跟着后面跑。这样，不可能成为‘唯一’的重点学校。”[②] 这是曾德超对学校本身，同时也对全国农业工程教育事业做出的研究判断和基本期望。

为了有效推进和落实发展规划，曾德超也将一些理念融入学校的全面深化改革中，与学校领导一起，推进学校更好更快地发展。1983 年初开始定向招生、定向培养、定向分配，确定农业电气化系为教学改革试点；在机构方面组建了财务物资处，同时成立学校基金委员会，制定《学校基金管理暂行办法》；1983 年 6 月开始实行教研室主任的任期制，并将农业设计制造系分为农业机械、畜牧机械、加工机械三个教研室；1984 年春实行任课教师聘任制，学生总学时压缩 200 个；课程设置增加了现代科学的内容，采用电化教学的手段，增设经济管理、优化设计、计算机应用等课

① 曾德超手稿《北京农业机械化学院发展规划纲要（草案）》。资料存于采集工程数据库。
② 曾德超手稿《北京农业机械化学院发展规划纲要（草案）》，资料存于采集工程数据库。

程；本科生和研究生教学分别增加了选修课程，相应地压缩了必修课程；1984 年夏，成立研究生部，将研究生工作由科研处研究生科管理改为校、系两级管理，课程学习阶段由学校研究生部统一管理，进入课题后由各系、教研室管理……这一系列的改革，使北京农业机械化学院的教学、科研、推广萌发了新的动力，学校的整体风貌焕然一新。

1984 年 8 月，农牧渔业部宣布了中共农牧渔业部党组文件，对北京农业机械化学院的党政领导做出新一轮调整，曾德超改任学校顾问。恰是他进入学校领导核心这几年，北京农业机械化学院完成了历史性的革新与蜕变。1984 年以后，曾德超除了被学校聘为学位委员会主任，学校教师职务聘任委员会主任之外，还有一个重要的角色为机器与土壤、植物基础关系实验室主任，开展系列科研工作。1995 年 9 月，北京农业工程大学与北京农业大学合并，成立中国农业大学。曾德超作为学校的奠基人之一，感受到学校的蓬勃发展和生机盎然。尽管行政事务工作减少，曾德超仍然积极为学校的发展建言献策，始终关注着学生培养，践行着科学研究和社会服务，为中国农业大学向世界一流农业大学迈进贡献着自己的力量。

育天下英才

曾德超在学院成立初期制定的本科生教学计划、教学大纲，主要结合苏联模式、美国理念；而自“文化大革命”之后恢复工作以来，在教学管理方面的重心调整到了研究生的培养。在具体的培养计划和方案制定中，主要借鉴英美模式。早在 1977 年 10 月，曾德超翻译了《英国国立农业工程学院的简介》。之后，他又在诸多国际活动中，参观了 30 余所国外著名大学，详细了解学院的办学任务、行政架构、专业设置、教学计划等，其中，研究生教学计划尤为全面。包括每个学位的培养目标、入学要求、每年培养的计划、具体开设的必修和选修课程、实习实践要求等。所有这些为曾德超对农机化学院乃至全国同类院校研究生的培养提供了指导范本，也拓展和充实了曾德超指导和培养众多硕士、博士生的思路，培育了一代又一代青年才俊。

在研究生培养工作中，曾德超同李翰如、万鹤群、柳克令、曹崇文、杨存葆等教师一起，为学校早期的研究生教育，特别是制定 1978 年研究生招生计划，研究生招录和培养发挥了重要作用，为以后的蓬勃发展奠定了坚实基础。而对曾德超而言，除了做好学校工作之外，引领全国也是他一直以来的社会担当。在众多工作中，最有代表性的就是“香山会议”。

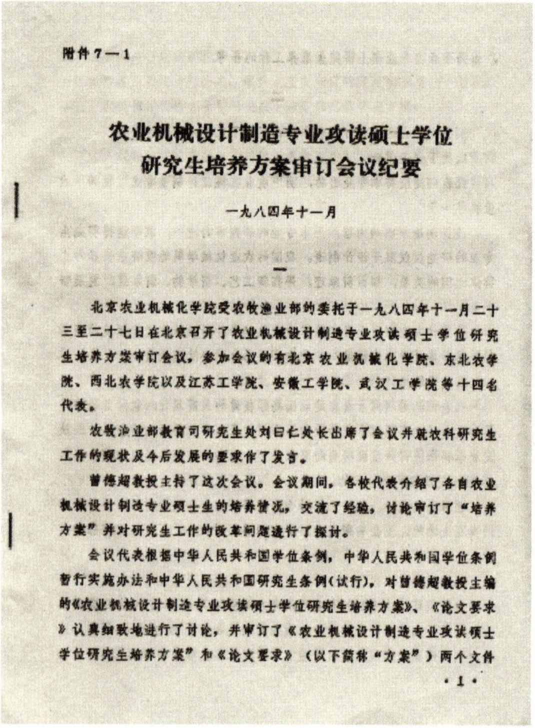
附件 7—1

农业机械设计制造专业攻读硕士学位研究生培养方案审订会议纪要

一九八四年十一月

一

北京农业机械化学院受农牧渔业部的委托于一九八四年十一月二十三至二十七日在北京召开了农业机械设计制造专业攻读硕士学位研究生培养方案审订会议，参加会议的有北京农业机械化学院、东北农学院、西北农学院以及江苏工学院、安徽工学院、武汉工学院等十四名代表。

农牧渔业部教育司研究生处刘曰仁处长出席了会议并就农科研究生工作的现状及今后发展的要求作了发言。

曾德超教授主持了这次会议。会议期间，各校代表介绍了各自农业机械设计制造专业硕士生的培养情况，交流了经验，讨论审订了“培养方案”并对研究生工作的改革问题进行了探讨。

会议代表根据中华人民共和国学位条例，中华人民共和国学位条例暂行实施办法和中华人民共和国研究生条例（试行），对曾德超教授主编的《农业机械设计制造专业攻读硕士学位研究生培养方案》、《论文要求》认真细致地进行了讨论，并审订了《农业机械设计制造专业攻读硕士学位研究生培养方案”和《论文要求》（以下简称“方案”）两个文件

·1·

图 6–9　1984 年“香山会议”纪要

1984 年 11 月 23—27 日，曾德超主持了“农业机械设计制造专业攻读硕士学位研究生培养方案审订会议”。这次会议由北京农业机械化学院受农牧渔业部的委托，在北京香山召开，简称“香山会议”。在农业工程类研究生培养和学科发展史上，这是一次非常重要且具有开创意义的会议。参加会议的有北京农业机械化学院、东北农学院、西北农学院以及江苏工学院、安徽工学院、武汉工学院等 14 名代表。各校会议代表介绍了各自农业机械设计制造专业硕士生的培养情况，交流了经验，讨论审定了“培养方案”并对研究生工作的改革问题进行了探讨。

“香山会议”上，代表们还根据《中华人民共和国学位条例》《中华人民共和国学位条例暂行实施办法》和《中华人民共和国研究生条例》对曾德超起草的《农业机械设计制造专业攻读硕士学位研究生培养方案》《论文要求》认真细致地进行了讨论，得到认可。并决定由北京农业机械化学院、西南农学院和东北农学院三校名义汇编成册，作为会议正式文件。

《农业机械设计制造专业攻读硕士学位研究生培养方案》和《论文要求》这两个文件，作为今后该专业硕士研究生培养工作的参考，起了指导性作用。

曾德超为这次会议做了总结报告，认为这次会议涉及很多重要问题：

（1）关于专业名称：代表们建议将“农业机械设计制造专业”改为“农业机械专业”。涉及制造方面的内容是本专业的研究方向之一，但不能将研究生专业的研究仅仅限于设计制造。我国的农业机械学科还应研究机器与生物体之间的关系，探讨新原理，开拓新工艺、新结构、新方法，发展新产业。

（2）关于培养目标：代表们认为研究生教育是我国高等教育的最高层次，它担负着培养具有从事科学研究工作或独立担负专门技术工作能力的人才的任务。从发展学科和进行开发性研究的要求来看，这个“方案”提出的硕士生培养目标是适宜的和恰当的。今后随着研究生人数的增加，向生产部门输送人才的比重会有所提高，对应用型人才的培养应给以足够的关注。

（3）关于研究方向：专家们认为农业机械专业的研究方向应从国民经济的客观需要出发，立足于大农业的观点，注意农业工业化和农村城镇化的问题。因此，它的研究方向应当包括种植业和农田工程机械，畜牧和养殖业机械，农副产品（包括畜渔产品）加工及储运机械，拖拉机及其他农用动力机械的理论与设计的研究。培养方案中划定的研究方向是一个范围，各校可以根据自己的力量和特长从中确定自己的研究方向。

（4）关于学习年限：代表们同意将脱产硕士生的学习年限定为 2.5 ~ 3 年，在职硕士生的学习年限至少延长 1 年，以保证学习期间负担应有的工作量。今后随着硕士生入学水平的提高，研究条件的改进，学习年限可以相应缩短。

（5）关于课程设置：分为公共必修课、指定选修课和选修课。代表们认为该专业的学位课程应该是马克思主义理论课、外语、工程数学、农业生物学、力学基础课和专业理论课；各个方向对农业生物学、力学基础和专业理论具体内容的要求各不相同，导师可以根据研究方向确定其某一分支作为学位课程。

（6）关于培养方式和方法：代表们认为硕士生的培养应当充分调动学生的积极性、主动性，全面提高他们的基本素质，突出能力（包括自学能力、工作能力、组织管理能力、适应能力、创造能力……）的训练和培养。

“香山会议”之所以重要，不仅因为这是对农业机械设计制造系培养硕士学位研究生在全国范围内“统一标准”的一次会议，也是新的学位制度下，北京农业机械化学院再一次以学科领军单位的身份联合同行进行人才培养和学科建设的协同合作会议，北京农业机械化学院根据本院以及西北农学院、东北农学院三院具体情况汇编而成的《培养方案》和《论文要求》得到了认可。这次会议加强了农业机械学术共同体的联系，实际上也促进了整个学科的定位和进步，统一了对学科的认识。在会议上，代表们认为“农业机械的加工对象是土壤、动物、植物等有机体，它们的性状复杂，与环境因素关系密切，这形成了农业机械具有与一般工程机械所不同的特点。为了创建作业质量优良、效率高而能耗低的农业机械，必须了解和正确运用农业物料的生物学机理”①。这既是北京农业机械化学院主导汇编的《培养方案》的基本精神，与曾德超多年来倡导的农业机械理念也是一致的。

此外，1985 年 9 月，曾德超参加并主持了农牧渔业部委托学院举办的全国第一次农业工程研究生教育研讨会。会议交流了 1978 年以来我国农业工程学科发展和研究生教育的情况，集中讨论了为适应我国农业现代化建设和农村经济发展需要，调整农业工程学科培养研究生的学科、专业及加强学科建设问题。会议建议《高等学校和科研机构授予博士和硕士的学科专业目录（试行草案）》中农业机械化与电气化一级学科更名为农业工程，其下设置 12 个二级学科专业。会议还就农业工程研究生的培养工作和课程建设提出了意见和建议。会议表明，农业工程学科已日趋成熟，为农业工程研究生教学、专业授予权的审核，提供了重要参考。本次会议得到国务院学位委员会的认可。1986 年 4 月，国务院第三批学位授予审批工作将

① 农业机械设计制造专业攻读硕士学位研究生培养方案审订会议纪要，1984 年 11 月。

农业工程列为一级学科，新设 12 个二级学科。

曾德超一直担任北京农业机械化学院、北京农业工程大学学位评定委员会主任，为农业机械化和农业工程教育事业殚精竭虑，培养了数以万计的事业接班人。在北京农业工程大学 40 周年校庆之际，党委宣传部组织采编了 40 多位毕业生的成长经历，结集出版《大地的儿女》一书，以展示学子风采。在后记中，编者写道："他们的经历，他们的业绩，他们的苦乐悲欢中都浸透着坚韧、质朴、无私的精神，这正是中国知识分子最宝贵的品格，这也正是我们学校最突出的传统精神"。这种精神和品格的形成，曾德超的影响是巨大的。

筹 建 学 会

筹建中国农业机械学会、农业工程学会

在近代科学发展初期，科技团体是促进科学发展过程中，社会阻力较小、效率较高、作用较显著的组织形态，在科学发展历程中功不可没。对于建设学术共同体的必要性，曾德超及其留美同学们早在留美期间就有深刻体会：

> 美国所有的学会都有学报，都办学报。没有学报，在社会上就没有发言权。我们从美国回来的都知道，学会和学报共同建立着发言权，美国科学的发展，学会的发展，是连起来的。若需要科学技术发展，文献是很重要的一项。比如，美国农业工程学报，就很受农业工程学界重视[①]。

美国的农业工程师学会（ASAE）早在 1907 年 12 月就在麦迪逊市的威

① 曾德超口述访谈，2011 年 9 月 17 日，北京。资料存于采集工程数据库。

斯康辛州大学成立，成立后很快就建立了农业工程学报，开始了发动机试验及有关的标准化工作，开始了拖拉机及犁耕试验，重点讨论了农业工程的教学工作。1920 年建立了内布拉斯加拖拉机试验站，1925 年成立了国家电力与农业关系委员会和学会的土地开发部，推动了土地清理、灌溉、排水、土壤保持、渠道水力学、集水区经营管理、防洪等方面的技术工作；20 世纪 20 年代末至 30 年代的国家农村电气化计划中，美国农业工程师学会又与田纳西河谷开发局成立了合作委员会，后来又成立了与联邦动力委员会联系的专门委员会，开始关注水土保持问题①。随着一个个专门化科技团体分支的不断成立，农业工程学科呈整体化趋势发展，相关学科的科学家和工程师由其他科学共同体转移到农业工程科学共同体，“农业工程”的内涵不断被诠释，注脚一次次被刷新。美国的农业工程学术共同体建设，恰恰证明了在交叉学科和新兴学科的发展过程中，科技团体的作用功不可没。正是由于建设了学会和学报，建设了学术共同体，美国的农业工程学科不仅形成了持续的科学研究力量，拥有了正规的同行评议平台和学术交流机会，而且成长壮大为美国农业现代化所依赖的不可或缺的一门综合性工程科学，在学界获得了地位。

1948 年 1 月 15 日，曾德超在内的赴美学习农业工程专业 19 名留学生（20 人除徐佩琮）在加州斯托克登（Stockton）召开“中国农业工程师学会”首次筹备会，邀请经其他渠道来美学习相关专业的学人共 30 余名，准备回国后联系国内学者正式成立学会，团结全国有志之士，开展有关方面的工作。这可以看作是中国农业机械学会与后来的中国农业工程学会创始的缘起之一。

回国以后，因国人对于农业工程的不了解，只好率先创建农业机械化学会，出版《农业机械学报》。但“文化大革命”期间停刊。1978 年复刊后，《农业机械学报》仍然以选审稿件严格、编辑出版规范而著称，多次获得科协、机械部和行业组织的奖励与肯定，特别是在 1981 年 12 月，被国家农业机械部授予重大科技成果奖三等奖。正是由于曾德超、王万均

① 陶鼎来：美国农业工程技术的发展。《农业工程学报》，1985 年第 2 期，第 87–89 页。

等人的努力，《农业机械学报》作为农业机械学会所依托的重要学术平台，推动了农业机械化领域科研的现代化发展。

中国农业机械学会虽然经历“文化大革命”十年的停滞动荡期，之后曾德超本人也逐渐从一线工作退至二线，但是他对中国农业机械学会的关注和支持却从未减少。他担任了农机学会的第一届至第三届副理事长，第四届、第七届、第八届、第九届名誉理事长。在担任《农业机械学报》第一届编委会主任委员之后，又担任了第二届、第三届编委会副主编，第四届至第八届编委会顾问编委，为中国农业机械学会和《农业机械学报》学术期刊的创办和建设发展做出了卓越的贡献[①]。

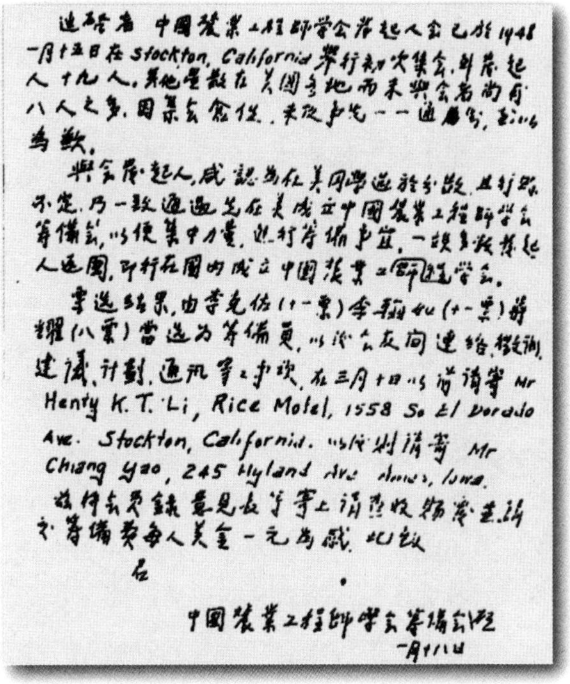

逕啓者：中國農業工程師學會發起人會已於1948一月十五日在Stockton, California舉行初次集會，到發起人十九人，其他星散在美國各地而未與會者尚有八人之多，因集會倉促，未及事先一一通知，至以為歉。

與會發起人，咸認為在美同學遊蹤分散，且行蹤不定，乃一致通過先在美成立中國農業工程師學會籌備會，以便集中力量，進行籌備事宜，一俟多數發起人返國，即行在國內成立中國農業工程師學會。

票選結果，由李克佐（十一票）李翰如（十一票）蔣耀（八票）當選為籌備員，以後會友間連絡、徵詢、建議、計劃、通訊等事，在三月十日以前請寄Mr Henry K. T. Li, Rice Motel, 1558 So El Dorado Ave. Stockton, California. 以後則請寄Mr Chiang Yao, 245 Hyland Ave Ames, Iowa.

隨件附表錄意見表等等上，請查收，務望盡速填寄，籌備費每人美金一元，為感。此致

台

中國農業工程師學會籌備會啓
一月十八日

图 6-10　1948 年中国农业工程师学会筹备会征集会员信

中国农业机械学会和《农业机械学报》是在党中央制定通过农业机械化实现农业现代化这一方针战略的背景下发展起来

图 6-11　2007 年曾德超获《农业机械学报》杰出贡献奖

① 沉痛悼念本刊首任主编曾德超院士，农业机械学报。

的。它所依赖的人员班底，其核心仍是20世纪40年代赴美学习农业工程专业的那批留学生。在农业机械领域建设学会、学报的成功，可谓这批学者博联学人、同筑农业现代化理想的一次大胜利，但这并不意味着农业工程学术共同体的建成。参考美国农业工程师学会的发展历程，要真正让农业工程事业在整个国民经济的进步中发挥关键作用，必须真正建立全面诠释“农业工程”概念体系的学术共同体，让农业工程为更多人所知晓、认可，让它在中国成为一门不可或缺的科学，让农业工程为中国服务。于是，1979年，在中国农业机械学会的基础上，中国农业工程学会在杭州成立，并接收第一批会员191名，曾德超与陶鼎来、张庆海、张季高、方悴农、王荫坡共任副理事长。与此同时，根据1979年《国家科委关于设立专业组，学科组的若干规定》，就在中国农业工程学会成立大会及学术交流会上，国务院有关部委、各省、直辖市、自治区有关部门和各地科研、生产、教学、新闻、出版单位的代表共200多人共同见证了“农业工程学”学科组的成立。自此，农业工程学作为现代农业生物学与现代工程学之间的一门交叉科学正式列入国家重点科学发展项目。

中国农业工程学会从成立开初就是一个面向高等教育、面向社会广泛团结、组织农业工程科技工作者的高端科技团体。在农业工程学学科组成立会议上，学会将土地开发利用工程学、农业生物环境工程学、农业能源工程学、农业工程力学、农业系统工程学、农业人体工程学列为当前农业生产迫切需要解决的农业工程研究课题，并建议加强国家科委农业工程学学科组的组织领导和活动，同时抓紧农业工程人才的培养。先通过几个有条件的农业重点院校试点办农业工程系或专业，有条件的农业院校和科研单位要招收研究生，选派留学生、进修生出国学习。当前在农业工程中比较薄弱和空白的专业，可先举行短期专业学习班，如农业系统工程学习班等，并尽快组织编写、翻译、出版农业工程学教材、书刊和通俗读物。

1980年，中国农业工程学会在京召开理事扩大会议，讨论并决定了当年活动计划安排，决定开展农业工程高等教育，出版《农业工程》杂志，开展农业工程科技普及工作。一系列的学术活动为农业工程的学科发展开拓了空间，并就此迎来了农业工程学科发展的春天。

农业工程学会成立后，中国学者们开始讨论“农业工程”的内涵，曾赴美学习农业工程专业的这批学科先驱理所当然在这次讨论中起到了领衔作用。曾德超也为此撰写了一系列文章和报告，利用他多年的科学求索和工程实践，为“农业工程”及其学科的内涵和外延做出诠释。自农业工程学会成立后，蓬勃开展的综合盐碱地工程、农村能源建设工程、温室塑料大棚及地膜覆盖保护地栽培设施、工厂化畜养、农畜产品加工工程等项目都证明了农业工程的确是中国农业向现代农业转化所不可缺少的重要组成部分。同时，农业的腾飞也对农业工程及其各分支学科提出了更高的要求，而农业工程学术共同体建设必然要同步跟进，立足国际视野，把握时代脉搏。

促进农业机械学会、农业工程学会走向国际

国际农业工程学会（Commission Internationale Du Genie Roral，International Commission of Agricultural Engineering，CIGR）素有农业工程界的“奥林匹克”之称，是农业和生物系统工程界规模最大，学术地位最高的国际学术机构，于1930年在比利时利日市成立，以法国、英国、美国、荷兰、比利时、捷克斯洛伐克、匈牙利、苏联、丹麦、瑞士、瑞典、西德、西班牙、南非、以色列、日本等国作为主要会员国家，是联合国粮农组织（Food and Agriculture Organization，FAO）和联合国教科文组织（United Nations Educational，Scientific and Cultural Organization，UNESCO）的咨询团体，也是国际技术学会联盟（Union of International Technical Associations，UITA）的成员。各国代表农业和生物系统工程界的组织可以以国家（或地区）名义自愿加入。该学会的宗旨是：

（1）对农业工程领域共同有兴趣的工作给予有效帮助；

（2）促进每个国家成立统一组织；

（3）促进各国国际之间的接触；

（4）促进农业各个领域，包括地区区划和环境改良中的农业工程技术的发展；

（5）促进协调研究；

（6）改进训练，提供情报；

（7）对大会及所有有关的国际会议的组织给予全面指导；

（8）提供文献资料及文献发表等服务。

农业工程学科的发展需要与国际接轨，农业工程学术共同体建设需要依托国际平台，这是曾德超很早就筹划的事业。借着1979年参加联合国工业发展组织召开的全球农机专家圆桌会议的机会，曾德超拥有了启动国际学术交流的基础。在联合国会议期间，他感受到，“各国都争相利用工发（这一平台），我们也宜密切注意工发组织在这次协商会议后势将采取的一系列活动，以便利用”。[①] 从此，曾德超凭借自己的业务能力和卓越的外语技能，力促中国农业工程学术共同体与国际学术平台接轨。

曾德超非常清楚国际农业工程学会的重要性。这是当时农业工程方面唯一国际性的学术组织，也是较多的东欧国家参加的唯一一个国际性组织，是了解世界各国，特别是东欧国家及无邦交国家的科技动态、开展合作与交流的一个重要渠道。他认为，中国作为世界大国，同时是一个发展中的大国，参加世界上农业工程方面唯一的一个国际组织，有利于逐步建立起联系的纽带，为扩大与第三世界、第二世界技术交流和贸易创造条件，放远一些看，是符合国家利益的。但是根据国际农业工程学会的规章，各国相关组织只能以国家名义提出申请，若单独以改革开放后新成立的中国农业工程学会的名义申请，力量和代表性都稍嫌不足。于是，他建议由中国农业机械化学会和农业工程学会联合，用中国农业机械学会—中国农业工程学会联合会（Chinese Federation of Societies in Agricultural Machinery and Agricultural Engineering）名称申请参加国际农业工程学会。

曾德超同时还对参加农业工程学会活动的方案给出了具体建议：若以两个学会各参加40人计，合五个专业组每组16人，每年需要交会费合697美元（1988年5月汇率），两个学会分担各合348.5美元。由两学会向主管部委申请解决这个数目的外汇指标。如果农业部认为我国作为世界大国需要多一些人参加活动，则最高会费为2020美元，每个学会分担1010美元。但曾

① 曾德超赴意大利担任农机工业协商会议顾问工作的汇报。资料存于采集工程数据库。

德超建议暂定 80 人为宜。同时，参加国际农业工程学会管理委员会的一名代表由中国农机学会和中国农业工程学会轮流担任，第一届抽签决定。代表出席管理委员会的差旅费争取由国际农业工程学会付给。如果有意外情况，则由当年出代表的学会负担。五个专业组的通讯员由两个学会洽商产生。

农业部领导审阅了曾德超的意见后，决定采纳，遂于 1988 年促成中国农业机械学会与中国农业工程学会联合参加国际农业工程学会的协议，两个学会联合会的名称恰如曾德超所议，应缴会费更正为每年 720 美元；两个学会轮流派一人代表中国参加 CIGR 管理委员会，该委员会每年开工作会议一次，所需差旅费如 CIGR 不能提供或少给，都各自包干。第一届两年先由农业工程学会代表参加，以后轮换。轮流担任参加 CIGR 管理委员会的代表应负责及时向双方学会无偿提供所获得有关 CIGR 活动的技术文件资料[①]。这次协议签订之后，中国正式拥有了参加国际农业工程学会与国际农业工程战线的同行们同台交流、平等对话的组织形式，成为中国农业工程与国际学术共同体正式对接的重要标志。

1989 年 9 月 4—8 日，曾德超在爱尔兰首都都柏林参加了第 11 届国际农业工程学术大会。这是我国加入国际农业工程学会作为国家会员的第

图 6-12 1989 年曾德超（左一）与 Schacter、练国平在都柏林共进晚餐

① 中国农业机械学会、中国农业工程学会关于联合参加国际农业工程学会的协议。

一次大会，农业机械学会和农业工程学会常务理事会推荐曾德超代替学会联合会时任理事长刘江同志前去参加。在会议期间，曾德超联系了学会主席和几位专业组组长，他们表示个人愿意同中国加强交往，但由于卸任，CIGR 的事务须直接与新主席和秘书长联系。曾德超又专门约新上任的主席、都柏林学院农业和食品工程系系主任麦克诺提（P.Mcnulty）交谈关于中国联合会与 CIGR 今后工作关系问题，他表示欢迎中国加入 CIGR，愿意今后多加考虑有关中国的活动，但一切须纳入 CIGR 的工作程序和轨道，以便获得管理委员会各国的支持，有关各专业组的活动也须通过各专业组的理事会。

新任主席友好的反馈信息，使曾德超对中国农业工程学界正式提出主办世界级会议抱有了信心。会谈正融洽间，曾德超伺机表达了欢迎 CIGR 会议在中国召开的意愿，获得麦克诺提的赞同。麦克诺提建议，中国联合会若有意向主办世界范围内的农业工程学术大会或地区性、专业性研讨会时，请写出书面建议，由秘书处或专业组秘书处分发酝酿，争取响应。曾德超另外又约了新上任的秘书长专门谈话，试图取得进一步沟通。

回国后，曾德超建议学会联合会对 CIGR 通讯的刊办工作给予支持，

图 6-13　2004 年国际农业工程大会首次在中国召开（左起：蒋亦元、岩田羲助、王万钧、陶鼎来、曾德超）

将国内召开的有关农业工程的学术会议、讨论会的名称、时间、地点及时提供给国际农业工程学会，声明欢迎各国有关同行个人或团体前来参加；同时建议学会联合会联系 CIGR《通讯》编辑部，将国内国际有关农业工程学术会议的消息在我国会讯上转登，让中国同行知道。如有可能，还可进一步发展我国通过 CIGR 与各专业组及各国农业工程学会交换各种学术会议的论文集，曾德超还提出，他自愿提供论文集的中文本。

正是由于曾德超等人的努力，中国的农业工程学界加快了融入世界农业工程学术共同体的步伐。20 世纪 80 年代以来，中国农业工程界多次邀请国际同行来华交流，从联合国工业发展组织的农机工业经验交流会在京举行，一直到 2004 年国际农业工程大会在华召开，学会建设工作蒸蒸日上。2010 年，国际农业工程学会电子刊物 CIGR E-journal 落户中国，不仅意味着“中国要有农业工程”的科学判断在逐步实现，同时也昭示着一个更为宽广的事业天地，一个曾德超等老一辈农业工程学者为之奋斗的理念：世界需要中国的农业工程。

第七章
育才创新

创建实验室

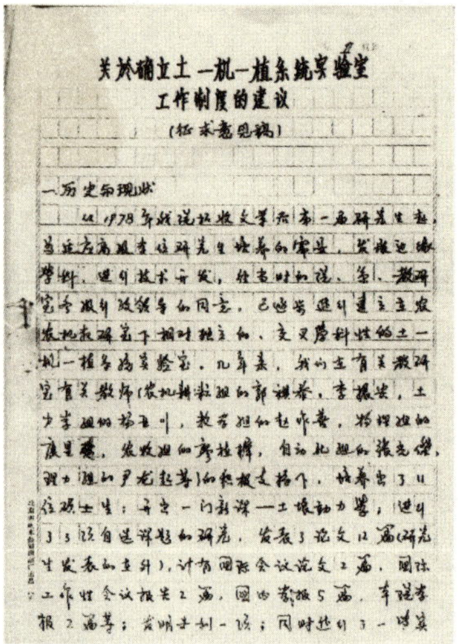

关於确立土—机—植系统实验室
工作制度的建议
（征求意见稿）

一、历史和现状

图 7–1　1982 年曾德超起草的实验室工作制度

从 1978 年北京农业机械化学院招收“文化大革命”后第一批研究生起，为适应研究生培养的需要，发展边缘学科，进行技术开发，经当时的院、系、教研室各级行政领导的同意，已逐步形成一种观点，即建设一个在农机教研室下相对独立的、交叉学科性质的实验室。

这个实验室的建立，实际上也是曾德超自身学术战略思想与 70 年代末 80 年代初农业工程学科迫切需要得到建立和发展的客观要求两相配合的结果。从实验室的工作人员组成来看，初步反映了曾德超建设理念的综合性和前沿性，要建设基于农业工程学科体系，预备向多学科方向拓展，形成有梯度的农业工程科研人力调配的综合性实验室，此即“北京农业机械化学院土壤—机器—植物系统实验室”，也是中国最早的专门研究农业工程领域农业机械与土壤、植物、投入物和环境的互作规律及机理的实验室，在农业工程领域可谓首屈一指。建立实验室的初衷是：

> 改革开放以后，我别出心裁，在教研室之外，搞这个实验室，目的是通过多学科交叉与综合的途径，发展新学科领域，从而有助于开发确实能起到减灾扶贫、发展农业生产的工程科学技术，给穷苦老乡帮帮忙。这个实验室从一开始就是以做学问为宗旨，不是以发财为宗旨。当然这并不排斥做了工作，也必然在声誉、学术地位和福利方面，获有一定的待遇。虽然这只是前后之差，结果却是相距千里。有人主张先弄钱，认为经济上翻了身，打了基础，再发展科技、做学问，这是不现实的。对个别人可能有中彩的，对大多数不会走通：一来，赚钱是无止境的；二来，有钱花的人不会再回去做“和尚”、做艰苦的学问的。这是两条路，不是什么曲线搞科技[①]。

基于教研室的实验室管理人员组成见表。

来源教研室	具体人员组成
农机耕耘组	郭祺泰、李振安
土力学组	杨亚川
数学组	赵作善
物理组	康显础
农牧组	廖植樨
自动化组	张光杰
理力组	尹龙超

① 曾德超回复学生王千的信，1996 年 8 月 15 日。资料存于采集工程数据库。

实验室的主要任务是，从机器结构、作业参数和土壤（地面）条件三者联合对土壤状况变化所引起影响的普遍性原则出发，建立定量化的数学模型，并以所需要的精度预测机器作业性能，为合理设计、选择和运用机器提供指导性依据。为了避免大量田间因气候、土壤及水分的变化等试验弊端，实验室模型实验就成了合理的选择，这就需要建设实验土槽。而在室内建设土槽，既要求使用、换土方便，且具有适当的准确度，还要安设导轨，专门化程度很强，这在20世纪80年代的农林院校实属不易。

直至1983年，北京农业机械化学院的校舍仍被占用了很大一部分，“文化大革命”旧创未臻痊愈，学校只能利用幼儿园一间房子做计算机房，电气化系在临建平房做自动化研究课题[①]。在这样的背景下，学校领导大力支持，曾德超的实验室最早建于第二教学楼。后来在第二教学楼马路东边建设了玻璃墙顶的耕层土壤结构试验房，面积30平方米，开始购置那时在国内尚为稀珍的360PC微型计算机，建设水旱高速多用试验土槽、耕层结构试验台，并改造了三轴仪，计划购入土壤、气象及植物水生理等基本测试仪器。尽管实验室已经拥有一定数量的研究经费，但曾德超对科研经费的使用却很谨慎，尽可能将一分一厘都用于实验室建设，并设法为实验室配置最好的设备，有时还利用出国时期自己省下的外汇购买新的实验器材[②]。

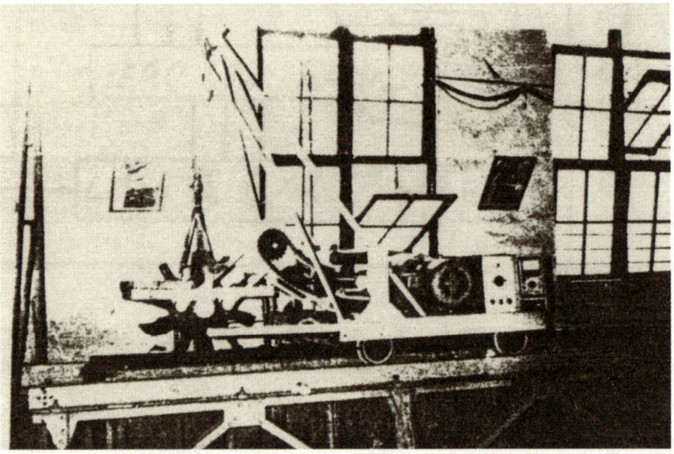

图7-2　20世纪80年代水旱高速多用试验土槽台一角

① 中国农业大学百年校庆丛书编委会：《百年纪事》。北京：中国农业大学出版社，2005年，第315页。

② 雷霆武，王伟主编：《理想的耕耘者——我们的导师曾德超》。北京：中国农业大学出版社，2013年。

曾德超力图将“土—机—植系统实验室”建设成为北京农业机械化学院农业机械与土机植系统研究室（简称农机研究室）下设的一个独立的实体，并希望校、系（农业机械设计制造系）能批准各部处（科研处、人事处、财务物资处）、各系、各教研室对于实验室在人事、财务、物资几方面自立编制，自设财务账本，物资设备账目等事项的支持工作。实验室经有关系院同意后，拟直接与校内外、系室内外人员安排工作协作，使用仪器设备、试验场所等。曾德超计划将实验室的人员使用、安排和奖惩等权限划归实验室自主管理，而在实验室工作的研究生的学籍管理，则按其不同研究方向，归属各系及教研室，由有关系的教研室检查并审核。至于党员工会活动、政治学习、师资培养、社会福利等方面的事宜，则由农机教研室统一管理。这些规则虽然在付诸实施方面遇到一定困难，但总体说来，实验室建成初期的实际运行基本符合创始预期。

由实验室作为一个跨学科研究职能机构，在人事、财务、物资几方面自立编制，自设财务账本，物资设备账目；自行论定人员的使用、安排和奖惩；同时与研究生的培养体系相结合，并加强学科间合作，无疑受到国外实验室建设思想的影响。国际上先进的科研管理中，实验室是一个非常重要的环节。例如剑桥大学的卡文迪许实验室，它成立于 1871 年，创立了系统的教育与科研相结合的体制，将教学孕育于科研之中，坚持认为只有让研究生投入前沿研究，才能培养出优秀的青年科学家。曾德超致力于在农林院校打造一个农业工程学科的一流实验室，是经过长期策划的。早在留美期间，曾德超便受到国外科研管理理念的影响，并留心学习。1980 年 9 月，曾德超考察美国国立耕作机械实验室时，专门拍摄了大量照片，学习先进经验，他的实验室建设便是参考国际上农业工程实验室建设的。实验室成立之后，很快成为农业工程研究生培养的重要基地，并开始承担各类课题的科学研究工作。

实验室研究生的工作量按照专职教师时间的三分之一计算。实验室建成初期，教授只有曾德超一人，专职实验员也只有一人，助手则由研究生担任。但由于建设目标明确，科研创新动力强，所以实验室团队很快即开始承担国家攻关课题及地方政府资助的横向课题。实验室建成初期接手的有农牧渔业部课题“耕种运输兼用手扶拖拉机的运输安全性改造”、国家教育委员会科学基金项目“种床结构模型及试验台”、博士点基金“多用途土槽试验台的建立”等；同时在实验室经费框架下还设立了多项自选课题：“高速通用犁体曲面优化设计方法及程序”、“旋转翻垡深松机研制”、“新一代耕作运输兼用手扶拖拉机的结构形态”、“土机关系的解析预测”等。这一时期，曾德超在土—机—植实验室进行的科研，大体承续了他在“文化大革命”前有关机引犁方面的问题，包括高速犁、旋翻深耕机等性能改进、优化设计及程序计算等。在承担科研课题的同时，实验室还着力于编写农业机械相关专业的教材，特别是针对土壤—机器—植物系统的农业工程研究方向，编著了大学本科及研究生选修教材《土壤动力学》。同时在国际会议和国内外学术刊物上发表论文，并于专业领域发明专利，形成多项研究成果。

20 世纪 80 年代中叶，“土—机—植”提出了新的研究方向。其中包括：新一代小型（手扶）及中型（水、旱、山区及林、草兼用）拖拉机及配套农机的结构形态；适当提高的旱区灌溉或无灌溉条件下林草、作物田间耕层土壤水热模型——与英国合作培养博士生；水田、滩涂、海底新型机组形态；岩石加工理论及新型设备；土—植—机系统的能量平衡与能源技术开发。土壤动力学（固体、黏弹体、黏塑体、流变体、高黏度流体）的解析预测规律。植物（林、草、作物）生长发育与耕作的基础关系——植物器官（根、导管、叶面）与环境系统中的传热体制机制与调节控制，等等。

到了 1990 年前后，基于中国农业工程学术共同体建设的成就及其开始全面与国际接轨的事实，曾德超开始试图为实验室制定新的发展目标。1988—1992 年，曾德超及其学生的学术活动过程中，实验室的署名曾见到“土壤—机器—植物关系实验室”（1988—1989）、“土壤—机器—植物基础关系实验室”（1991—1992）、“机器与土壤、植物基础关系实验室”（1991）、“土壤—机器—植物系统实验室”（1992）等，都可看作以涉及耕作、挖掘和行驶过程的土壤—机器—植物复合系统基础研究为核心的科研机构。曾德超常鼓励自己的研究团队把土壤耕作力学与土壤生态系统、水土保持、作物生长系统等联系起来。在他的指导下，“土—机—植”实验室最早将计算机技术、数值模拟方法及系统研究方法等引入农业工程的研究上。90年代农业工程相配套的其他基础学科的发展以及学校办学规模和整体水平的提高，使这个研究团队进一步具备了在拓展学术空间中再次定位，并为发展中的中国农业工程重新做注脚的时代机遇。就在1991年，淮河流域爆发了特大洪涝灾害，随之而来的又是北方特大旱灾，前者的直接经济损失据有关部门的估计达二三百亿元，后者亦达一百多亿元。严峻的现实使曾德超深虑已久的问题再一次呈现出来：春旱、夏涝、盐碱、高寒、风害，以及沙化、红壤化、潜育化等农业逆情使中国出现了约占耕地2/3的中低产田，这恰恰需要依靠农业工程手段去解决。为了增强农业工程在农业抗逆性研究中的作用，在河套地区进行“冻土水盐热运动参数测定试验与定量效应”课题的基础上，他于1992年10月向农业部正式提出了建设“抗逆农业工程基础技术实验室”（NDR Agricultural Engineering Technology Laboratory）的申请。他认为，农业逆情对粮食产量的威胁尚未基本消除，需要建立重点开发实验室，结合典型地区进一步组织国内外研究力量，才有可能尽早地开发出为华北平原等地区所实用的、能提高水土自然资源利用效率、抗逆增产优质的农田工程综合技术。

1995年前后，实验室的建设重点又转向精密农业，并以中澳国际合作项目“华北果树水的有效利用”为契机，开拓了精密灌溉耕作研究方向，原土壤机器植物系统实验室成立了“土机植实验室精密耕作技术中心”，承担了有关复合农耕制体系与精密耕作技术、雨养与灌溉农林草业集雨蓄水、精度调墒耕作优产高产持续农耕工程技术体系开发与典型地区试验示范等相关课题。这一系列课题的开展，使国内农业工程学科的科研实践进一步深化的同时，也渐而开始改变人们对农业工程这一新兴交叉学科的认识。可以说，“精密农业”的概念，正是在曾德超等一批农业科学家的科学实践中，建立起来并为人所知。

实验室的建成与持续发展，标志着曾德超的科研团队从原来教研室的通盘式的教育教学管理中独立出来，与新一代研究生培养制度结合在一起，成为一个“以研促教”的团队，也标志着他所构划的农业工程科研蓝图的建设全面铺开。曾德超一直意图以实验室为旗帜，指向农业工程学科的发展前沿；很显然，他并不仅仅将实验室看作一个科研场所，而是发展中的农业工程科学共同体；实验室成员不仅仅是作为一个单一的、静止的科研团队存在，而是探索农业工程学科向深度和广度发展的一支拓荒队伍，是他个人对农业工程学科认识以及国家对农业工程科研最新需要两相结合的鲜活表现。他在20世纪80年代给学生的复信中写道：

> 我要找的人，是愿意走做学问道路的人，愿意不封闭自己，勇于学习其他学科的知识技术的人，既坐得住，能深入搞计算机解决软件难题；又能一年到头，根据需要，下乡到现场监测与获取实验资料的人。这样的人我可把实验室交给他，也可利用我在学校的影响，帮他们领一席之地，生活水平属于“大路货”，但不会差到哪里。
>
> 大家都说，在现在的年轻人中这样的人是找不到的。周一鸣老师说过，曾老一辈子没有个助手（愿意跟他）。的确如此，我到了现在，还只能是骑驴看唱本——走着瞧。
>
> 实验室最大的问题是没有拿到相对稳定的课题，这样我就没有手段能进行有效的管理……实验室在大田模型与专家系统以及示范点的工作方面尚未有人负责做。
>
> 我已向校里打了报告，将实验室同时挂上“精密耕作技术中心”的“空”牌子。这样，打算把各省在农机局的校友的在这方面的工作……我现在在收集资料与软件（设法不花钱买），但没有钱能有多大进展，心里尚未有底。但总希望能为实验室上述工作提出个具体的技术纲领和关键技术方案①。

尽管由于各种各样的原因，曾德超为实验室制定的发展蓝图未能一一达成，但实验室在20世纪90年代以来的实际发展却同样印证了曾德超在农业工程学科上不断开辟科研领域的思想。2007年，由于中国农业大学东校区（原北京农业工程大学校园）承担了奥运会场馆建设的任务，原

① 曾德超回复学生王千的信，1996年8月15日。资料存于采集工程数据库。

“土—机—植”实验室被迫拆除并暂停建设，曾德超所率的科研团队也因实验室建设的变化而暂告一段落，但是曾德超所开创的科研传统已被他的学生们继承下来。随着以土壤—机器—植物系统为研究对象的实验室在高校和科研单位的继续建设，农业工程学科的内涵和外延也在科学实践中继续发展。曾德超的“土壤—机器—植物”实验室也将在农业工程学科史上成为承前启后的重要一页。

土壤—机器—植物

土壤耕作法的总结和探讨

曾德超从有关犁的耕作质量和犁体曲面设计工作开始，一直关注的是土壤与机器相互作用的机理。然而，从曾德超早年的零散笔记来看，植物或者说种植作物一直作为一个隐藏的核心要素存在于他的研究视野中。由于对农田作物生产的关注，从当时实际需要的提高产量、解决民生问题角度出发，曾德超发现前人所未能发现的问题，也充分利用同时能接触苏、美两大学术阵营的前期成果，批判性地看待前人的研究；同样也从种植作物这个核心要求出发，曾德超思索的重心一直在“耕作方法”和“耕作系统”方面，而非简单的机具本身。到了20世纪80年代改革开放初期，这种方向性特点体现得尤为明显。

土壤耕作方法（soil cultivation regime）又称土壤耕作制度，是指根据植物对土壤的要求和土壤的特性，采用机械或非机械方法改善土壤耕层结构和理化性状，以达到提高土壤肥力、消灭病虫杂草的目的而采取的一系列耕作措施。几十年后谈到土壤耕作法，他说：

> 土壤耕作制度，就是怎么样能够达到高产，或者使土壤结构保持一定的良好状态。大跃进的时候，要搞丰产。你也想办法，我也想办

法，有些人两个犁头一起放着，搞很大，耕很深，最深的搞到 70 公分的。那么，究竟耕作一个什么样深度才能够满足基本要求。既满足高产，又不用耕那么深，要经济一些。所以，这是农业机械化耕作最基本的原理，是基本要求。把他搞清楚了，形成系统的东西，很有必要[①]。

1980 年 9 月，曾德超参加赴美考察土壤—机器系统的力学小组，在美国参观和了解土壤耕作法和机具研究试验情况。其时，美国保护性耕作的研究与实践正如火如荼地进行。大量的试验和生产实践证明，保护性耕作不仅是抑制沙尘暴、减轻水土流失的重要技术，同时还是一项优良的旱地农业增产且减少作业次数降低生产成本的先进耕作技术。美国的保护性耕作在减少农田扬沙、保水增收、减轻耕地水蚀、节省成本方面都取得了重大成效。在归国后的工作汇报中，曾德超具体介绍了美国印第安纳州、堪萨斯州、亚拉巴马州、加利福尼亚州和夏威夷州的保护性耕作情况，做出了符合当时农业技术发展实际的论断：

美国的新耕法是以可靠的除草剂和一整套能在残秸上耕播的机具为前提的。在美国，土壤耕作耗能为作物生产全部耗能的 15%。能耗比重虽然不是完整的衡量尺度，但土壤耕作在每个国家的农业生产中的重要地位是不能忽视的。结合各个地区的具体条件和农艺发展要求，配合有关学科在一起进行综合性试验研究，按照新的土壤耕作原理，吸取传统耕作方法的经验，创造一些新型耕播机具，促进综合效果最好的改造低产土地的新耕法的发展，是发展我国农业生产中的一项重要的和主要的工作[②]。

干旱缺水、水土流失严重、土壤风蚀、焚烧秸秆和地下水不足，这些需要进行保护性耕作的情况不唯在美国如此，在中国广大的北方地区，特

① 曾德超访谈，2011 年 9 月 17 日。资料存于采集工程数据库。

② 曾德超参加土壤—机器系统的力学小组赴美考察工作汇报。资料存于采集工程数据库。

图 7-3　1998 年曾德超在宁夏田间试验现场会

别是曾德超长期工作着的华北平原的旱作沙壤地区，更是极为普遍的现象。正是因为看到了二者之间的相似程度和发展保护性耕作的必要性，在多次资料调研和深入思索的基础上，曾德超于 1984 年正式提出了“土壤耕作法的发展趋势”，确定土壤耕作法的地位是“现代农业中广义种植业的基础环节”，“是体现开发和利用土地资源，保护生态和环境，保持水土和肥力，夺取经济产量以便获得最佳综合效益的具体措施”。

正因为将土壤耕作法的改革看作是现代农业中一项带有战略性、关键性的任务，曾德超在介绍国际经验和收集各类研究数据的基础上，提出了几个理论性问题：

第一，提出土壤耕作的目的及评价一种土壤耕作法好坏的标准。土壤耕作的目的就是在植物生长的各个阶段配合以各种综合措施将土壤的状态用各种最经济的物理手段，也利用化学作用和生物作用整备到这种适宜作物生长的田面形态和耕层构造，同时根据实际情况履行必要的除草、灭病虫、翻复、混合绿肥、残秸、厩肥、放墒保墒等任务。对不同土壤耕作法的比较评价应包括几个标准，即，能将原来不能利用的土地资源加以开发利用的程度、能提高土地资源的利用程度、完成所需要的除草、灭病虫、翻复混合、放墒保墒、调节土壤水分、调节土温、晒垡熟化、控制盐分、养分、及时播种、及时耕作等任务的程度。

第二，提出重视作物生长的耕层构造和土壤的压实及深松。土壤紧实程度受到干缩湿涨、冷冻热融、雨水重力沉实、根系挤压、土壤生物活动等的交替作用，具有自然调节能力，经一段时间相对稳定于一定值，依据机械组成、腐殖质含量、地下水位高低等而定。曾德超特别强调了春耕时农具与拖拉机压实的效应在作物生长期间仍将起不良作用，需要加以避免。

第三，提出翻耕与土壤腐殖质水平提高的关系。除机械组成之外，有机胶体含量直接影响水稳定性团粒结构数量，这是土壤肥力水平的重要因素，也是调剂土壤平衡紧实度接近于作物适宜值的主要手段。因此，能否用地养地，逐步恢复提高土壤腐殖质含量水平，要按本地区具体条件来设计适当的轮作和耕作施肥制度，增加施用熟化厩肥、翻埋绿肥、秸秆还田覆盖并配以适量氮素化肥以保持碳氮比。此时耕作中可包括或不包括翻耕。曾德超在考察美国土壤耕作情况后，认为：

土壤耕作法是现代农业广义种植业的基础环节；是体现开发和利用土地资源，保护生态环境，保持水、土和肥力，夺取经济产量以便获得最佳的综合效益的具体措施。土壤耕作法的优劣得失不仅影响到增产增收，还影响到社会利益；不仅影响到当年及近年的利益，还影响到民族的长远利益。土壤耕作法的改革是现代农业中一项带有战略性的关键性任务。

一个地区的土壤耕作法的形成和发展，受到农业自然条件、社会经济条件，支农工业产品的供应，以及科学技术的发展、推广、应用诸多因素的制约。许多因素的作用和许多措施的效果，在定性、定量及因果关系上往往颇为隐晦。要减少盲目性，避免失误，以免导致浪费或甚至不可挽回和不可弥补的损失，我们认为在土壤耕作法改革中，须应用现代科学知识来总结国内外丰富的实践经验和实验结果，利用现代技术成就，结合本地区条件，经过研究试验，发展本地区综合效益最佳的土壤耕作法，这里既需用历史方法，理论分析方法，亦要用试验对比的方法。另外，土壤耕作机具是体现土壤耕作法的技术设备。两者的发展之间存在着密切的、辩证的依存关系。新机具的研制工作往往需要在新耕作法试验之中完成[①]。

中国的保护性耕作研究始于20世纪60年代黑龙江国营农场开始进行免耕种植小麦的试验示范。60年代末到70年代初，江苏太湖、徐州开展稻茬地上免耕播种小麦的研究。曾德超并非中国最早关注保护性耕作领域的学者。然而，正在旱作农业耕作体系科研领域刚开始出现转向覆盖和减少耕作的发展态势的80年代初期，曾德超即敏锐地对此科研动向做出了回应。中国80年代的保护性耕作以抗旱增产为目标，尚未提出以可持续发展为目标，并解决生产效益和生态环境效益问题。但是曾德超通过对美国土壤耕作方法的调研，将中国的土壤耕作分类成为六种主要类型，并明确指出了中国土壤耕作法的发展将需要对可再生动力能源的研制；土壤耕作法的优劣得失“不仅影响增产增收，还影响到社会利益；不仅影响当年及近年的利益，也影响民族的长远利益”，已经从实质上涉及了可持续发展的要求。这体现着他作为一位农业工程学者的学术自觉，也践行着他始终立足农业，服务农业的信念。

机械土壤动力学

早在20世纪80年代，国内关于农业工程学科的本质以及其主要研究方向的讨论十分热烈。将原来人们传统认识的农业动力和机械、农业建筑、农田排灌和水土保持、农业电气化等多方面的工作融合于一个系统化的理论框架下，是老一辈农业工程学科开拓者致力于钻研的问题。而承认农业工程作为一个学科体系的独立性，也即是要承认它作为一门工程科学

① 曾德超参加土壤—机器系统的力学小组赴美考察工作汇报，资料存于采集工程数据库。

的系统性和完整性，承认它具备工程科学的基本特征。工程科学必须建立在基础科学及技术成就的基础上，其中力学无疑是最重要的基础科学之一。无论是耕作中的牵引力、播种、收获、加工、运输和贮藏，水及其溶质在土壤和植物体内的运移，农业生物环境工程等方面的力学问题，都需要归溯至工程力学甚至基础力学的理论计算中得到解决。在这样的背景下，农业工程的学科体系建设，是仅将现有的力学理论经验式地运用于农业工程领域，还是依据农业工程的特点，单独梳理专门服务于农业工程学科的工程力学，以完善农业工程学科的基础学科体系这个问题，在曾德超的科研工作中早就有了答案。

1991 年 11 月，中国共产党十三届八中全会在北京召开。全会审议通过了《中共中央关于进一步加强农业和农村工作的决定》。决定提出了 90 年代农业和农村工作的主要任务，其中关于生产力的要求是：农业综合生产能力和效益要提高到新水平，到本世纪末确保粮食总产量达到五千亿千克，农村国民生产总值再翻一番。在这两次会议的精神鼓舞下，中国农业工程界进一步加强同行合作，促进力学和农业生产实践相结合。1991 年 12 月 17—19 日，中国力学学会和中国农业工程学会联合组织召开“农业工程中力学问题研讨会”，会议地点设在北京农业工程大学。这次大会的专题报告和研讨主要关于农业机械和结构的力学问题、农业工程土壤力学、农业物料力学和农业生物力学、农产品加工、贮藏中的力学问题、农业环境和农业水土工程中的力学问题等。会议上，专家学者们普遍认为力学是传统的农业机械学科的“锐利武器”，起指导作用；但另一方面，大会也普遍达成共识，即，有些问题不是传统力学所能很好解决的。例如，农业土壤由于其成分和结构多种多样，其性状也从脆性的干土、非饱和湿土、饱和湿土到黏滞性很强的土壤，各不相同，因此很难用统一的参数系统来描述农业土壤的力学状态，用传统的线性应变率也已不适合非线性的土壤应变。因此，针对农业工程这一新兴、综合、系统型的重要学科，必须在配套的工程力学领域建立完整的学科体系。

在土壤耕作和作物种植中存在着大量力学问题需要研究。农田作业中，耗能最大的工作就是利用耕牛或拖拉机的机械力将土层翻转、耙碎、耘平，因而农业工程专家需要努力寻求节省能量的耕作机械设计方法。随着农业机械化的发展，耕耙作业中的动力问题逐步得到了解决，但随之又产生了新的问题——拖拉机的行走机构（轮胎或链轨）压实了土壤，而传统上认为“土壤压实”肯定会造成减产，因此，在各种农田土壤的具体条件下，土壤的坚实程度究竟要达到多少，植物的根系才能与土壤颗粒耦合得最恰当，最适合作物生长，必然成为农业工程学家关注的热点问题。这也同时引出一系列既有理论意义又有实际价值的问题：土壤耕作层在农田各种环境因素作用下的力学关系究竟是怎样的？自然力的作用有多大的潜力？人们怎样才能进行最合理、最有效的干预，显著地提高农业建设的劳动生产率，并使之对自然生态环境的破坏降低到最小？这在进行大规模农业开发的时期尤其具有重要的现实意义。

1995 年，曾德超编写的《机械土壤力学》出版了。书中曾德超结合国际对于土壤—机器关系的研究成果，认为近代以来的研究经历了三次认识上的飞跃：

第一次，认识到为改进及其进行的常规整机试验受有很多的限制，难于获得普遍性规律，因此必须对工作部件与土壤相互作用的过程及所涉及的土壤动力学性质进行分别研究。

第二次，认识到演示土壤动力学性质的存在比较容易，但是要定量化地把一项具体的特性分离开来测量并直接应用于机器的设计或运用，则比预先所想象的要困难；要把机械作用的一些工艺元素单独分离开来也是很困难的。因此需要从更基础的层次上去研究土壤动力学特性行为的机理和土机工艺过程的本质。

第三次，认识到对土壤动力学特性行为及其本质、本构理论、工艺过程原理等的研究，其着眼点不在于追求详尽的封闭解，而在于指导现场观测什么，如何观测，如何理解和做数量上的判断①。

实际上，曾德超在 20 世纪 90 年代之前从事的研究工作，从某种程度上来说即从属于他所总结的人们对土壤—机器关系认识的第三次飞跃。

① 曾德超：《机械土壤力学》。北京：北京科学技术出版社，1995 年，第 5 页。

长期以来土壤力学以静力学较为发达。例如，著名的库仑－莫尔关系式（Coulomb–Mohr）反映了土体的抗压强度、不同的 S–D 效应（Strength Difference Effect）及对静水压力的敏感性[①]，方丹－佩恩（Foundaine–Payne）方程则表达土壤的静黏附摩擦阻力。曾德超与研究生于1964年建立的压密过程中压力与容积应变之间的关系式即表达土壤静剪强，而他和研究生在 1988 年建立的非饱和土壤剪切强度及摩擦阻力与加载速度的关系式，是对方丹－佩恩（Foundaine–Payne）静黏附摩擦阻力方程在高速加载条件下的修正。到了 1990 年，曾德超又建立了计入动强度、动黏摩阻力在内的刀齿刀板切土动力学模型模拟，这样，就在国内外首先将机械对土壤加工过程的分析计算推进至真正的动力学领域，同时，这也是塑性动力学、连续介质动力学问题同时计入微元体力动力学效应和微元面力动力学效应的一个先例[②]。

图 7–4　1995 年曾德超编著的《机械土壤动力学》

为建立适应于农业生产实践、反映农业工程学者对土壤—机器关系最新认识的工程力学体系，在前期研究的基础上，综合国内外最新学术成果，曾德超从 1985 年开始着手编写《机械土壤动力学》，直至 1995 年正式出版。

机械土壤动力学作为一种应用于现代农业耕作过程中的工程力学，是土壤科学和力学

① 刘英，于立宏：Mohr–Coulomb 屈服准则在岩土工程中的应用。《世界地质》，2010 年第 29 卷第 4 期，第 634 页。

② 中国科学技术协会编：《中国科学技术专家传略（农学篇 综合卷 1）》。北京：中国科学技术出版社，1996 年。

科学交叉的一个独特领域。机械土壤动力学的研究对象决定了它不同于土建土力学、岩石动力学和地质力学。机械土壤动力学的研究对象是施加于土壤上的各类机械快速作用力和土壤动态行为之间的规律性关系及其应用于土壤—机器系统的技术开发。也就是说，曾德超所面对的土壤力学问题，主要是耕作土壤力学。但同时，在整理机械土壤动力学学科体系时，曾德超又充分重视土建土力学和其他土动力学中与机械土壤动力学相关的一些内容。例如，在土石挖掘原理的部分，就涉及到推土、铲运、挖掘以及沟渠暗管的铺设等内容，借鉴了土建力学的成果。而《机械土壤动力学》出版的意义在于：

> 新中国成立后，农业发展机械化、农田水利、农业装运机、农村运输等得以大规模发展，这样不仅需要设计制造大量的性能良好的机具装备，亦要在长年都要进行的规模大得多的有关施工载运和耕作中正确作业，才能提高工程质量，加速工程进度和减低工耗能耗。土机关系科学技术的发展，在国外很早就受到重视。20 世纪 30 年代，苏俄郭辽契金首先成功地应用力学原理于各种主要土机工艺过程的分析，美尼可斯首先系统地规定了一系列土壤动力学特性，被国际公认为土壤动力学的先驱。在生产迫切需要的推动下，我国农机科技工作者在学习国际学科进展的基础上，进行不断的探索，对我国机械土壤动力学理论的建立与发展进步具有重要意义[①]。

《机械土壤动力学》在机械土壤动力学的基础研究方面，建立了土壤动强度方程（对库伦—莫尔静减强方程的补充）、土－钢动黏附摩擦阻力公式、土壤切削动力学模型；建立了考虑加载速度效应，反复施载效应、时间效应、应力波、基础振动等在内的机械土壤动力学学科体系框架。建立软钢、钛合金、铝合金、不锈钢等金属材料的动强度方程；建立了常温下屈服限、塑性流动应力、破裂强度等形变行为与应变速率的关系公式以

---

① 曾德超编著《机械土壤动力学》手稿，存于中国农业大学档案馆。

及非常温下，屈服限等形变作为与应变速率和温度关系公式（对 Cowper-Symonds 构方程的补充）；并建立了动土强度与加载速度和冷冻温度关系公式和岩石动剪强度公式。它是第一部较全面地体现一个机械土壤动力学学科体系的专著。由于在作物生长周期中，土壤不仅受到机械力的作用，也受到自然力（风力、水力、重力、热力等）的作用，曾德超在整理有关近代土机关系研究的基础上，进一步强调了土壤受自然力作用的这一方面：“必须把自然力考虑在内，是因为现代化农业的概念，既包含可再生有机物质和原料的生产，亦包含保护自然资源、环境和生态，以便为人类后代留下生存的基本条件。”①然而在实际编写时，该书的内容则远不限于耕作土壤力学，其所涉及的工程理论和工程实践内容都大大超出了农业领域。这既是一个比较全面的机械工程领域的土壤动力学学科体系，也是系统地阐述耕作、挖掘和行驶机具与土壤之间的相互作用关系的知识体系。

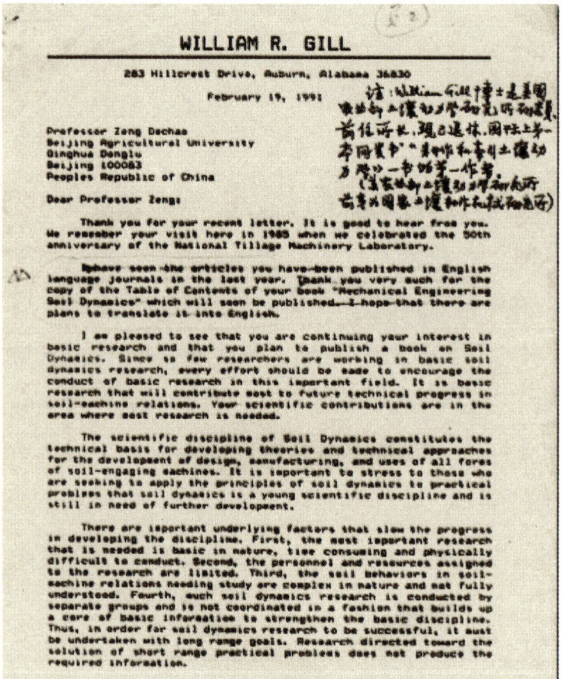
WILLIAM R. GILL

283 Hillcrest Drive, Auburn, Alabama 36830

February 19, 1991

Professor Zeng Dechao
Beijing Agricultural University
Qinghua Donglu
Beijing 100083
Peoples Republic of China

Dear Professor Zeng:

Thank you for your recent letter. It is good to hear from you. We remember your visit here in 1985 when we celebrated the 50th anniversary of the National Tillage Machinery Laboratory.

We have seen the articles you have been published in English language journals in the last year. Thank you very much for the copy of the Table of Contents of your book "Mechanical Engineering Soil Dynamics" which will soon be published. I hope that there are plans to translate it into English.

I am pleased to see that you are continuing your interest in basic research and that you plan to publish a book on Soil Dynamics. Since so few researchers are working in basic soil dynamics research, every effort should be made to encourage the conduct of basic research in this important field. It is basic research that will contribute most to future technical progress in soil-machine relations. Your scientific contributions are in the area where most research is needed.

The scientific discipline of Soil Dynamics constitutes the technical basis for developing theories and technical approaches for the development of design, manufacturing, and uses of all forms of soil-engaging machines. It is important to stress to those who are seeking to apply the principles of soil dynamics to practical problems that soil dynamics is a young scientific discipline and is still in need of further development.

There are important underlying factors that slow the progress in developing the discipline. First, the most important research that is needed is basic in nature, time consuming and physically difficult to conduct. Second, the personnel and resources assigned to the research are limited. Third, the soil behaviors in soil-machine relations needing study are complex in nature and not fully understood. Fourth, much soil dynamics research is conducted by separate groups and is not coordinated in a fashion that builds up a core of basic information to strengthen the basic discipline. Thus, in order for soil dynamics research to be successful, it must be undertaken with long range goals. Research directed toward the solution of short range practical problems does not produce the required information.

图 7-5　1991 年 Gill 博士给曾德超的信

《机械土壤动力学》的问世，受到了农业工程学界乃至整个工程科学界的关注。出版前，该书即在业内人士间传阅和使用，曾德超也多次受托在会议及其他场合将书稿赠予同行，而正式出版后，好评更是纷至沓来：

英国土壤学会会长、应用土壤物理学家 G.Spoor 教授在私人通信中，

① 曾德超：《机械土壤动力学》。北京：北京科学技术出版社，1995 年，第 1 页。

对作者在该书中所做一些有关工作，认为是在土壤动力学领域对国际文献及对该学科的本质理解，构成最重要的贡献。美国农业部土壤动力学研究所研究员、前任所长、国际上第一本同类书《耕作和牵引土壤动力学》一书的第一作者 William R.Gill 博士在私人通信中，在详细论述了机械土壤动力学学科发展的重要性和难点之后，曾提出希望将该书翻译成外文出版[①]。

《机械土壤动力学》上承曾德超及其团队关于犁体设计与农业机械学研究，下启曾德超“土壤—机器—植物”实验室团队的农业工程科研。这本书可说是曾德超提出的将“农机须满足农艺要求”发展成为农机、农艺、农田水利在学科水平上交叉结合的代表著作之一。曾德超通过自己的科学研究，将中国农业工程的视野进一步拓展，也是他在科学道路上三十年磨一剑，最具里程碑意义的学术成果。

探索土壤水热盐运动规律

干旱、盐碱和低温等恶劣环境的胁迫危害，是农业生产中的障碍性因素。土壤和水的次生盐碱化问题是干旱和半干旱地区迫切需要解决的威胁，自古以来影响农业生产。在灌溉区，由于灌水方法不当、管理不善所引发的盐碱化进一步发展成为更为广泛的水土环境问题。中国的农业科学工作者长年致力于盐碱土治理工作，对于中国北方盐碱土地的治理，从 20 世纪 70 年代开始，以北京农业大学牵头在河北省邯郸地区进行的黄淮海平原地区旱涝盐碱综合治理工作为例，几十年来取得了显著的科研成果，并指导实践。黄淮海平原旱涝盐碱科学治理的基本经验和核心思路，就是搞清水盐运动的走向。在这方面，20 世纪 70 年代后期至 80 年代初，通过土壤学、生态学、古地球化学等学科方法的综合应用，提出了半湿润季风气候区的水盐平衡和水盐运动特点、调节模式问题；到 20 世纪 80 年代，又应用土壤水和溶质运移动力学原理，对土壤的水盐动态规律进行大量研究，在水盐运动的方向和强度、有黏土层条件下蒸发和入渗过程的运动机

① 对《机械土壤动力学》一书的评价。资料存于采集工程数据库。

图 7-6 1986 年曾德超（左二）在内蒙古河套地区调研

理以及水盐运动的参数和模型方面取得了重要成果，并引用和试制了土壤水分和盐分测定仪器，同时将遥感监测技术应用于水盐运动研究。

在北京农业大学以土壤学、土壤化学为基础探索水盐运动规律的同时，曾德超在北京农业工程大学工作另辟蹊径，从农业工程科学的角度涉入对土壤水盐运动规律的探索。1986 年，曾德超率学生练国平等人及整个实验室团队，在内蒙古自治区水利厅的委托下，提出了“河套灌区土壤盐碱化的过程及其治理的研究”课题，获得了国家自然科学基金的资助。这也是曾德超在编著《机械土壤动力学》的同时，开始重点研究土壤水热盐运动，研究范围从土壤—机器的关系拓展到土壤—机器—植物关系。曾德超在访谈中说：

因为实践过程中，你就发现特别需要综合考虑这些，作物生长水分的保持，养分提供，你还得考虑风蚀、水蚀、土壤侵蚀，水分的损失等。像西北风一吹的话，土壤都全坏了。老乡每一年都把这个沙重新筛一遍。老子把这个沙重新筛一遍，儿子就享福，因为产量提高了；等到他孙子就麻烦了，就当乞丐了。因为不劳动啊，还是老的土。老的土一经形成后，土壤间隙当中就塞满了，原来保水的能量跟生长的产量就损失了。所以西北有谚语：苦死老子，富死儿子，穷死孙子[①]。

内蒙古河套灌区基本是在开垦盐碱荒地基础上不断发展起来的一个大型自灌溉区。这里作为干旱和半干旱地区，年平均降水量仅有130mm上下，土地的开发主要依赖过境的黄河水，黄河水量逐年减少已是事实。1986年曾德超承担该课题时，灌溉区盐土荒地约占总土地面积的67%，耕地中盐斑面貌为20%[②]。河套灌区土壤盐碱化问题主要是由不合理的灌排而造成的。之前，河套地区对土壤盐碱化的治理重点是对生育期地下水进行调节，然而效率低、浪费大、成效差。这是因为该地实行的三水灌溉制度在作物生育期内会用大水冲洗耕层，但这期间耕层土壤的盐分对作物生长的危害，相对来说并不是关键。在对河套地区进行考察后，曾德超等人意识到，真正危害作物生长的时期主要是在春季播种前后。这一时期，地面返盐在全年中达到最大，而作物幼苗耐盐力又恰是最低。从而在土壤表层含盐量超过3%的地块，作物不能顺利出苗或生长，进而影响最终产量甚至发生死苗现象。由于从10月中旬秋浇和秋季排水后，11月中旬土壤就开始封冻了，到翌年3月下旬土壤开始解冻并播种春小麦，直到5月15日才能开始夏灌。在此期间，全年有6个月无灌水排水。由此看来，研究土壤冻融期间水盐的动态，才是控制春季播种期间地表积盐的关键。

曾德超选定了河套灌区东部的长胜万亩试区作为典型地区，立于工程角度，设定了几个基本问题：典型地区秋季灌区排水制度对封冻水盐动态的影响；封冻前不同矿化度地下水埋深对封冻期水盐动态的影响；冻期水盐动态机理及其计算机计算分析与调控。通过研究希望得出典型地区秋季合理灌水，排水制度；典型地区封冻前地下的适宜控制深度及其临界深度以及典型地区不同秋季灌水，排水制度下冻期水盐动态预测与调控计算机程序。

1986年秋，从剖面基本数据的调查与测定、剖面分段以及典型地区气

① 曾德超口述访谈，2011年9月17日，北京。资料存于采集工程数据库。

② 河套课题立项任务书。资料存于采集工程数据库。

象数据的收集开始，曾德超实验团队的工作开始进行。经过几年的参数测量、实验分析和观察设计，他们对典型剖面的水盐运动建立了数学模型及其计算机的程序，获得了五个方面的研究成果①，包括在国内外首次建立了描述结冻、非结冻、饱和、非饱和土壤的水热盐三元耦合逻辑数学模型模拟田间二维问题的有限元数值解，建立一维问题电算程序 SWAHSAP，并进行田间应用等。其中最为核心的，是测定与计算冻期土壤水热盐特性参数，以及土壤水热盐运动模型的建立和初步验证。这个模型的建立，是当时同类研究中最为通用的冻土非冻土、饱和非饱和水—盐—热运动数学模型及一维模拟程序，经进一步验证和完善后可望应用于分析和预测在不同灌排和覆盖措施下土壤水、热、盐定量状况，适用于广大北方季节性冻土地区结冻与化冻过程中对种床水热盐状况影响的预测等。

1989 年，一直从事土壤水热盐运动研究的曾德超的学生练国平，因特殊原因，没能从访学的英国西索尔大学按期回国。另外，随着中澳合作项目的展开，尽管曾德超已经将水热盐运动的相关规律进行了系统梳理，终因人手和个人精力等因素，无法将其结集出版。虽然曾德超这项课题前后不过几年时间，但事实证明，这次对河套地区冻融土壤水热盐运动规律的探索，不仅为中国当时农业工程科学开拓出一片新的科研领地，同时也使此类研究为更多的人所关注，自此，有关中国西北土壤盐碱化科学治理中工程手段效用逐渐凸显出来。水热盐运动的定量模拟也成为提高农业抗逆性的一次有益尝试。此类研究向人们展示出，要阐明植物对环境胁迫信号的应答机制，实现农业增产、满足日益增长的人口对粮食的需求，都须以提高农业的抗逆性作为基础。

在土壤水热盐运动规律的探索中，曾德超以及实验室研究团队也进一步证明了农业工程的科学意义。农业工程方法的使用，使农业生产中一些原先看来不可抗拒的自然力因素越来越趋于可供测量、定量计算、

---

① 参见河套课题结项报告系列文件（曾德超，练国平，姚禹肃，黄兴法，葛耀光：土壤水热盐运动模型的建立与初步验证；曾德超，练国平，姚禹肃，黄兴法：冻期土壤水热盐特性参数的测定与计算；练国平，姚禹肃，黄兴法，曾德超：田间二维问题的有限元数值解；黄兴法，曾德超，练国平，姚禹肃，葛耀光：一维问题模拟程序 SWAHSAP 的田间应用；黄兴法，曾德超，姚禹肃：一维问题模拟程序 SWAHSAP 的使用说明）。

模拟和控制的参数，尤其是基于系统模拟理论下信息技术的使用，大大改善了农业生产的调控手段。农业科学作为一门技术性和经验性极强的综合性科学，在农业工程的参与下，愈趋接近近代以来科学所追求的实证精神和创新精神，在认识世界的基础上，改造世界，并实现人与自然的和谐发展。

调亏灌溉 15 年

20 世纪 80 年代以来，我国水资源供需矛盾日益尖锐，农业用水浪费严重，水污染问题突出。2000 年后，人们对节约用水和环境保护虽然已有了相当认识，但在农业方面，21 世纪初水的浪费仍然严重。一方面灌溉水的利用率低，渠灌区渠系损失达 50% ~ 60%，井灌区水的损失也达 40%，另一方面自然降水的利用率低，在北方地区，由于粗放经营，农田对自然降水的利用率只有 56%，而这其中还有 26% 的水分消耗于田间的无效蒸发。另外，农业用水的效率不高，远低于发达国家的水平①。

由于早年在西北工作的经历，曾德超对中国的水问题不仅具备理性认识，而且拥有切身感受。他很早就意识到，在缺水现象的背后，蕴藏着巨大的节水潜力。在西北干旱区，水量不足成为农业生态系统良性运转和农作物产量提高的主要限制因素。一旦解决了缺水问题，农业必然有大发展，而节水事业需要深入发展，需考量农作物生长期相对缺水、灌溉用水效率动态控制等具体问题。

果树是最重要的经济作物之一。改革开放以来，为了促进一些地区的脱贫致富，开始在一些气候条件许可的地区，利用边坡地种植经济林木。这些经济林木的根相对较深，可以充分适应这类不适于一年生浅根大田作物生长的土地。据华北地区果业生产统计：北京地区 1989 年果树种植面

---

① 科学技术部中国农业技术开发中心组编：《节水农业在中国》。北京：中国农业科学技术出版社，2006 年，第 17 页。

积为7.13万公顷，1992年达11.5万公顷；全国1990年为517.87万公顷，1992年底统计达581.83万公顷，总产量达2440万吨；在面积上已约为美国果园面积的4倍[①]。果品市场的蓬勃发展既丰富了市场和人民生活，又增加了农民的收入。发展果树可以做到不与粮争地，可在山区、坡地、荒地、沙滩地等无法种植粮食作物的土地上发展。果树种植的迅猛发展，却也充分暴露了粗放型经营的潜在危机。全国各地上市的果品，一般种质差，在上市质量上也是大小、形状、色泽、硬度、成熟度不一，病虫损伤多，采后保鲜差，或过早采收，加工程度低[②]。这种结果，归结到生产过程，是由于在果园采用的栽培管理技术基本上属于传统技术范畴，大部分无灌溉条件，停留在广种薄收的粗放经营，产量低而不稳，质量差；很多果园无灌溉条件，靠天吃饭，广种薄收。尽管当时政府管理部门已提出了不要再扩大面积而要发展良、名、优、特、稀品种，使总产量翻番的建议。然而1992年山东、河北、辽宁以及南方的果园面积仍继续有发展，粗放型经营的状况未能得到改善。

自1984年起，曾德超与澳大利亚专家不断接洽，在共同努力下，终于在1986年，中澳合作的课题计划任务书获得了批准。根据中澳两国政府1984年9月14日所签订农业科研合作协议的精神，北京农业工程大学和澳大利亚Tatura灌溉与盐碱研究所（英文缩写为ACIAR）的有关科技工作者，通过几年来的访问和洽商，提出了在果树灌溉方面进行合作研究的意向。1985年5月，ACIAR主任等来华与中方拟订合作项目计划时，得到双方认可。1986年8月在北京林果所的协助下，在北京与澳方共同草拟了课题计划任务书，得到了两国农业部的批准，由澳国际农业研究中心主任和北京农业工程大学校长共同签订备忘录，负责贯彻执行。为期三年[③]。

1988—2001年，历时15年，曾德超依托中澳两国合作项目，积极开展与澳大利亚农业节水方面专家和学者的交流，引进和发展了“调亏灌溉

① 曾德超，彼得杰里主编：《果树调亏灌溉密植节水增产指南》。北京：北京农业大学出版社，1994年，第1页。

② 曾德超，彼得杰里主编：《果树调亏灌溉密植节水增产技术的研究和开发》。北京：北京农业大学出版社，1994年，第2页。

③ 资料来源：中澳合作科研课题ACIAR8578“华北果树生产中水的有效利用”课题总结。

技术”，承担了中澳合作研究课题“华北平原水果生产中水的有效利用”、“中国实用型现代高科技田间节水高效环保灌溉技术体系的开发与示范研究”等连续的三期项目，这成为我国引进调亏灌溉技术、发展节水农业的先导，也是农业可持续发展在农业工程领域的一项重要实践。

调控亏水度灌溉（简称调亏灌溉）是在果树生长的特定阶段控制植株的水分亏缺度，只灌少量水以达到节水和调控果树生长的目的。该技术不仅不减小收获时果实的大小，而且可以增加果实着色，增加花芽数量和提高产量。

澳大利亚持续灌溉农业研究所（Institute For Sustainable Irrigated Agriculture）塔图拉中心 20 世纪 70 年代中期提出调亏灌溉，并一直从事研究和开发的一项技术。其基本思想是：对于一些作物，在其生长发育的某些时期施加一定的水分胁迫（即有目的地使其有一定程度的缺水），使光合产物向不同组织器官重新分配，从而提高所需收获的产量，而舍弃营养器官的生长量和有机合成物质的总量。1984 年，米歇尔（Mitchell）把基于此思想的水的补给方法称之为调亏灌溉法（Regulated Deficit Irrigation，RDI）。调亏灌溉能够从作物生理角度出发，根据其需水特性进行主动的调亏处理，开辟了一条从生物学角度节水的途径。

图 7–7　1989 年曾德超在塔图拉（Tatura）灌溉研究所考察

调亏灌溉抓住了灌溉行为的根本目的——向土壤补充水分，以满足作物的需水要求。按照传统灌溉理论，供水充足，作物生长旺盛，单位面积产量高，即认为作物处于最佳水分状态。而调亏灌溉的研究表明，在作物生长的某一阶段进行调亏处理，可以不减少或增加产量。对一些作物在生长发育的某些时期施加一定的水应力（有目的地使其有一定程度的缺水），即可影响其光合产品（含碳化合物）向不同组织器官分配的倾斜。这样，制定灌溉制度时，即应按照植株水生理特点来确定，而不是盲目地采用充分灌溉或过度灌溉的办法。

另外，尽管调亏灌溉开始主要以提高水分利用效率为目标，但是调亏的效果已远不止于此。传统的灌溉往往过量，不仅造成水资源的浪费，加剧水资源紧缺的矛盾，同时造成对土壤的淋洗，抬高地下水位，使土壤因过分湿润而降低通气性能，并容易引发土壤次生盐碱化和板结，一方面使植物生产无法持续进行，另一方面还污染了地下水，危及了人们的健康及生活水平。而调亏灌溉不仅省了水，还控制了过度灌溉可能引发的后续生态问题；调亏灌溉还可以控制营养器官生长，减少生长冗余，使果树高度变低，剪枝量下降，这种转换在一般情况下通常需要经过复杂的育种工作才能实现，使用调亏灌溉则大力节省劳动量和水肥。当调亏灌溉和密植相结合，调整作物的群体结构时，则增产效果更好①。曾德超正是敏锐地察觉到了这套技术体系的最大优势——既省水、又能增产和减少成本，增加农民收入，所以决定力图促进中国科学工作者同澳大利亚的合作。

澳大利亚国际农业研究中心（The Australian Centre for International Agriculture Research，ACIAR）是一个致力于促进发展中国家农业生产的国际性机构，它力图在澳洲农业研究专家具有相应技术能力的领域设立课题，协助发展中国家建立自我援助；在认识和解决问题的同时增强项目合作国（发展中国家）自身的科研能力。1988 年 9 月 14 日，在曾德超及其土—机—植实验室的努力下，北京农业工程大学与澳大利亚国际农业研究中心签订了有关两国农业研究开发合作协议的规定，澳方提供研究所需材料设备、差旅等费用，北京农业工程大学提供中方实验服务、中方人员国内差旅费和津贴等，并在北京市林果所协作下与澳大利亚灌溉持续农业研究所负责课题在中国的实施。有关课题成果的利用，如知识产权均以平等分享的原则进行分配。

---

① 关于调亏灌溉的技术内涵和发展过程，此段参考引用了以下文献：康绍忠：新的农业科技革命与 21 世纪我国节水农业的发展，《干旱地区农业研究》，1998 年，第 16 卷第 1 期，第 13–14 页；石文娟等：干旱缺水条件下作物调亏灌溉技术研究状况与展望，《干旱地区农业研究》，1998 年，第 16 卷第 2 期，第 84–88 页；郭相平等：调亏灌溉——节水灌溉的新思路，《西北水资源与水工程》，1998 年，第 9 卷第 4 期，第 22–26 页。

合作项目题为“华北水果生产中水的有效利用”，研究的主要部分在北京进行。在北京，ACIAR 首先提供经费购置了一整套微灌（微喷、滴灌）设备，包括：首部枢纽、砂罐过滤器、主管道、支管、毛管、配水部分及控制阀、调节阀等，1988 年开始在北京市林业果树研究所约 4 亩地的老果园及 15 亩的新植高密度果园安装设备。北京市林果研究所派遣曾佩三副研究员前往澳大利亚塔图拉灌溉与盐碱研究所（I.I.S.R.）熟悉高密度果园的修剪、整形等管理工作；同时，澳大利亚灌溉与盐碱研究所的彼得 · 米歇尔（Peter Mitchell）来京，进行老果园及新植果园试验的设计及灌溉设备的安装与调试工作，充分体现 ACIAR 对发展中国家协助研究与合作探索的基本精神。一部分基础问题的研究，如植株吸水的测定（果树蒸渗仪），限制根区对矮化的效应以及亏水灌溉下的盐碱问题须在澳大利亚持续灌溉农业研究所塔图拉中心进行。

具体合作展开后，曾德超作为项目中方负责人的作用愈加凸显。由于我国农户生产规模、运行条件与发达国家有很大不同，农业经济发展水平差距大，农业灌溉的热点问题各异，往往在新技术体系引入中国时，容易被孤立肢解成纯技术设计内容。要在真正意义上实现在中国组织和实施实验，不仅需要规划设计和建立果园试验区，对不同品种、不同种植密度、不同树型、不同支架、不同灌溉系统等进行试验，进行有关测定和记录，还须设计、安装调亏灌溉技术所需的一系列配套设备，例如，估算果园蒸散量所需的自动化气象站、制取植株生长曲线所需的生长监测设备、监测田间土壤—植株—小气候参数的仪器设备，等等。这些都需要依靠中方自有的智力资源，尤其是曾德超所率的农业工程研究团队与各方的合作来完成。

另外，要按照中国的国情，为华北地区果树生产拟定一套适应于调亏灌溉技术的灌溉制度；要总结华北条件下调亏灌溉密植果园的栽培管理，从品种的选择、无毒苗木的定植、支架的设计和树型的整驯与修剪、载果量设计与疏果、喷药、施肥、土地管理等全套工程技术体系，则必须依靠农业工程学者与当地农技师的合作。由于一般生产和推广单位缺少具有基本设备、数据能自动传感记录和处理的气象站，缺乏最低限度的土壤和植

图 7-8　1998 年曾德超（前排右三）在河北大名示范点

株水情的监测仪器，因而在作物用水的定量测量方面，数据烦琐而不可靠。于是曾德超率领中方课题组人员确立了定量化灌溉制度的制定方法，在试验研究和示范点推广中确立和实现了适用于我国生产基层适用的定量化灌溉制度①。据曾德超的博士后杨培岭回忆：

> 记得 1994 年，为了扩大“调亏灌溉”技术的适应性，年过古稀的曾先生不辞辛苦，亲自到邯郸市大明县进行了实地考察。当时交通非常不便利，从北京出发只能先乘火车到邯郸、再转两趟汽车才能至大明县大龙乡，也是当时北京农业大学沙地改良试验站所在地。
>
> 先生不顾风吹日晒，踩着泥土一步一个脚印的下到田间地头，察看当地水源、土壤、作物生长等情况。考察时，先生以完全平等和诚恳的态度待人，亲切地与百姓交谈，仔细询问了农民的生活、生产情况，了解他们的愿望，倾听他们的心声。当地农民与先生一见如故，积极响应配合工作，对示范区的建立起到了很好的铺垫。

---

①　曾德超，彼得杰里主编：《果树调亏灌溉密植节水增产技术的研究与开发》。北京：北京农业大学出版社，1994 年，第 1–7 页、第 162 页。

当时推广微喷技术，灌溉设备尤其是喷头易损耗、丢失。大明县是国家级贫困县，为了减轻百姓资金压力，曾先生拿出课题经费给农户购买微喷头。那时灌溉所用过滤器均从澳大利亚进口，产品损坏后国内购买不到。先生多次与澳方专家联系商谈，保证灌溉设施在短时期内落实配置。通过试验站的推广，调亏灌溉技术及节水思想在当地成功得到了普及。澳方专家也曾多次到示范区考察，对示范区的工作进展非常满意①。

正是曾德超所带领的中方团队的出色工作，第一期的研究项目得到广泛好评，澳方决定继续开展第二期的深入研究。到 1994 年，作为第二期的果树调亏灌溉密植节水增产的研究顺利通过技术鉴定并广获赞誉，但曾德超的步伐不止于此。为了扩大“调亏灌溉”技术的适用性，使调亏灌溉这种节水技术体系能够惠及更广地区，面向大田作物进行推广，曾德超与各方协调，建议 ACIAR 资助设立一个开发性项目，在中国北方地区进行开发示范和推广所取得的研究成果。

1996 年，中澳达成新的合作协议，《中国实用型现代高科技田间节水高效环保灌溉技术体系的开发与示范研究》进行了为期 6 年的合作研究。调亏灌溉的技术内核要求灌溉策略应以作物而不是以土壤为参考标准，这将大大改变从前传统的灌溉模式，也有别于中国农村传统的灌溉习惯。要让这种技术真正深入推广，除了建立示范点，进行灌溉管理

图 7-9　1998 年曾德超（左二）农村调研

① 杨培岭：心系节水，志在农工——悼念恩师曾德超院士。见：雷霆武，王伟主编：《理想的耕耘者——我们的导师曾德超》。北京：中国农业大学出版社，2013 年。

技术示范之外，曾德超特别重视此次技术创新的实质完成——在真正意义上指导生产。因此他提出，要以农民能直接采用技术为目标，开发培训程序，对技术的应用过程和方法进行指导性研究。

最终，与ACIAR合作建成有关果树和大田调亏灌溉的节水增产示范区，选择六种类型，即：井灌区、边海盐碱井灌区、渠灌区、旱作补灌区、旱作风沙补灌区、山前小流域治理区，具体位于北京市昌平何营村、河北大名县、山东省潍坊市平阴县、山西省长治市鸡坡村、陕西礼泉县以及新疆哈密市。通过进一步试验推广，在短短几年内，不仅从幼龄和成龄果树、乔化稀植和矮化密植果树、丫型或中心株干型框架果树以及果树根系的长势、土壤养分淋溶和盐分的淋洗等方面进行了调亏功效的研究，而且还结合我国国情，把调亏灌溉这一思想体系运用于大田常采用的畦灌、波涌灌，在节水高产方面取得了显著的效果。这样，通过国际合作，曾德超等人进一步深化了“调亏”的内涵，拓展了“调亏”的外延，形成了适宜我国农业生产的具有高效、高产、生态、环保的调亏灌溉技术体系。据杨培岭回忆：

1999年，受内蒙古科协之邀，曾先生与我（我是临时院士助理，陪同前往）到呼和浩特参加为内蒙古中层科技干部举办的科技报告会。期间，曾先生提出想更多地了解内蒙古土壤侵蚀与水土保持工作情况，我和内蒙古农业大学科技处姬宝霖处长陪同曾先生赴鄂尔多斯的达拉特旗、准格尔旗以及东胜市等典型农畜牧区，调研当地水土流失现状及水土保持进展。犹记得当时正值盛夏，中午酷暑难耐，我们担心年届耄耋的先生身体，提议加长午休时间，减少考察地点，先生听后，摆手拒绝了。他说难得有机会到内蒙古调研，希望尽可能多的观察典型地形区土壤及植被覆盖状况，中午只作短暂的休息就出发了。考察途中，每遇典型地段，先生必要停车，仔细观察土壤及植被特性，分析土壤侵蚀影响因素，并向当地陪同人员询问具体情况及水保等方面工作进展。调研回程，曾先生语重心长地对我们说：“农业水土资源保护工作利国利民，不仅是我们这一代、你们这一代，也是再下一代及若干代应该长期坚持的事业。”①

2001 年 11 月 20 日，在北京举行了“中国实用型现代高科技田间节水高效环保灌溉技术体系的开发与示范研究”项目鉴定，鉴定委员会听取了项目组汇报，并经质疑和讨论，形成了鉴定意见，认为曾德超所负责的项目是在完成前两期中澳合作项目的基础上，围绕生产上大量耗水的田间灌溉这个中心，通过国际和不同学科间的合作研究，在总结我国 50 年来节水灌溉的工程和农艺方面的历史经验和国际现代灌溉技术特点的基础上，针对我国 21 世纪人口、水、粮形势，较完整地提出了中国实用型现代高科技田间节水高效环保灌溉技术体系并初步实施，项目取得了以下成绩：

（1）开发了实用型田间节水高效环保灌溉技术体系。结合我国节水栽培理论与模式，提出了适合国情的科学灌溉计划实时制定技术。

（2）选择配置了经济实用的土壤水分测试仪表和量水设备，采用国产蒸发皿，并通过对桃树、苹果树耗水量的试验研究，获得了微灌条件下，两种果树的耗水规律及蒸发皿系数，为科学灌溉计划实时制定技术，提供了比较实用的实施基础。

（3）研制了适合小型果园灌溉的低水头滴灌系统。

（4）制作了适合果农的《果园节水》VCD 盘、录像带，并编著出版了《果园现代高科技节水高效灌溉技术指南》培训教材。

（5）通过在北京昌平、山西长治、陕西礼泉、河北大名等果园示范推广该技术体系获得了较好的示范效果。

（6）典型实验结果表明：实施科学灌溉计划实时制定技术，在产量和产品质量基本相当的条件下，与不按此技术灌溉相比，在微喷灌条件下可节水 36.8%，在软管畦灌条件下可节水 43.8%。

（7）技术文件齐全完整，符合规定，数据可信。

据此，项目鉴定委员会认定曾德超所主持的“中国实用型现代高科技田间节水高效环保灌溉技术体系的开发与示范研究”项目为我国所面临的

① 杨培岭：心系节水，志在农工——悼念恩师曾德超院士。见：雷霆武，王伟主编：《理想的耕耘者——我们的导师曾德超》。北京：中国农业大学出版社，2013 年。

灌溉水资源短缺问题，提出了有新意的技术解决方案。此方案所需设备费用及管道输水、软管灌、喷管、微灌等工程基本投资的几十分之一，效益十分明显，对我国节水农业的发展具有重大意义[①]。通过推进这项持续15年之久的中澳合作项目，曾德超的科研工作也全面拓展至水土环境保护、节水与可持续农业、精密农业等领域。

桃李满天下

曾德超不仅是一位农业工程学家，还是一位教育家。对学生的培养是曾德超毕生工作中很重要的一个部分。在教育理念方面，曾德超受美式教育思想影响，尊重学生的独立人格和个人选择，特别是在学生科研选题方面，注重课题可行性与大方向的把握，培养学生自己思考、自己动手的能力，经他培养的学生往往能具备独当一面的能力。在培养过程中，继续奉行学术民主，组织讨论会与周末沙龙与学生进行学术讨论，而且教育学生进行学术训练的同时，不忘激励学生实现祖国农业机械化，改变农村落后面貌的事业心。同时，曾德超将如何做人渗透到教育教学的方方面面，知行合一，言传身教，润物无声，他的德育、体育与智育的全部理念都融入自身待人接物的处事原则和抱诚守真、儒雅温和的人格之中。多年来，曾德超培养了全国为数众多的农业机械化专业各个层次的本科生、研究生以及外国留学生，所培养的研究生直接或间接服务于农业工程或其他农业生产部门的不胜其数。

据曾德超的学生朱勇华回忆，曾老师在第一次与学生正式见面时，首先提问："谁想得诺贝尔奖？"然后再告诉大家，如果谁要拿诺贝尔奖，那就是走错门了，不需要到这里学习。因为农业工程学科需要解决的是实际问题，永远不会得诺贝尔奖[②]。这个细节是曾德超将自己对工程学科本质

---

① "中国实用型现代高科技田间节水高效环保灌溉技术体系的开发与示范研究"科学技术成果鉴定证书。老科学家学术成长资料采集（曾德超小组）证书证章部分。

② 朱勇华：德行天下 超越时空——怀念曾德超老师。见：雷廷武，王伟主编：《理想的耕耘者——我们的导师曾德超》。北京：中国农业大学出版社，2013年。

的深刻认识全面传递给学生的反映，他要求学生从一开始就明确自己的学科方向。工程科学需要面向实际，只有求实才能创新。

图 7-10 1962 年与研究生合影（前排左起：曹崇文、曾德超、李翰如）

一般来说，一切实证科学都需要讲求实际，需要客观的、冷静的观察，以求得对客观实际的正确认识，自然科学中研究基础理论的理、化、天、地、生各门学科概莫能外。曾德超所强调的求实精神，既是工程科学的特殊需要，也是一切实证科学的一般需要。他虽然是站在农业工程学科特点的角度向学生传授科研经验，明确学科方向，端正科研态度，然而从另一个方面来说，也是站在一切实证科学的普适性立场，向所有力图探求真理的青年人指明科学的精神，即讲求实际，尊重实践，从实践中来，到实践中去。

曾德超对学生科学精神的引导，主要体现在三个方面：

第一，从严要求，精益求精。

从学生的入学教育开始时，曾德超就提醒大家要做好吃苦的准备。他告诉学生，科学研究是一条艰辛的路，没有刻苦的钻研，不会取得成果。但他同时也善于运用莘莘学子固有的拳拳爱国之心来激励学生，“再苦，我们也要坚持，如果你想要为我们这个民族做一点事情的话。”[①] 教育学生做有益于国家和社会的人，做能够解决实际问题的事情，这也就引发了学生自身勤奋自省的内在动力。他告诫学生，做学问不能依靠投机取巧，

① 张坚：难以忘怀的回忆——写于曾先生逝世一周年。见：雷廷武，王伟主编：《理想的耕耘者——我们的导师曾德超》。北京：中国农业大学出版社，2013 年。

要敢于知难而进，创新而做大事情；要敢于征服一切，不怕困难。据他的学生李庆忠回忆，一次李庆忠做完研究报告时，由于山东方言很重，台下的老师都听不清在讲什么，有的老师还问他说的是哪国语言。曾德超把他们宿舍中另外两个山东的同学调开，又调进两个非山东籍的学生，以改变学生的语言环境。每次研讨会，曾德超都点李庆忠的名，批评激励他。于是，李庆忠渐渐开始注意自己的山东口音，直到他成功地作了硕士研究生开题报告后，曾德超终于放心了。可见，他对学生的要求，是全方位地从严要求，一丝不苟。

曾德超对学生的从严要求，既是言传，更赖身教。据他的学生赵光黎回忆，年近 70 岁的曾德超在校园内经常阔步行走，就连当时 20 多岁的学生们，能跟上他的步伐，都有些吃力。他骑自行车时，总是骑得飞快，这是多年快节奏的工作、生活使他养成的一种习惯。他总是在工作以外的其他事情上节约时间，并把节约的每一分钟、每一秒钟都尽可能用到他所从事的事业上，用到提高学校的学术水平上，用到对研究生的指导上。他对工作总是亲力亲为，不放过每一个细节，在把握大原则的前提下从细微入手，精心做人，仔细做事，点点滴滴中创出伟大。他善于独立思考、独立做事，不受外界干扰，不随波逐流，万事不求人。学生们在学习和生活的方方面面取得了成绩，他总能及时表扬，并指出下一步的目标；而当学生们发生了偏差，或犯了错误，他总能耐心地教育，有时会进行严厉的批评，使学生们能及时纠正偏差，沿着正确的方向前行。这种坚毅的性格直接影响着学生们①。曾德超的学生黄兴法回忆，在一次田间试验中，为了让学生们更加清晰地观察高速犁的作业状态，近 70 岁的曾德超竟亲自踩在高速犁的犁架上，随着拖拉机一起前进，学生们几乎惊呆了。当时试验结束后，农机实验室的拖拉机驾驶员李毅叹道："这老爷子干起工作来，连命都不要了！"②

① 赵光黎：先生仙逝，精神永存——纪念曾德超老师逝世一周年。见：雷廷武，王伟主编：《理想的耕耘者——我们的导师曾德超》。北京：中国农业大学出版社，2013 年。

② 黄兴法：曾老师指引了我的学术方向——纪念曾德超院士逝世一周年。见：雷廷武，王伟主编：《理想的耕耘者——我们的导师曾德超》。北京：中国农业大学出版社，2013 年。

科研选题是从战略上选择科学研究主攻方向的过程，是科学研究过程的起始点，也是年轻的青年研究生们“万事开头难”而要冲破的第一关。从选择课题开始，曾德超即注重培养学生敏锐的思维和科学表达的能力。他欢迎学生随时去他家里讨论课题，但与他讨论选题思路就要在很短时间内说明白，如果没想法，则要求学生回去想好了再来。他总说：你拿出来的东西一定要想好了，如果跟我商量也要思路很清楚。而课题即将完成时，他对学生们的毕业论文及发表的文章更是严格把关。每个人的毕业论文，曾德超都要修改四、五遍，发表的论文也要反复修改。可以说，每个学生的论文中都凝聚了他作为导师的心血。

第二，鼓励思考，启发创新。

随着社会对高等院校知识创新期望值的增大，社会发展对高等教育的依赖程度也越来越大。高素质创新型人才是知识经济时代的需要，研究生教育对培养这样的人才有着义不容辞的责任。而曾德超早在知识经济时代到来之前，就对创新思维的育成非常重视，自觉地通过各种方式培养学生的创新精神。据他的学生朱勇华回忆，在博士生入学考试的面试考场上，其他导师都是提问专业或理论问题，只有曾德超问了一个看似简单，实际深奥的问题：“今天晚上有两处演出，都是芭蕾舞。一处是靠近学校的《白毛女》，另一处是在城南上演的《天鹅湖》。你只能看一个演出，你选哪一个？为什么？”朱勇华一时不知如何回答，略加考虑后，本能地认为《白毛女》已经看过许多次，那么就选《天鹅湖》吧。多年以后，曾德超告诉他关于这个问题的内涵，主要是想了解学生喜欢熟悉的事情还是乐于接受新的事物，这将影响创新思维。[47]

曾德超在“土壤—机器—植物”实验室举行星期四 Seminar 活动之时，北京农业工程大学的其他研究生学科点都还没有设置 Seminar 活动。这个活动主要是让研究生们谈一谈自己近一周来的工作进展，然后曾德超进行总结性发言。在这个活动中，曾德超会为学生们描述农业工程的发展前景和动态，许多前瞻性的命题，有创新性的科研项目，引人深思的话题、思想火花……在此一一展开。曾德超工作再忙，也要抽时间参加周四的 Seminar，而当他出国或出差时，Seminar 活动就由实验室入学时间早的

图 7-11　1984 年曾德超（前排左三）与研究生在校门口合影

高年级研究生主持进行。这是一个培养创新思维的有益空间，是研究生能力提升的园地。后来学校的很多老师和研究团体纷纷效仿。而今，Seminar 已成为研究生的学位课程。

要创新，就要充分调动育人实践中科研创新活动的主体——青年学生自我学习、自我批判、独立思考的能力。导师的介入不能多，也不能少，指导方法须灵活恰当，须防过犹不及，是一个复杂精微的过程。早在 20 世纪 50 年代，曾德超便已将教育艺术的微妙之处运用到得心应手的境界了。据曾德超的学生陈济勤回忆，当年关于他毕业设计的全程指导，曾教授总共只与他探讨了三次，但是这仅仅三次的指导却是非常重要的方向性指导，真正起到了一位导师的学术领航作用：“第一次，我知道这个题目能做；第二次，我知道目前做得不错；第三次，我有信心把这

图 7-12　20 世纪 80 年代曾德超指导研究生

个题目做完。”[①] 也正是受曾德超育人方式的影响，陈济勤独立进行科研工作的时候，对学生的指导也带上了一种引导学生独立自主选择课题，全面把握以学生为本的教育思路和鼓励学生自主思维创新的基本方法，这套教育理念在很大程度上，在农业工程学科的人才培养和科研教育中，得到了具体的传承和延续。曾德超的很多学生在成为教授、研究员和研究生导师之后，都注重这种育人方法的使用。陈济勤这样评价曾德超在引导学生科研中的作用：“他不是那种像刘翔赛跑后面那个教练那种（事无巨细），他完全是那种放着走的；当我把这个毕业设计搞下来之后，我的胆儿就大了很多。我觉得我本事不大，但是我可以做一些事情。”[②] 在研究生的培养中，往往是从第二年开始，曾德超会让学生们自主选题，尽量避免给学生预设题目。正是在坚持引导学生独立思考的理念中，创新精神的启发得以进行，并卓有成效。

第三，强调团队精神与学科间合作。

在实验室组织 Seminar，除了启发学生进行科研创新的思维训练，还有一个重要作用，就是在此过程中培养学生的团队精神。这是一次集体活动，在 Seminar 上，既要体现个体的工作进展与收获，更要体现团队取长补短，不让一个人掉队的集体优势。曾德超会在 Seminar 上聆听学生的发言，特别是到了自由讨论部分，他尤为重视，静静地观察每个人的表现，认真听取不同的意见。“在政治上是成王败寇，只有一个是正确的。而在学术上可以是几个人都正确，一个问题可能有几种解决方法，千万不能自以为是。”在自由讨论过程中，曾德超会平衡学生之间的表达能力，互相帮助和提高，能将沉默寡言的学生熏陶为口若悬河的演讲者。他特别告诫整个团队，每人不要自己“画地为牢”，要对别人的课题都有所了解，由此可能产生相互作用和思想火花。

曾德超对多学科前缘交叉非常敏锐，在教育学生时，也鼓励他们把自己的专业方向拓宽，与农学相关专业联系起来。土壤耕作力学是“土—机—植”实验室的基本科研内容，并且已经是很精深的专业，但是

---

① 部分老教授座谈会发言，2013 年 2 月 20 日，资料存于采集工程数据库。

② 同①。

曾德超仍然鼓励学生将土壤耕作力学与土壤生态系统、水土保持、作物生长系统等联系起来，并引进其他学科的最新技术。对研究生的指导，他配以由数学、力学、物理、生物等多学科的老师参与的团队协同指导。在他的引导下，“土一机一植”实验室的研究生最早将计算机技术、数值模拟方法及系统研究方法等引入到农业工程的研究上。据他的学生练国平回忆，这种充满远见的研究视野在多年后还深深地影响着他的研究工作。除此之外，曾德超还一贯要求学生要学好外语，了解国外的研究，海纳百川。

团队合作，从小处说可以是一个合作小组、一个实验室、一个专业、一所学校；从大处说，国家、社会都需要合作，每一个课题、每一件事、都是多方合作的结果。曾德超提倡社会价值高于个人价值，并且把这种价值观引入科研育人中，教育学生，一个课题唯有拥有社会价值，才能体现研究者的价值。这便是他所强调的科学研究的“求实”。据他的学生赵光黎回忆，曾德超不像其他导师，会提前给研究生一个固定的课题，或在大课题中分出一小部分，作为研究生的课题方向，他让学生走出校门，走向社会，进行实地调研，选择实用的课题。这正是他所提倡的服务于社会，给社会创造价值的目标。通过设定这个目标和理想，教育、科研和社会服务被有机地结合在了一起，学生们不仅能够在理论和知识上得到拓展，也把所学知识在社会实践中得到了升华。

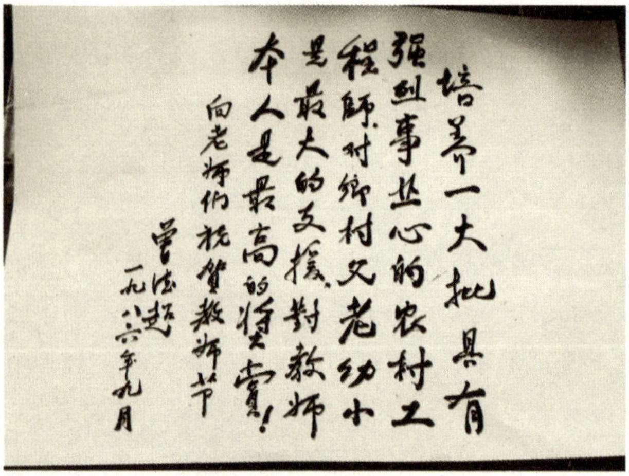

图 7-13　1986 年曾德超软笔字贺教师节

在科学研究中，曾德超是一个实干的人，甚至是一个投入工作至忘我境界的人。而生活中的他却十分简单。据学校同事回忆，曾德超尚在学校领导班子中时，饭菜十分简单，仅用一碗一碟，而且几乎都可以用袖珍来形容，餐间恬然自若，想是一向如此，不以为意。到了晚年，还从不多的养老金中拿出钱来捐给希望小学。他受到学生们的爱戴，绝非偶然。

曾德超对学生为人处事的启迪，主要体现在三个方面：

第一，不甘庸碌，志行高远。

曾德超对学生的德育，第一便在爱国。爱国不在空谈，而在实干，在于有勇气担当。他的学生朱勇华是1988年首届霍英东基金的获得者，当时该项基金只给机械类的科学研究者一个名额，而申请人则多至几千。朱勇华曾经想放弃，但曾德超全力支持他去“冲一下”，反复鼓励其申请。“不试一下怎么知道行还是不行？”曾德超情急之下甚至用海南话说道，“做鬼也要做大鬼！”鼓励学生要有勇气做大事。当他得知学生获得荣誉时，曾德超比学生还要高兴，朱勇华回忆说：

> 当中央电视台《新闻联播》播出国家主席在人民大会堂为我们颁奖时，曾老师比我还高兴，告诉在电视里看到我的镜头。有感于老师的功劳，我直接把获奖证书送给曾老师永远保存。事后杨振宁、周培源、雷洁琼和费孝通等参加评审的大师们亲口告诉我，之所以给我很高的评分是因为看到了其中的创新，能力加潜力就有创新力[①]。

朱勇华后来在汽车安全相关学术领域取得出色成绩，不得不说与曾德超的鼓励有直接的关系。在他的激励下，朱勇华一直不忘要为国服务，1991年在美国完成博士后工作并计划回到北京，而曾德超在询问了详细情况之后，认为国内在汽车安全这方面的政策尚未出台，不妨在美国再看一看，收集一些资料再回来。朱勇华即尝试说服韦恩大学把即将更换的汽车碰撞试验台转赠北京农业工程大学车辆工程系，但是由于当时中国政策的限制，最终没能完成这一计划。对于这个结果，曾德超是有所预见的，他曾对朱勇华言道，出国也可以报效祖国，不回国，也可以为国服务。当国

① 朱勇华：德行天下，超越时空——怀念曾德超老师。见：雷廷武，王伟主编：《理想的耕耘者——我们的导师曾德超》，北京：中国农业大学出版社，2013年。

内政策制约汽车安全研究在国内的发展时，留在国外，一样是为国做贡献。科学无国界，技术可转移，从长远看来，这会是最大程度的回馈祖国的方式，而且不至于屈没了人才。

曾德超将知识分子爱国的良知渗透在育人工作中。据学生张坚回忆，当《增长的极限》一书传入中国时，曾德超不仅没有像有的人那样，一味高唱保护环境、保护资源，反而痛斥那种鼓吹经济增长已达地球极限，令中国放弃农业机械化和农业现代化的言论。他说，“发达国家已经通过农业机械化实现了丰衣足食，现在却借口资源环境问题蛊惑我们停留在牛耕田、人插秧的原始状态，这里面包藏着祸心。有些人企图让中国人永远处在吃不饱、穿不暖的落后状态，永远受外国人的摆布，我们绝不能上这些人的当。”[50]一位重视科学，重视可持续发展的先生说出这般警醒的话语，其效用是不同一般的。如此教诲不仅没有让学生们对保护资源环境的问题放松警惕，反而唤醒学生们努力学习，自力更生，誓用自己手中的知识积极地面对资源与环境问题，用科学来解决发展问题，用科学来实现可持续发展。曾德超的爱国，传承于学人之间，是学者的爱国情怀。它呼唤的是科学强国，未来的农业工程要全面促进可持续发展。这样的胸怀和志向，后辈学子常常感怀敬仰。

图 7-14　2007 年曾德超（右四）指导的最后一位博士研究生傅臣家毕业答辩会

第二，诚信为人，重视细节。

曾德超常与学生讲做人的道理，最重要的原则便是诚信。他告诉学生，我们花的每一分钱都是工人创作出来的，我们吃的每粒粮食都是农民种出来的。他说做人要有自己的行为准则，不能随波逐流，更不能人前一样，背后一样。别人到食堂打饭不排队，你不能不排；一点小事，可以折射一个人的品格。他从来不接受在读学生的礼物，尤其是在录取前。据他的学生隋红建回忆，有一次一位师弟面试前到他家里送了一条香烟，差点没被录取。

诚信的基础是重诺笃行，曾德超是这样教育学生的，也是这样践行的。他的学生李永军回忆道，“记得有一次先生给我修改论文，正值大冬天，当时刚下过雪，虽约好晚上 7 点开始，考虑到天黑路滑，我给先生打电话让他不要来了，但先生坚持准时进行。先生指导论文时，反反复复字斟句酌，即使论文中每个标点符号的用法都要仔细推敲，不知不觉到了 12 点多，师母打来电话，问先生什么时候回来，早不忍心让先生继续指导下去，劝先生回去，但先生一直坚持把论文指导完才走。我推着先生的自行车和他并肩走在雪地里，天很冷，但我心里始终是暖洋洋的。”

第三，视野开阔，胸怀豁达。

曾德超平日的教学非常注意与学生打成一片。据学生回忆，曾德超的课堂内容丰富，形式自由，内容丰富到广博的程度，而且非常注重教学民主。据余群教授回忆，“他讲课的时候是可以跟他争论，可以提意见的。当时的老师，别的没有这样的，只有他。记得我那时经常在课堂上跟他辩（论），他讲那些东西，我不那么认为，我就当堂站起来说我不同意你的观点。”“有一次他讲到犁铲的力的问题，我就跟

图 7-15　20 世纪 80 年代曾德超在讲课

他提不同的看法，他就叫我们班上的同学帮我一起去做实验。后来我们去做农机上铲的实验。现在回头看看是个笑话，当时也没有什么实验设备，我们就找了块铁板，使劲往那个土里面推，然后看看推过去的时候土怎么翻……他就是主张这样：你既然那么说，那么你来，让他们帮着你实验，然后咱们再讨论这个问题。曾德超学术上的民主是很突出的。”①

曾德超的研究生们都说自己的导师是一个非常简朴的人，平时对他人生活上的琐事很少过问，但对学生们的个人发展却非常关心。在他晚年，记忆力逐渐衰退，身边的事情都有些记不清了，每当谈论家庭和生活等事情时，已显出一幅茫然而无可奈何的样子，由夫人贺子石权作处理。然而一旦话题回到学生的研究工作时，他就会精神一振，思维敏捷地问这问那。

这样的一个人，不仅一生光明磊落，而且也教育学生做事要正大光明，不要怕委屈。他从来不在学生面前述说“文化大革命”期间受到的不公正待遇，不计个人恩怨，善于把磨难转变为自己的精神财富，多看别人的长处，不要斤斤计较，做到宠辱不惊。“文化大革命”期间曾德超专案三人小组成员之一的郭佩玉②，是曾德超 1961 年 9 月招收的第一批研究生之一。曾德超担任校领导后，郭佩玉公开请求曾德超原谅其在“文化大革命”期间的过错，曾德超原谅了他。据郭佩玉回忆：“留校工作后，导师又推荐我去新西兰留学，推荐我担任学校的领导工作。”③

原北京农业工程大学校长翁之馨给予曾德超简短而精当的评价：“他是大学问家，大老实人，大好人。”

中国农业大学教授余群回忆曾德超：“我跟他相处了很多年，感觉他事业心很重，一切就为了把工作做好，把科研做好，什么都可以放弃，这

---

① 部分老教授座谈会发言，2013 年 2 月 20 日，资料存于采集工程数据库。

② 郭佩玉（1937–2014），北京农业机械化学院本科、硕士毕业。留校后在农机教研室任教，历任讲师、副教授、研究员。1981–1983 年新西兰坎特波利大学林肯学院进修，1985–1990 年任学校教务处处长，1990–1997 年任非常规饲料研究所所长，1991 年被任命为北京农业工程大学副校长。1997 年 9 月退休。

③ 郭佩玉：缅怀导师曾德超院士。见：雷廷武，王伟主编：《理想的耕耘者——我们的导师曾德超》。北京：中国农业大学出版社，2013 年。

一点他不放弃，一直到他去世。他去世前几天，我还去过他家，他还在和我谈工作。这就是值得我们学习的一个重要方面。”

北京农业机械化学院1965年毕业生，原《中国农机化报》高级编辑、高级记者张蓝水感念曾德超的教导，并评价曾德超是“我们景仰的前辈学者和老师”。“作为他的学生，有机会再次在会议上、在讲坛上聆听他对农机化深邃的见解，编辑、传播他对国家农机化的精辟文章、观点和建议，学习他的著作。为此，我感到骄傲和自豪。”

原中国农业大学国际学院院长孟繁锡评价曾德超：“曾先生治学上非常严谨，对人才培养上，目标远大，站得比较高；从生活上，非常俭朴，平易近人；作为年轻一辈，觉得他话虽然不多，但是关爱下属，体现在示方向、指路子。”

中国农业大学教授陈济勤评价曾德超：“和曾教授相处六十年，对我的影响是一辈子。有的人说，很多东西实际上我是学的他。实际上，他做得到的东西我非常佩服。我觉得，在中国的农业工程、农业机械化领域里面，他应该是很重要的一个领军人物。因为，从国外回来的很多大的教授，基本上我都接触过，因为他们大多都担任农业机械化系的主任。从造诣方面，思想开阔方面，对学术的专注，这都是别人比不了的。从实际做的事情来看，也是别人达不到的。他并不需要在头衔上争什么，也从不争这些东西。但是他对农业机械化事业、对农业工程，他完全是无私的奉献的。对学生来说，他是我们的典范。我在30年校庆的时候，我讲过几句话，就是讲北农机精神的时候，他们这一代人，特别是他，在养成北农机精神、在全国树立北农机的牌子，这些都起了很大的作用。”

中国农业大学教授周一鸣评价曾德超是“非常正派的一个老师”。“在我遇到的老师当中，确实这方面的品格非常高尚。是什么支撑他一辈子那么忘我的工作，献给北农机、献给农业机械化事业呢？我认为，应该是一片爱国情怀。要不怎么去解释他那么玩命的工作，半夜不睡觉，快90岁了，还那么关心学校的发展。而且，他是为国家培养人才，他干什么都是为了国家。”

国务院学位委员会是这样评价曾德超的：“曾德超为我国学位与研究

图 7-16　2013 年采集小组与部分老教授座谈后合影（左起：尹北直、周一鸣、余群、陈济勤、翁之馨、张圣虎、孟繁锡、张远帆）

生教育事业的发展和高层次人才的培养做出了重要的贡献。”虽然只是简单平实地短短一句话，却涵盖着教育工作在国家层面的最高荣誉。这是对一位教育工作者热忱奉献的肯定，也是国家对曾德超在高层次人才培养方面成绩的全面认定。2004 年，曾德超受邀给全体学生做报告，提出了对学生的殷切期望，也完整体现了他的教育理念：

学校刚开始创办的时候就很注重实用人才的培养，我们非常强调实验和实习，这一直是我们的校风。我们应该坚持培养真正对国家、对三农有用的人才，延续我们一开始就形成的优良传统。

我认为当今的大学生应该注意三个方面的培养：

首先，学习方面，专业知识要过硬，这是衡量一个学生最基本的方面，也是同学们以后工作谋生、为国家做贡献的基础。

其次，人际关系要处理好。爱迪生一个人完成 1000 多项发明的时代已经过去，现在社会是一个注重合作和分工的社会，就连搞科研也需要很强的团体意识，需要集体分工合作。

最后，我想要强调的是，体育锻炼不可忽视。同学们应该每天坚持锻炼，跑跑步，打打球，做到劳逸结合。

我最想对同学们说的还是，人生最大的奖赏应该是对最需要帮忙的人和人群给以帮助，去最需要去的地方，而不在乎赚多少钱，出多少名。三农（农业、农村、农民）问题是一项长远的、艰巨的工作，需要真正有本事、有心的人，对最需要帮忙的群体，做些有益的事是有意义的，值得的[①]。

而曾德超的育人成就，正如中国农业大学精细农业研究中心教授孙宇瑞的感慨："从 1955 年北京农业机械化学院第一批毕业生迈着青春的脚步跨出校门开始，迄今已有数万计的农业工程师遍布祖国大地。在他的学生中既不乏欧美大学中的教授，国家和地方部门的领导，也有农业生产基层的劳模。今天，无论曾德超先生走到哪里，都会出现师生相见、百感交集的动人场面。"时光荏苒，光阴飞逝，曾德超的音容笑貌仍在学生们的心中。他们真挚的怀念和做出的卓越成绩，都昭示出曾德超不愧为中国农业工程高等教育的创建者和农业科学领域出类拔萃的教育家。

① 曾德超给学生们做报告的手稿（2004 年）。资料存于采集工程数据库。

第八章 老骥伏枥

工程学家布什（Vannevar Bush）所说："虽然每个人都知道工程学是用于将科学转化为技术的，但不是每个人都知道工程学也在做着正好相反的事情，即将技术转化为新的科学和数学。"[53] 作为一个农民的儿子，曾德超身上负载的高度社会责任感促使他在学术上不断探索，不断反思用农业工程解决我国农业根本出路的方法。当改革开放终于将科学事业的春风带到农业工程领域时，他已然花甲，"把失去的时间补回来"的信念使他开始第二次起跑。2001 年 11 月底，在中澳合作研究项目（ACIAR9447）结题学术报告会上，年届耄耋之年的曾德超笑称自己金盆洗手。事实上，他依然未能真正的安享晚年，一直在思考农业工程学科的发展，科研领域的拓宽，直至蜡炬成灰，彻底地践行着一位工程科学家的责任：将工程技术发展为新的科学。

可持续农业构想

20 世纪初，西方发达国家开始由传统农业向现代农业转变，到 20 世纪六七十年代基本实现了农业现代化。然而，化肥、农药、兽药、除草剂、添加剂等化学合成品的大量不合理使用，引发了水土污染，人类食品安全受到威胁，人口、资源、环境、经济、社会各方面问题凸显，新的农业发展模式势在必行。“有机农业”、“生态农业”、“自然农业”、“生物农业”等农业发展新概念就是在这样的背景下提出的。不过这些概念模式常常得不到满意的农业产出和效益，单产仅相当于“石油农业”的90%，甚至更低。于是，国际社会继续努力寻求一种既能使农业持续增产，又能使生态系统保持基本平衡的农业发展模式。

1983年，著名生物学家罗德尔在其发表的“持续农业”研究论文中首先提出了“可持续农业”的概念。1987年世界环境与发展委员会（WCED）提出了“2000年粮食：转向持续农业的全球政策”报告。联合国粮农组织（FAO）于1988年制定了“持续农业生产：对国际农业研究的要求”的文件，1989年11月粮农组织第25届大会通过“有关持续发展的活动”的决议，把可持续农业研究推向高潮。1992年6月，在巴西召开的有118个国家元首或政府首脑出席的联合国“环境与发展”会议上，确定的会议主题就是可持续发展，可持续农业的概念为各国代表所接受。1993年11月，联合国粮农组织在罗马召开了第27届年会，强调至2010年世界农业和农村发展必须达到三个目的：第一，满足现有人口和新增人口的基本生活需求；第二，树立节约利用资源和保护生态环境的意识；第三，在不断提高农村人口素质和依靠科技进步的前提下，逐步兴建“可持续农业”生产体系，为以可持续农业为基础的农村发展创造条件。从此，可持续农业思潮在全球范围内基本形成。

中国确立可持续农业概念框架，从时间上来说是紧跟世界步伐的。1994年，经国务院第16次常务会议批准的《中国21世纪议程》，第11章即为“农业与农村的可持续发展”，并将农业与农村可持续发展的目标定为保持农业生产率稳定增产，提高食物生产和保障食物安全，发展农村经济，增加农民收入，改变农村贫困落后状况，保护和改善农业生态环境，合理、永续利用自然资源，特别是生物资源和可再生资源，以满足逐年增长的国民经济发展和人民生活的需要。然而，国内学者对可持续农业内涵的理解则经过了一个过程，长期以来，人们对可持续农业的印象较为泛化，对控制人口、节约资源、保护环境等内容较为注意，而对于联合国粮农组织 1991 年在荷兰通过的《登博思宣言》中提到的持续农业需要“技术上适当”这个要求，则有忽视的现象。

曾德超较早注意到了这个问题。他认为，进入 21 世纪，中国农业面临粮食上台阶，水土资源短缺，排放急增，劳力、物资、技术、资金新格局等方面的严峻挑战和机遇，处于一个历史性瓶颈时期。而中国的基本农情，仍然是逆境重，中低产田比重大，植被破坏、水土流失、生态脆弱。从基本性制约因素起因与特性上看，中国所迫切需要发展的应是一种突出减灾缓逆、高产高效的可持续农业，而不是笼统而论的可持续农业。

之所以能够在中国农业迈向 21 世纪的重要历史时期及时做出这样的论断，与曾德超长期以来对中国技术创新与技术转移合理途径的深入思考有直接关系。关于这方面内容探讨的开展，更多地是由科学技术哲学与科学技术管理领域的学者进行的。30 年代中期，法国哲学家雅 · 埃吕尔（Jacques Ellul）在《技术社会》一书中第一次提出了“适用技术”（Appropriate Technology）的观念：技术之所以成为技术，是由它与社会的相互关系而界定的；脱离了技术所处的环境，不可能真正了解技术。1973 年，英国经济学家舒马赫提出了“中间技术”概念，认为引进国外技术和生产方法时，应考虑采用适合本国经济，容易消化推广的、比那些最新最先进的资本密集型技术更简单、廉价、易于维修的，而比初级原始技术更优越的技术。这样就可以避免发展中国家普遍的资金短缺约束以及高级技术人才匮乏的局限，而且带来扩大就业，易于消化吸收、推广，取得良好的连

图 8-1　20 世纪 80 年代曾德超在田间试验

锁效应。[55] 该理论提出后受到广泛重视，但它的反对者认为：不学最新的东西，而特地去学中间技术，是不利于技术进步；利用中间技术进行生产，对扩大就业固然能提供保障，但是产品质量低，维修费用高，结果总的生产费用反而增加；新技术能使操作规范化、简单化，而中间技术在不少情况下要求劳动者有较高的技能、熟练的技巧。在各种批评意见和克服自身局限性的努力中，印度学者 A. 雷迪于 1975 年提出了“适用技术论”，站在发展中国家的立场上，确定了“适用技术”的多重目标特征：环境目标——节约能源，尽量减少或循环使用各种资源，减少环境污染以促进各地区生态环境的协调；社会目标——最大限度地满足人类的最基础要求，提供富有创造性和引人入胜的工作，能与传统文化相互交融，促进社会的和睦并把权力交给人民；经济目标——消除经济发展的不均衡状态，提供充分的就业机会，采用地方资源并生产消费品，把经济引向分散经营。[56]

对大多数中国人来说，“适用技术”的概念在 20 世纪 80 年代甚至 90 年代还是一个较为新鲜的词汇，但对曾德超来说，这个理念在他的工程实践中。早在新中国成立前的乡村工业建设中，他就曾反复多次提到，“大规模最新式的工厂对我们是不适合的”；“我认为适合我们国情的一般工厂都是比较小型的，都必须是大部分能在国内设计制造的，所用材料也是大部分能在国内获到的” ①；在 20 世纪 50 年代国家发展农业机械化，增补农具和建设农场的时代背景下，曾德超提出“需要研究的首先是适合不同地区的农业机械（包括新式畜力农具）、拖拉机、农用原动机的选型和改造，或者是针对着我国的特殊情况进行研究创造完全新的机器”[57]；改革开放后，在全球农机工业协商会议上，曾德超对比了发展中国家与发达国家的技术发展基础后，又拟出“提供适当技术”的发展建议②，并对中国的农业机械化政策进行了解析。正因为如此，在可持续农业发展模式的大讨论中，曾德超进一步将“适用技术”的技术价值观与农业可持续发展的目标要求结合起来，就是十分自然的事了。

那么，曾德超所构想的“突出减灾缓逆、高产高效的可持续农业”主

① 曾德超山丹工作笔记手稿，资料存于采集工程数据库。

② 曾德超农业机械化的政策与战略说明手稿。存地同①。

要是什么含义呢？

曾德超认为，一个国家的农业主体部分是由具有一定规模和范围的经营单位——“农场”组成的。农场为了对其种植业（作物、农区的林业果业、草业草皮业）及时适量地提供作物生长所需种、土、水、肥、光、热等要素，而年复一年地进行农田基建、耕作、栽培、管理、经营，形成某种相对稳定而又不断革新的农耕技术体系。农业主体应该研究开发示范推广建立能较好地处理各个地区农业发展主要制约因素、体现先进理论、构成国内外有关新进适用技术载体框架的新型农耕制。这是一种生态型农业精密农耕制，它包括如下特征环节：①以雨水就地就近控制四水的转换，高效积贮，用以精量补充灌溉关键水。②以中小流域为边界，结合整治的适当业务范围和适度规模经营。③信息化测土按点综合优化配方精密耕作。④专业经营物资信息供销服务统筹的新型技术推广体制。

从曾德超多年科研实践中，他总结道，农田水情失调是我国农业自古至今最突出的困扰。截至 20 世纪末，中国现行的农田水情调节的几种主要途径中，耕作和覆盖在一定限度内是有效的，但在旱涝延续而深重的情况下，效果有其限度。我国各地区迫切需要的实质上是一种不依赖于实时气候，需要时能随时用得上的灌溉水源和一种能知作物需求、精量施水的精量补灌技术。要实现这种灌溉水源和补灌技术，就要雨水就地在本田或在就近经灭草、压实或铺膜处理的非耕地上，在监测土壤水情并控制入渗与径流分量情况下，防止超过要求深度的入渗，高效地集汇径流；并在窑窖或沟恤、坑塘的储蓄中防止渗漏和蒸发损失。广大不经处理非耕地的径流则加予集汇并防渗储蓄。然后在对本田土壤与植株水情参数监测情况下，作为关键

图 8-2 1997 年曾德超指导李晓娟进行果树 RDI 试验

水，于适当时刻进行管道或膜上输水，进行精量补灌。如此，便可实现雨季的水旱季用，秋季水春季用，大大延伸了保墒耕作所能达到的极限。客“田”雨本田用，淡化了干旱地区与湿润地区界线，相当于为本地区开辟了新的灌溉水源。

为了保证农场水资源的周年供应而又不致集雨工程过大，必须使种植计划、土壤改良计划、资源生态环境保持和重建规划等与水资源规划相匹配。为了保证这些计划的成功，比如种树植草的成活率，宜采用集中使用水资源、建立“绿洲”的方式，种一块成一块，往后才继续创造条件扩大。对流经境内的沟溪川渠径流都须设有统一的防止径流渗漏散失的维护措施，避免总水资源浪费。为了实现这样一条“精密型”水资源开发管理路线，需要开发和利用有关的现代化精密快速地面、地形、土壤、作物水特性参数等的测量技术，土壤水蚀模型，作物生长模型，综合规划优化决策支持专家系统，以及有关的地理信息、差分地理定位技术等。这实际上就构设了一整条精密农业的技术测控链，将农业对自然生产力的利用建立在最大限度的可控条件下，降低了经营风险。

在这个设想的基础上，曾德超进一步提出了用水“三精”农业的概念：根据各个地区雨水与沟溪径流资源的形势及国家对河川径流配给规划，在每个流域的上中下游以适度规模农场为单位，普遍发展精细培肥调墒耕作的雨养农业；发展就地高效调控集蓄雨水精量补灌农业；根据径流利用配给份额，发展节水精量灌溉农业。

除了农田水情的调控外，曾德超还提出要建立适当业务范围、适度规模的经营治理相结合农场，开发有关的现代测量规划技术、优化水土资源利用结构，向可持续发展转轨；开发经济适用型信息化测土按点综合优化配方精施耕作技术，为作物生长、植被重建、水土治理提供高效的现代手段；建立专业经营、物资信息供销服务统筹的新型技术推广体制等全方位的农业发展构想。这些构想，有的方面在 21 世纪中国农业发展中已成为现实，有的则正在通过中国的农业政策和农业科技进步逐步呈现出相关趋势。曾德超预言，在 2020—2040 年，我国将同时迎来人口向高峰增长，工业化进程达中后期，市场经济的迅速而全面发育，农村社区、城镇、城市及交通运输等基础设施、基本建设不可避免的膨胀，等等。这样，粮食需求量的连续登上台阶，水、土等资源消耗及排放的急剧增大，劳力、物资、技术、资金组合的格局变化等，将给农业带来巨大压力和前所未有的机遇。那时，我国农业将处于一个特殊的、历史上前所未曾遇到的瓶颈时期。因此，生态农业精密农耕制的逐步开发示范推广与建立，是我国农业缓逆高效可持续发展的重要途径。

从20世纪80年代开始，中国农学家们注意到让“适用技术”的概念从技术哲学和科学技术管理的软科学范畴走向创新实践的前沿。[①]然而，将适用技术概念与高效农业、抗逆农业、精密农业、生态农业和可持续农业全方位结合起来进行战略性思考，提出在农业生产中建设配合全民的水利工程、造林工程、气象减灾工程、生态系统建设工程等等全套工程体系，则是极为宏大长远的农业构想。在众多关注“适用技术”概念的农学家中，曾德超由农业工程这样一个新兴交叉学科的角度，凸显了它在中国的战略地位，描绘了一幅科学蓝图。这充分展现了一位农业工程战略家的学术视野。可以说，曾德超的学术视野与农业工程学科有着密不可分的关系，在他为农业工程学科奋斗的同时，农业工程学科也成就了曾德超，使他拥有了一番别样的科学人生。

农业工程展望

20世纪80年代的中国，人们对“什么是农业工程”进行了深入细致的探讨。在这些探讨中，曾第一批留美学习农业工程的学者们从多个方面给出了不同答案。学者们首先回顾农业工程学科在国外，特别是美国产

① 20世纪八九十年代中国农学界关于适用技术的相关探讨。详见佟屏亚《论适用技术性质及其在农业中的地位——兼议我国跨世纪农业技术的决策方向》《中国的农业需要适用技术》；董须强《我国农业工程适用技术》；陈金柏《关于农业可持续发展适用技术的思考》；杨俊杰等《中国农业呼唤集成配套适用技术》等。

生、形成、发展的历程，把农业工程同工业化的发展历史联系在一起，既强调其作为工程科学的本质，也强调其作为现代农业生物学和现代工程学之间一门边缘科学的性质，并着力阐述它应当并能够在现代化农业发展中做出卓越的贡献。对这些学者来说，农业工程首先是一门科学。张季高援引《国际百科全书》（*Encyclopaedia International*）中对“农业工程学”的叙述，“现在的农业工程已是一门‘科学’而不像过去那样属于一种技术了。”这批学者向大众阐释农业工程学科的内涵，为农业工程学科在中国被更多人所知晓，为中国农业工程学科确立地位奠定了坚实基础。

曾德超作为他们中的一员，也在积极思考并阐明这一问题。80年代初，他即思考，在中国要实现粮食和产值的战略目标，需要采取精明的投资经营策略、科学的管理、先进的生物措施和经济高效的工程措施。而工程措施适应本国的要求相当严格。在劳动生产率和商品率都比较低的情况下，我国农业生产的发展必须充分挖掘农业资源的各个方面的潜力，不论是人力资源，还是山地、草原、水面，还是林、木、副、渔以及农副产品，乃至废弃物的贮存、深度加工和综合利用，都要进行全盘考虑。要保护和建设各种农业资源，进行生态建设，进行农业基本建设，合理安排农业生产布局和生产结构，实行科学种田，发展农林牧副渔大农业，协调农村的全面建设，都离不开工程措施。他认为“过去农业中工程措施经济效益不高的一个原因是农业工程科技工作薄弱”。因为，“农业工程”并非笼统地把农业生产中各种工程措施简单地加在一起，如农业动力和机械、农田水利和水土保持、农业建筑、农业电气化、农产品加工等；“农业工程”既然是一门科学，它拥有自成体系的研究主体、研究方法和研究对象，与传统工程学科迥然不同。一般传统工程学科所研究的主要对象多半是

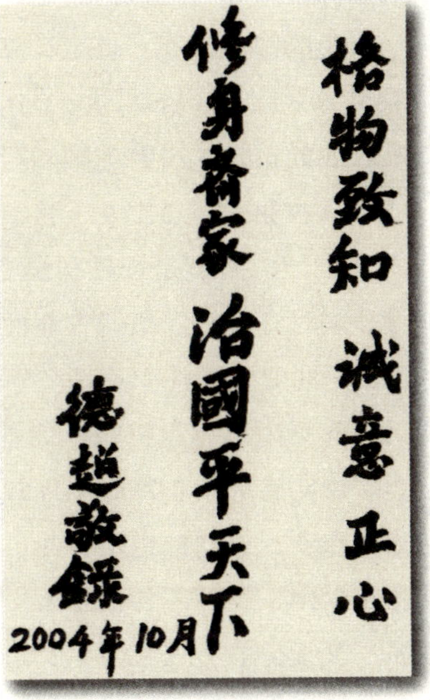

图 8–3　曾德超所书软笔字

机器、装置或结构，而这些机器、装置或结构的加工与服务对象主要是无生命的物质，这些物质的环境因素亦比较单纯。而“农业工程研究的对象则在于有生命的物质及其环境因素与工程手段、物理手段之间在生态、环境、生理生化不同水平上的相互关系，只有查明这些关系，才能发展影响生物生长、生物物质转化及其环境因素的有效方法，以及发展对包括自然力、资源、能源、生物措施、化学措施和经济因素在内的整个系统来说属于经济、高效的工程措施和统筹规划与综合整治措施。”这是中国学者根据自己国情所阐发的农业工程学科内涵。有别于分门别类地介绍农业工程不同分支领域所造成的分散感，“研究某种相互关系”的界定，表达了农业工程研究目的和研究对象的特异性，使农业工程学单独存在的必要性以及其在农业科学门类中不可或缺的重要位置都充分显现出来。

到 20 世纪 90 年代初，随着科学研究的新进展，尤其是对我国农业长期遭受旱、涝、碱、洪、风沙、高寒等自然逆情所困扰的基本农情的思索中，曾德超进一步提出了中国农业工程学科发展的一系列关键性问题。

曾德超首先分析了美、苏两个国家发展农业工程科学的历史。这两个国家都曾通过农业机械科学带动整个农业工程学科的发展，但曾德超经过学科史的回顾发现：直至计算机普及之前，苏联农业机械科技工作者应用数学力学进行分析在国际上达到最高的水平，然而苏联农业机械学派对苏联农业的贡献却没有美国同行那样突出。他分析，这是由于美国学派更多的是从农业的观点出发，将农业机械作为农业工程此一边缘学科的一个分支来处理，而不是视作机械工作学科的一个分支；既重视农机的能力方面，同时亦重视农机的农业性能方面。对于农业工程的理论分析，力学的应用只是必要条件而不是充分的条件。

既然力学作为机械学的基础学科，应用于农业工程中并非充分条件，也即说明有更多丰富的工程领域亟待农业科学工作者去开发、利用并以之造福农业；这同样也是农业工程作为一门独立的学科发展的价值所在。曾德超提出，美国在各州立大学既设立机械、土木、化工、电力电子等工程系，又设立农业工程系，以培养一种站在“土木”工程与农业科学之间的，其工作领域与其他工程既无竞争，又不重复，需要特殊训练的农业工程师；而在农业工程系下设农用动力与机具、农业建筑与环境、水土关系、电力与加工等方向，同时认为农业工程是一门应用物理科学和生物科学来研究农业生产的特殊的工程科学。这样，农业工程学科在美国完全意义上建立起来，不仅对美国近代农业的巨大成功做出了贡献，对美国在20世纪七八十年代中整个面貌的改变亦起了重大作用。而苏联从未将农业工程正式建立为一个学科，也没有突出强调农业机械化、电气化、水利与土壤改良、农业机械设计制造、农业建筑等多学科具有农业工程这个处于物理学科和生物学科之间的特殊边缘学科的属性，结果使此类学科从研究、训练、管理和投资的方向一直向通用工程学科倾斜。

针对中国当时已设立农业工程学科，却因相关专业教育、研究机构和事业行政分属不同部委管理，而对农业工程学科必要性持不同态度的现状，曾德超建议对农业工程学科进行较为具体的进一步界定：

第一层次或阶段，成熟的通用工程技术的直接应用，或只需按农业提出的规格要求稍为修改设计即能应用的，应属于通用工程，不能认为属于农业工程。如载重汽车、民用建筑、水坝水渠、电机仪表、农用飞机等。

第二层次或阶段，需较长的时间去了解和熟悉农业的技术要求、应用条件、农艺和工艺过程，才能应用工程理论和经验，改进已有的、设计专用的、或开发新的技术，应认为属于一般农业工程领域，不属于传统通用工程；既依赖传统通用工程理论的应用，也需农业工程专业理论和经验的积累。如面向农村的“适用技术”（Appropriate Technology），省柴灶、小水电、太阳灶、塑料大棚等。

第三层次或阶段，通过深入研究和揭示农业生物在生长发育水平上的相互关系、规律和有关系统的优化，借以发展技术，为农业的发展或关键课题的解决提供新的科技投入。这类工程技术属于农业工程的核心领域，如水土保持、定轨、少免耕法、调控植株亏水度的灌溉方法、豆科牧草的调制技术、玉米的挤压工艺、生物反应器的工程调控、光合过程的调节、胚胎工程、小剂量药剂的施用、人工生长箱、宇宙生物封闭持续自给系统等①。

① 曾德超：我国农业工程学科发展现状及展望。见：《农业工程中力学问题研讨会论文集》，1991年。

图 8-4　20 世纪 90 年代的曾德超夫妇在书房

这个层次划分，不仅厘清了长久以来争论不休的学科归属问题，而且进一步显现了农业工程学科的不可替代性。无论是对农业生产中环境和物质能量的供应及其运移、转换过程加以调节，深入研究农业生物体及环境因素和有关物料与工程手段之间的相互作用，还是查明对物质能量运移过程中所产生的效应，从而发展显示、测量、调控生物生长发育和环境的有效方法、技术装备和方案优化的综合措施，都是其他任何一门农业科学的分支学科所不能独立完成的，也是传统通用工程学科未能充足涉猎的。

更值得注意的是，曾德超所提出的第三个层次或阶段，即为农业的发展或关键课题的解决提供新的科技投入的阶段，正是他长期以来所致力耕耘的科研领域和科研动力内核。从曾德超的学术成长历程中不难发现，从乡村工业中适用技术的推广，到国营农场的农机具增补、改造；从农业机械化管理到农业机械设计制造；从农业中工作机械（机引犁）的设计到动力机械（内燃机）的原理探索；从机器土壤动力学到土壤水热盐气耦合运动的关系；从精细农业、数字农业、抗逆农业到可持续农业；从调亏灌溉节水策略到集雨贮水与田间灌溉，他的科研不仅领域广、角度新，跨度大，甚至呈现出一些跳跃性。须知这跳跃性的背后是更深层次的连续性，跨度大的背后是专一不变的学术追求与工程视野——曾德超热爱农业工程事业，并且深知美国等国家发展农业工程的社会效益，他不会满足于将农业工程学科仅视作通用工程学科的一个分支，或者其他农业科学的附属学科；他将农业工程视作有无限潜力的、可以为农业科学体系不断提供新的学科生长点的工程科学。对他来说，农业工程科学不仅是科学，而且是具备系统科学特点的、能将其他涉农科学中的热点、难点和交叉边缘地带用工程思维手段重新整合以寻找最优解的“大科学”。

正因曾德超确认并深入践行农业工程的这一学科特质，所以，他所致力的一些工作总是处在学科甚至整个农业科学体系的探索前沿，他的学术创新呈现出一种多维度、发散式的特征，往往能在同一时期进行多项工作，而这些工作往往呈现为学科面宽、差异性大的特点，令科学工作者叹佩。例如，1996 年，他提出了精密灌溉耕作实验室“九五”计划，其中学科建设部分，就需要在精密灌溉的体系下同时进行农区微水文学、微流域治理开发工程学、土壤及植物介质质能传输动力学——土壤水热盐耦合模型模拟技术；土壤—植物—大气介质参数信息传输动力学——信息传感、数据采集和处理；作物模型模拟及专家系统；精密耕作种水肥热盐气腐殖质等的调控等不同学科的建设工作。这种学科发散的树状科研拓展，贯穿了曾德超的科学人生，反过来成就了他对农业工程学科内涵的不断完善。

春蚕丝尽

在农村，农业灌溉用水消耗量巨大，约占全社会用水总量的 45%。《瞭望》新闻周刊记者近期在东北、西北、华北部分粮食产区采访发现，许多农田仍在沿用相对粗放的灌溉方式，节水灌溉的面积相对较少，水资源消耗浪费巨大，有的农田产出甚至接近“一斤粮食一吨（立方米）水”的程度。为加强农业有效灌溉，我国近年来不断加强农田水利建设投入力度。但据有关部门测算，目前我国农业灌溉水有效利用系数不足 0.52，仍

图 8–5　85 岁的曾德超（2005 年摄于校园主楼前）

远低于发达国家0.7以上的水平。记者在采访中感受到，农业工程节水的配套建设仍然缺乏，“最后一公里”问题突出[①]。

早在20世纪80年代中，曾德超就开始关注水的有效利用。结合所主持的中澳国际合作项目，进行共三期历时13年的华北平原水果生产中水的有效利用和技术的示范推广工作，针对华北的环境条件，开发落叶果的一种灌水策略，以达到既提高水的利用效率，同时又增加产量。2001年底，合作项目通过验收。专家对于推广应用前景认为：根据有关研究报告（中国工程院项目组），为解决我国灌溉水资源的不足以保障粮食安全，提出我国在2030年前需要灌溉面积发展到9亿亩，而总灌溉用水量保持在1996年4000亿立方米的水平。根据当前水利部门自认为偏高的一些统计数据推算，为此而需要建成的节水灌溉工程，尚需4417亿元。若能在我国3.9亿亩（1996年）旱地灌溉田中，其中占97%的地面灌溉上，经过进一步开发、试验、示范培训推广本研究所提出的科学田间灌制指定技术与节水灌溉技术体系，则建设节水灌溉工程的总投资，将呈10倍地减少。从而为我国解决灌溉节水任务，提供一条可供选择的技术解决方案[②]。

恰逢河北省大力加强院士智力引进工作，推进高科技成果产业化，国家半干旱农业工程技术研究中心、河北省机械科学研究设计院希望与中国农业大学工学院三方合作，就“农田大田实时变量调控亏缺度型高效环保田间节水灌溉技术体系产业化示范”，联合开展有关技术和产品的引进、研究、开发、示范、生产、培训、推广，实现产业化运作方面的协作。步入耄

图8-6 2006年87岁的曾德超在山东田间考察

① 我国城市供水流失量1年损失2000个昆明湖，《瞭望》，2014年4月19日。

② 科学技术成果鉴定证书，中国实用型现代高科技田间节水高效环保灌溉技术体系的开发与示范研究，2001年11月15日。

耋之年的曾德超，以饱满的热情投入到新的项目中。秉承着节水增产的理念，曾德超订立工作计划，对于不同的地区制定按时按量按部位精细准确灌水所需的一些技术；积极认真调研和提供技术指导，工作开展一年多以后，因项目经费问题而不得已停止。

2005 年 2 月，曾德超因心率过低，入北医三院，安装心脏起搏器手术，一个月后出院。出院后，偶尔会出现心颤现象，贺子石为他健康着想，经常劝他不要太劳累，工作可以放一放、歇一歇吧。曾德超依然希望能继续工作。恰逢中国工程院重大咨询项目“中国农业机械化发展战略研究”（2005—2007）立项实施，曾德超再次感受到了贡献力量和智慧的时机。曾德超认为我国近年来农机跨区作业（麦收）的成功实施有深入从理论层次总结分析的必要；尤其是如何培育和建立农业生产过程中对农机化的有效需求，培育和建立可靠的农机装备市场化的供应链，建立农机化的风险分担体系，建立基层技术管理人员的能力、技术培训，建立农机化与地区农业结构调整，农业生产技术以及资源生态环境综合协调经营与管理，实施循环经济、生态经济、可持续发展的具体技术途径等。2005 年 7 月，在课题项目与课题负责人会议期间，曾德超希望在专项咨询课题保障组下设一专题“中国牌农机跨区作业的特点、机遇及其对欠发达国家与地区三农事业技术解决方案的探讨”。可能考虑到身体原因，专题未被列入，但曾德超仍然提供一些建议和意见，力所能及的参加相关会议和考察活动，尽可能地为项目研究出力。据贺子石回忆：“那时候，在那情况下，我不让他去工作。但他总是晚上等我睡着了，偷偷地去电脑前工作，还提醒保姆别告诉我。有时候，他生气了，说我是他最大的敌人，不让他工作。气急了，他把手里的文明杖使劲地往地上敲，一边敲一边喊：‘农业机械化，我有话要说’。”①

2008 年 4 月，刚刚履新的中国农业大学校长柯炳生前往看望曾德超，老先生在自己宽敞明亮的新办公室里向校长提出了要求：“我能不能在这里搞个小型的‘沙龙’，请一些老专家来和同学们聊一聊科研，聊一聊学

---

① 资料来源：据贺子石口述回忆。

习？请同学自愿参加，让师生敞开同聊，互相交流探讨，激发科学灵感”。当问到对学校教书育人、学科建设等方面存在的问题，曾德超直言不讳地说，“我们培养学生要更注重实践，应该面向农业就业”，“生态文明不仅仅是山川秀美，更要关注农村生态、环境文明；农业工程应该对此有所作为；应该解决农业和农民需要解决的诸多实际问题”，“新疆采棉机械是个大问题，我们继续研究了几十年”……

图 8–7　90 岁的曾德超不能再打篮球了，改打乒乓球（左手腕上挂着的是自行车钥匙）（孙衍庆摄）

2011 年 9 月，曾德超在接受老科学家学术成长资料采集访谈的时候，仍然不忘对我国农业机械化和农业工程发展的思考。“这个问题我考虑得比较多，但是始终没有考虑清楚究竟怎么弄法。原来我是想集中研究一下，解决这个问题的……我一直关注着农业工程的信息，这个问题由来已久，这也是国际上共性问题，美国也一样有。以后这个学科究竟怎么办，人招了这么多了，专业怎么办，有些人说同生物系统结合起来，是不是合适……”①

① 曾德超口述访谈资料，2011 年 9 月 17 日。北京。存于采集工程数据库。

2012 年 4 月，采集小组在曾德超家书房整理资料，曾德超好几次进来说，前几天报纸上讲，要加强农村垃圾处理工作，希望我们帮他找出来他当初从美国收集的相关资料，他要写文章用。有时候，曾德超就在书房窗户边的沙发上静静地坐着，微笑地看着后生阅读着他的过往。当偶尔问起一件事情，曾德超挠挠头，好像很努力的样子，然后笑着说，这个，就记不大清楚了。当笔者阅读着他与国外合作者往来的信件，读着考究的用词，问能否说点英语时，曾德超微笑着说，英语阿，是门工具，要学好，但好久没说了……

2012 年 6 月 8 日下午 2:00，曾德超从自家客厅沙发站起，因头眩晕摇晃数下后，向前扑倒在地，昏迷不醒。旋即送入北医三院，下午 6:40 进行手术后生命体征基本稳定，但仍持续昏迷。6 月 23 日 13:28，曾德超因病医治无效在北京逝世，享年 94 岁。

曾德超逝世后，胡锦涛、李长春、习近平、李克强、朱镕基、吴官正、张德江、刘延东、李源潮等分别以不同方式表示哀悼和慰问。同时表达哀悼、慰问和献送花圈的单位有：中共中央组织部、教育部、农业部、中国工程院、国务院学位办等，以及兄弟高校、科研院所、学会团体；周济、袁贵仁、余欣荣等有关部门领导，中科院院士石元春、任露泉，工程院院士卢良恕、沈国舫、旭日干、汪懋华、曾士迈、戴景瑞、蒋亦元、李佩成、罗锡文、刘旭、康绍忠和老一辈农业机械工程专家蒋耀、王万钧、陶鼎来、水新元、高良润等也分别敬献了花圈。

图 8–8　2012 年曾德超遗体告别仪式现场

先生逝世后，中国农业大学成立了“曾德超先生治丧委员会”，并于

2012年6月29日（星期五）上午10:30在北京八宝山革命公墓东礼堂举行曾德超先生的遗体告别仪式。在校的党政领导以及学校老领导，曾德超先生亲属、生前友好和弟子，师生代表300余人参加了告别仪式。

先生告别仪式上的挽联是："立生民之命九秩西去后学十万惜大儒创农工之基一代绝响丰收千里慰先生"。中国农业大学发放的《曾德超先生生平介绍》在回顾了曾德超一生的主要经历和成就后，总结：

曾德超先生热爱党、热爱祖国。作为一个农民的儿子，曾德超先生亲眼目睹了中国农民贫困苦难的生活状况，从青年时代起就立志用科学技术强国富民。他全部的热情、真诚、智慧和努力都是为了改变中国农民、农业、农村的落后状况，为了实现这一理想，他一生孜孜不倦地工作，即使个人处境非常困难的条件下也不曾中辍。他把毕生精力献给了祖国的教育和农业科研事业，为我国的农业发展做出了不可磨灭的历史性贡献。曾德超先生的不幸逝世使我们失去了一位优秀的中国共产党党员，一位好导师、好同事、好朋友，是我国科学界和教育界的重大损失。

我们深切悼念曾德超先生！让我们敬仰和学习曾德超先生的高尚品质和科学精神，化悲痛为力量，加倍努力工作，为我国教育事业和农业科研事业的发展努力奋斗！

曾德超先生永垂不朽！

结 语
犁铧拓野　德行天下

当本书定稿的时候，心里越发惶恐，主要源于接近真相而又难以用公式直接表达的对于曾德超先生学术成长的阐述。尽管随着学术成长资料的采集，丰富了相当的细节；研究报告各章节的条分缕析，把握了林林总总的问题；可是挂一漏万，能否客观公正驾驭资料的担心越发明显，犯主观臆断错误的担心超乎寻常。我们只有努力探索曾德超之所以为曾德超，即他是如何成为一位我国著名农业工程学家、农业机械学家、教育家的成长过程，其中有哪些关键因素，以此得以提示后学，告慰先生亡灵，追念先生之风。

曾德超一生遭遇了抗日战争、解放战争，经历了 20 世纪 20 年代后不同历史时期的风风雨雨。亲历了我国改革开放前后的发展，见证了中国农业机械化和农业工程事业发展的一些关键阶段。曾德超毕生致力于农业工程教育事业，开拓和引领农业机械化和农业工程学科发展的方向，解民生多艰，育天下英才，为我国农业工程事业培养了一大批优秀人才。曾德超的学术成长，折射出我国农业工程教育事业的发展历程。所有这些，使他的学术成长变得复杂多样。本书不敢奢望能面面俱到的分析，只对先生学术成长中的若干关键问题进行分析，拟从学术成就概览、相关问题和曾先生学术特点三个角度进行总结，希望能为后来者打开进一步思考的广阔空间。

学术成就概览

曾德超从事教育事业和科学研究工作70年，一生撰写研究论文文章140余篇，为我国农业科学，特别是农业工程学科的发展做出了重要贡献，是我国农业机械化事业发展的开拓者之一。作为直接参与建立中国农业机械化生产技术，农业机械化、农业工程高等教育和学科体系的学者之一，70年来，曾德超先生一直在研究探索土壤、机器、植物之间的基础关系及其相关技术的开发应用。

20世纪50年代，曾德超结合犁的优化设计这一国际研究热点，首先将土壤耕作的动力学与耕具定为自己的研究方向。1957年，发表关于犁的牵引调整一文，对英美学者提出以犁体阻力中心为依据和苏联学者以重心为依据的调整和设计准则重新加以分析，提出新的平衡条件和减小阻力的途径。随后通过一系列研究，实现了犁体曲面设计的新突破，获得了“常速高速通用优化犁”的国家专利。考虑到由于犁耕具有较大牵引阻力，从而造成拖拉机重量的不断上升以致加剧农田土壤压实度的事实和拖拉机在较湿农田中不能充分发挥其功率的问题，他从1978年起，历时9年致力于研制一种比犁耕牵引力小得多的农具——旋转翻垡犁，终获国家新型实用专利。

在犁的研究过程中，曾德超注意到了机器与土壤相互作用机理的重要性。自1964年起，他先后建立了压密过程中描述压力与容积应变之间的关系式，非饱和土壤剪切强度及摩擦阻力与加载速度的关系式，在国内外首先建立土动剪强、动摩擦方程和切土动力模型等，并以此为导线建立了一个全面的机械工程领域土壤动力学学科体系，于1995年出版了第一本专著《机械土壤动力学》，为土方机械耕挖加工领域的技术进步提供了基础保障。

在多年的科研中，曾德超逐渐意识到机器与土壤、植物之间的关系是一个复杂的系统问题。1984年，曾德超创建了土壤—机器—植物关系实验室，指导研究生在此方面开展了深入研究并陆续发表了30多篇论文。在研究机器与土壤力能关系的同时，开拓耕作的水热盐气效应的定量研究，为抗拒旱涝碱瘠的威胁，提高产量、质量和效率提供新的技术途径，力图在基础层面上使农机与耕作学有机结合，从而开创了农业工程研究新领域——现代耕作工程学。在此基础上，曾德超结合我国水情和地区生态环境状况，提出以土壤水的调控和平衡为主线，将农田基建和耕作、栽培一并考虑，开发一种以集雨、蓄水、调墒耕作、量水种植栽培、调控植株水势为要领的新型高产稳产、资源生态环境可持续的农耕工程技术。

20 世纪 90 年代以来，曾德超根据自己多年的亲身感受，反复思考：机械工具的明显改观明显促进我国农业生产发展，然而增产效果并不明显，甚至往往增产不增收。曾德超秉承着“节水、增产”的理念，提出农场生产经营与资源、生态、环境综合管理，节水、变量、保护、培育等技术复合农耕制的中国型可持续农业工程技术解决方案，并通过国际合作开发了华北条件下果树三高与防污生产的“调亏灌水”技术和含大田在内的田间实时监测、短期预报、收支平衡的科学灌溉制度和实施技术，为实现我国节水农业提供了一条实现定量化的可供推广的技术途径。

由于曾德超是我国第一批出国留学的农业工程研究生，在学术上的较深造诣，在农业机械化和农业工程领域担任了多个学术职务，主要学术兼职有：

中国农业机械学会第一、第二、第三届副理事长，第四、第七、第八、第九届名誉理事长；中国农业工程学会第一、第二届副理事长，第三届名誉理事长；《农业机械学报》第一届主编，《中国大百科全书 · 农业机械卷》副主编，《中国农业百科全书·农业机械化卷》副主编，《国家机械委高等工业学校农业机械专业教材》编审委员会委员，指导委员会顾问，国家科委发明评选委员会特邀委员，中国科协第二、第三届全国委员会委员，北京市第二、第三、第四届人大代表等。

1952 年，曾德超作为奠基人之一创建北京农业机械化学院，致力于农业工程领域教育事业 70 年，先后任：国务院学位委员会机械制造学科评议组第一、第二届成员，中国农业科学院学术委员会委员，农牧渔业部科学技术委员会委员，国家科委农业机械学科组成员及农业工程学科组成员。1980—1984 年任北京农业机械化学院副院长，1985—1995 年任北京农业工程大学（原北京农业机械化学院）顾问兼学术、学位委员会主任，机器－土壤－植物关系实验室主任、博士生导师。先后获得北京市文教卫生先进工作者，北京市高校优秀教师，国家教委基础理论奖，国家有突出贡献专家，美国明尼苏达大学杰出贡献校友奖等荣誉称号。1995 年当选中国工程院院士。

1979 年，曾德超独自一人代表国家参加联合国工业发展组织全球农业机械协商会大会，并受聘为技术顾问，多次参会，推开了农业机械化和农业工程国际交流的大门，亲自主持中国农业机械化学会和中国农业工程学会联合会加入国际农业工程学会。他先后与英、法、德、意、奥、荷、澳、新、加、美等国 30 余家高校和科研院所开展多方面的交流与合作，为我国农业工程的国际化发展做出了重大贡献。

学术成长的特点

曾德超的学术成长有许多与其他科学家相似的经历，平凡中见伟大；也与其他科学家一样具有聪颖、勤奋、思维活跃、持之以恒、视野广阔等特质。除此之外，笔者归纳出三个特点，成就了曾德超的学术地位。

打好宽厚的理论功底，具有严谨的治学作风

曾德超一直认为自己资质中等，得益于父亲的英明决定，才能够有机会外出求学。而培正中学作为教会学校的特点不仅在生活方式上萌发了曾德超出国留洋的梦想，更为曾德超良好的英语水准打下了扎实基础，也开发了他良好的语言天赋，为后来自学德语、俄语和日语开启了有利通道。

广雅中学的氛围和学风，结合抗日战争的背景，让曾德超毅然地选择了报考工科大学。正如他在教导自己子女时，反复强调，一定要掌握一门技术。国立中央大学的雄厚师资，齐备的实验设备和优良的学风，使曾德超打下了扎实的理论基础为他提供了良好平台。正是因为语言的得天独厚条件，大学课余阅读德文的原版物理教材等，正是这种被先生自诩为“自主治学”的学习方式，使他具备了雄厚的理论基础和宽广的知识面，让他能顺利地考取美国农具学研究生。在研究生阶段，他选择了通过修满所有

课程来获得硕士学位的B计划，较之要提交论文的A计划，不仅门数要多，而且每门课程的要求要高，课程包括农学、工学、理学等多个门类。所有这些都为他从事复杂而系统的农业工程学科奠定了坚实基础。工欲善其事，必先利其器。良好的语言天赋，更是为他科研事业领域始终与国际化高度契合，科研成果引领国内外提供了非常有效的工具。

在个人传记中，他这样写道：

> 我的这种“自主治学”做法就这样在一生中从学好外语，逐步地扩展到围绕学好课程，学好专业，搞好事业，搞好多学科交叉研究等等[①]。

除了宽厚的理论功底，严谨的治学态度也是曾德超奠定学术成就的突出特点和表现。他对待科研和做人做事总是一丝不苟，精益求精。

曾德超培养的许多研究生都讲道：曾先生在审阅学术论文和研究报告的时候，总是逐句推敲，连标点符号都不放过，认真细致地修改。曾德超非常注重学生综合素质的培养，在星期四例会上，纠正学生英语发音和用词；鼓励学生参加文体活动，甚至对于学生不对的走路姿势都进行纠正。

20世纪90年代，曾德超在美国写给学生的信中表述：因为自己走得匆忙，带错了一些要用在康奈尔大学做报告的数据，希望学生帮忙找到。“在我书房的大书架上，靠最左边由下而上第二格，有一份用淡红书夹包的一些与澳大利亚来往的FAX或复印资料，看前后面有没有（不会夹在当中的）。如果找不到，就请你们代做如下工作……”。曾德超又把数据形成的过程和原始资料的出处，详细地进行阐述，可见他对待工作的细致和严谨。

曾德超喜欢用铅笔写东西，便于修改。在他的大量手稿中我们发现，一篇文章总是进行多次的修改；作为专家对项目进行评审出具的鉴定意见总是非常严谨和中肯；与国际专家的通信也是用词非常考究。

---

① 资料来源：曾德超个人自传（1995年1月）。

曾德超自创建北京农业机械化学院以后，担任学位委员会和学术委员会主任，学校职称评审委员会主任，直至学校合并。在工作中从严治学，保证公正，赢得了大家的尊重。尤其是对于职称评审工作，从他的工作笔记中可以看出，对于每位教师的业绩都了然于心，实事求是，不搞歪门邪道，为学院的有序发展和优良学风的树立立下汗马功劳。

学科理论的前瞻性引领，拓宽学科领域

曾德超将农业活动与自然环境的相互关系作为一个整体来思考农业工程学科的研究方向，极大地拓展了学科研究领域。随着技术进步和农业生产环境的变化，他又总能敏锐地捕捉到学科领域中具有决定性作用的课题，并展开研究，保持了研究的前瞻性。他在学术研究中的整体性、关联性，把握关键环节等重要思想，对于农业工程学科的发展以及后辈学者的影响是非常深远的。

1948 年，曾德超回国，在邵阳和兰州等地，开展乡村工业建设。他并不认为牺牲农业和农村发展城镇化是发展中国家必经的一条道路，也不认为未来的工业化道路是一元化的。虽然乡村工业的实践在曾德超的人生中只占有一年多的时间，但是建设和发展乡村工业的理念，一直影响着他一生。主要表现在：农业机械化也应该遵循“适用”的原则；农业工程注意的重点，尤其应该注意“小工程”；农业现代化进程中，重视农业的经济效益分析特别是微观经济效益的分析，重视以人为本。我国 20 世纪 80 年代遍地开花的“乡镇企业”更是高度契合了他当初追求的“乡村工业”。

新中国成立后，曾德超从事土壤耕作动力学和耕具的研究，投身于全国农具改革、耕田电犁化、大跃进、实现农业机械化等浩荡的运动中。在工作的同时，他不断思考，反复研究。1956 年，曾德超撰文在《人民日报》上发表，阐述我国农业机械化科学技术研究的任务，既列举了众多亟需研究的问题，更加提出注重理论研究的必要性和长远性：

> 我国农业机械化的科学技术研究既要紧密配合生产和建设的需要，又须迎头赶上世界先进水平。农业机械化方面的研究问题是这样

的繁多，我们的研究力量发展又是这样的单薄，只有分别轻重缓急，把问题排个队，才能收效。根据高等学校工作的特点，可以进行生产问题的研究，也可以进行理论问题的研究，但是我们的意见是：多偏重些理论研究更能符合长远的利益①。

改革开放以后，曾德超逐步开展了机器与土壤植物基础关系领域的试验研究，首先建立了一个机械土动力学体系，又将耕作的力能效应研究扩展到土壤耕作、塑膜覆盖、土壤冻融过程的水热盐运移定量模拟预测研究，认为：既然作物生产过程的实质是为作物提供适量的土、种、肥、光、热、气、药等生长诸因素，解决问题的科学途径就是对这些生长要素的有关参数实现田间监测，根据作物生理、生化、生态规律的需求，对生产综合措施进行系统定量优化。所涉及工程手段有机器、仪器和信息系统的研究开发，它构成了种植业机械优化科技的核心内涵，由此决定了工程各学科和农业、生物各学科之间的交叉和渗透，而不是死守教条。

20世纪90年代以来，结合国家水资源短缺的背景，与国内外果树专家合作开发了果树调控植株亏水度的节水灌溉技术，初步掌握了大田作物的调控亏水度、达到合理节水的灌溉技术；将雨水资源集中高效利用、水土保持、植被重建以及护田防风等统一规划，同时扩大田块以利于机耕，形成一种“资源生态型”规模经营的农场，这样就客观上要求开展农业机械化与水土保持、农田水利之间的跨学科合作研究。

1996年，曾德超提出了精密灌溉耕作实验室“九五”计划，其中学科建设部分包括：在精密灌溉的体系下同时进行农区微水文学、微流域治理开发工程学、土壤及植物介质质能传输动力学——土壤水热盐耦合模型模拟技术；土壤—植物—大气介质参数信息传输动力学——信息传感、数据采集和处理；作物模型模拟及专家系统；精密耕作种水肥热盐气腐殖质等的调控等不同学科的建设工作。

从曾德超的学术成长历程中不难发现，从乡村工业中适用技术的推

① 曾德超：我国农业机械化科学技术研究的任务。《人民日报》，1956年10月11日，第7版。

广，到国营农场的农机具增补、改造；从农业机械化管理到农业机械设计制造；从农业中工作机械（机引犁）的设计到动力机械（内燃机）的原理探索；从机器土壤动力学到土壤水热盐气耦合运动的关系；从精细农业、数字农业、抗逆农业到可持续农业；从调亏灌溉节水策略到集雨贮水与田间灌溉，他的科研不仅领域广、角度新、跨度大，甚至呈现出一些跳跃性。曾德超热爱农业工程事业，并且深知美国等国家发展农业工程的社会效益，他不会满足于将农业工程学科仅视作通用工程学科的一个分支，或者其他农业科学的附属学科，他将农业工程视作有无限潜力的、可以为农业科学体系不断提供新的学科生长点的工程科学。对他来说，农业工程科学不仅是科学，而且是具备系统科学特点的能将其他涉农科学中的热点、难点和交叉边缘地带用工程思维手段重新整合以寻找最优解的“大科学”。

强烈的爱国热诚，一心为民的决心

曾德超的学术成长过程中，存在着太多的偶然因素，比如他父亲不送他去上学，1938 年不选国立中央大学的机械专业；1945 年去南非华侨中学任教，1948 年他选择留在美国读完博士之后回国，1949 年不去兰州，1950 年未能留在农业部，1952 年没有参与农业机械化学院的创建，1955 年“肃反”运动中被冤枉，“文化大革命”中的无法坚持，1979 年没能代表国家参加全球农机专家圆桌会议，1980 年未被任命为副院长，等等。毕竟历史不能假设，而透过重重的偶然，我们可以找寻到曾德超学术成长的必然，那就是他有着强烈的爱国热诚，一心为民的决心。他平易近人、知识渊博、精干而睿智、具有爱心和博大胸怀。他是一位纯粹的人，一位甘于奉献从不索取的人，一位把别人的利益放在第一位的人。

曾德超早期就读在教会学校，对政治是淡泊；高中、大学期间两耳不闻窗外事，静心学习，并没有强烈的政治倾向，只是为了实现自中学就逐步形成的“科技救国”的志愿。他毫不犹豫地选择了工科，而且要选择实验设备齐全的国立中央大学。1948 年决定回国的时候，曾德超想到的是，国家久经战火，国弱民穷，农民首当其冲。自己学习农业工程的应该马上回国，用自己所学为广大农民雪中送炭。于是，放弃了在国外继续攻读博士学位，毅然回到了积贫积弱的祖国。尽管经历了西方发达国家优越的生活，曾德超依然没有留恋大城市的繁华，而是选择了回到乡村。即便在当下，寒门学子学成回去报效家乡的人仍是少数。

1949年，兰州解放之前，他仍然在努力收集资料，进行规划，希望在大西北培养一批适合农民需要的农业生产的小型乡村工业。认为：不管是国民党，还是共产党，自己所干的事对于老百姓都是有好处的。

1955年的“肃反”运动，面对近乎掘地三尺的调查，曾德超反复交代，心里始终坦然；交代完事情，照样进行工作。原定的访苏计划在临行前被取消，照样将准备出访的材料进行交接，对工作毫无影响。“文化大革命”中再次被专案审查，即使病入膏肓，也从未说一个苦字，在多次的访谈中也很少谈及个人遭受的冲击。曾德超在艰难的时候，担心的是学校的实验农场弄没了，学校的发展方向；躺在病床上计算犁的曲线；利用难得的机会看书，为当地农民设计和改进有利于方便农民、提高农民生活质量的农业生产工具……

1980年担任副校长之后，在工作开展过程中，正确对待“文化大革命”期间专案组人员，一切以工作为重，毫无半点私怨。“曾先生口不臧否人物，偶有涉及，也是对上下钻营、追名逐利之辈的不以为然。在他个人，对于名利看得很淡。”①

作为一个农民的儿子，他毕生的愿望就是将自己的知识造福于农民。曾德超亲身经历和亲眼目睹了中国农民贫困苦难的生活状况，他要用全部的热情、真诚、智慧和努力去改变中国农民、农业、农村的落后状况。他不在乎身份，从没有架子，只要对农民有益，他就去做，不分贵贱，不论高低。正是这份对农民的赤诚之心，对国家的爱国热忱，激励他不断地去努力，无论是顺境还是逆境，都在积极地贡献和付出，直至生命的最后一刻。

多彩人生

曾德超的学术成长历程给了我们很多的启示，对国家的爱，对农民的

① 徐晓村：曾德超先生。《中国农大校报》，2012年10月25日。

赤诚，对理想的坚持而不动摇，毕生耕耘，对知识的孜孜不倦，科研工作的勤勉，国际交流的拓展，正派的作风，胸襟宽阔、师德高尚以及独特的人格魅力等等。然而，当笔者越发了解曾德超，走近曾德超的同时，却发现他的人生呈现出更多的精彩。而这些精彩与学术成长之间的关系，笔者不敢臆断，但从中或多或少、若隐若现地找到学术成长过程中相关事情的缘起。

曾德超热爱文体活动。在国立中央大学期间，参加了学校合唱团，为了去重庆看一场演出，与同学一道，从北碚松林坡的学校沿嘉陵江徒步几个小时。晚上，就睡在码头的浮桥下，第二天再返学校。他喜欢打篮球，从大学开始，打了 60 多年，直至 90 岁改打乒乓球。曾德超擅长游泳和跳舞，在美国留学期间学会交际舞，舞姿飘逸、潇洒……他在晚年的时候，还能教孙子、孙女跳百老汇的长腿舞、土风舞。曾德超还喜欢旅游。在美国学习期间，买了一辆二手车，每逢周末不忙时，就开车到周围去转，尽可能地多看多问。另外，只要有机会，还与同伴一起钓鱼、打猎。后来，只要有出国的机会，除了工作之外，他还会认真了解当地的风土人情和习惯，仔细观察他们的行事风格和方式，这也帮助了他以后能很好地与多国的专家进行沟通和交流。

曾德超注重专业书籍的阅读之外，还会读一些外文原著，比较喜欢读科技史和哲学类的书籍。他说：

> 英文方面比较喜欢读莎士比亚等一些古典文学方面的书。我对一般的小说并没有太大兴趣，一般的故事对我并没有吸引力。我最欣赏的一本书是《中国科学史》，书中详细介绍了中国科技发展情况，我觉得这是每个大学生都应该了解的，因为这毕竟是咱们中华民族的历史，只有了解了历史才能更好地创造未来。……书中的史实都是经过学者们一点一滴严格考证的，他们的学术精神也特别值得我们学习。
>
> 哲学是一个宽广的范围，可以引申到各个方面。我认为毛泽东思想是非常科学和实用的，大到国家、小到个人都可以从中吸取有用的东西。同学们可以看一看毛主席的《实践论》，我觉得对大家应该会

结图 -1　全家福 [2009 年 4 月在美国新泽西曾明家，曾德超最后一次去美国。前排左起：贺子石、孙女 Lincy（香香，曾雨的小女儿）、曾德超、孙女 Tessa（露露，曾明的大女儿）、曾雨、shelly（曾雨妻子）。后排左起：Andry（花花，曾雨的大女儿）、Eric（虎虎，曾明的小儿子）、曾明、张鸿志（曾明丈夫）]

很有用。西方哲学我比较推崇黑格尔德辩证法。

当时正值“文化大革命”我就仔仔细细研读了这几大本书，深有感触，这几本书对我后来的工作也产生了很大帮助①。

曾德超很会休息，周末会很好的放松。他所提出的换一种方式就是休息的方法，让他的工作效率倍增。比如，当伏案工作了一天，在参加学生活动时，他往往都习惯站着。当写工作报告累的时候，他会思考一下科研相关的问题。而在科研工作中，曾德超可以同时进行多个科研专题的思考，仿佛思维可以在不同科研方向上任意切换。“我把生活压缩到最低限度。”纵观曾德超自改革开放以来的各项工作，如何合理有序地安排时间，对于今天的我们，一定非常有借鉴意义。

曾德超生活简朴，即使破旧衣服，也能穿出风度。

① 曾德超接受中国农业大学《挚友报》记者访谈——农大院士谈读书 · 做人。

他大约不知道享受为何物。他喜欢喝点酒，大多时候是到楼下的小铺买一小瓶二锅头。理由是喝不出酒的好坏。有一次闲谈，他说从未吃过老北京的小吃，其时他已经在北京定居近六十年，可见对这种事情并不在意[①]。

简朴的生活无关乎内心理想的追求是老一辈科学家共同的优良品德，更是那些亲历过资本主义优越生活的老科学家科技兴国的无限动力。这种态度是经历之后的一种淡泊，还是与生而来对生活的毫不在意？

曾德超有很好的人缘，有很好的朋友，比如中学时期的黄铁魁、大学时期的水新元等。而且中学同学、大学同学还会不断地进行家庭聚会，比如与颜鸣皋、杨立铭在家共过八十大寿等。担任美国明尼苏达大学北京校友会的会长，有声有色的组织开展活动，得到了广大校友的认可，获得了学校颁发的杰出校友贡献奖。明尼苏达大学中国中心原主任裴有康教授，认为曾德超是一个具有中华民族优良传统美德的人，非常具有人格魅力，是一个非常好的人。这些好的人缘对于曾德超的学术成长的关联度和显现度如何进一步证实。

诸如种种，我们就更加能充分地认识曾德超，理解学术成长过程以及赞同学术成就的必然。透过曾德超的经历，我们同时看到了以曾德超为代表的同时代的农业机械化、农业工程领域的科学家们孜孜不倦的探索，在工作岗位上燃烧着激情，为祖国农业工程事业的发展无私奉献的光辉形象！

① 徐晓村：曾德超先生。《中国农大校报》，校园新视线文苑，2012 年 10 月 25 日。

附录一　曾德超年表

1919 年

1 月 4 日，出生于海南省琼山县迈德村。（注：据族谱及家人回忆，曾德超出生日为 1918 年 12 月 20 日（农历十一月十八），与身份证日期“1919 年 1 月 4 日”较为接近，故沿用身份证标定日期。）

1925 年

在迈德村曾家宗祠上小学，一直到 1928 年，学习《三字经》等。

1929 年

父亲曾令隆自广州法政专门学校毕业后在海口市政府当科员，托伯父将曾德超带到海口第一高小读小学。

1931 年

春，父亲托朋友带曾德超入广州圣心小学（天主教教会学校）寄宿。

秋，转到私立奥华中学的预科班。

1932 年

是年，父亲到四川雅安做录事。暑假，曾德超转入广州基督教教会私立培正中学就读，至 1935 年。“至善至正”的培正校训奠定了曾德超一生为人处事的基础；与同学中众多华侨子弟的接触，使他形成了出国留学的梦想。

1935 年

春，入培正中学就读。初中毕业后，父亲不能提供学费，曾德超考入广东省立第一中学——广雅中学就读，至 1937 年。受广雅学风熏陶，立志报考上海交大、清华等工科名校。

1938 年

年初，回到已搬迁到顺德县碧江乡的广雅中学。

秋，广州沦陷。此时上海交通大学和清华大学已受战争影响迁校，设备不全。曾德超考取实验设备较全的国立中央大学（重庆），依靠沦陷区学生贷学金攻读于工学院机械工程系。

是年，沿海省份战乱，车旅不便，曾德超徒步一个多月到重庆，间或与逃难乡人结伴同行，夜间睡在车下，辗转到国立中央大学入学。

1939 年

入学国立中央大学，就读至 1942 年，结识王万钧、水新元、高良润等人。学习基础课并选修德语、旁听英语系的课程；学习专业课程，受著名金相专家陆志鸿教导。系统阅读大量德文原版《普通物理》《机械零件》《机器设计》和《内燃机》等大部头专业参考书。业余时间参加文娱活动等，喜欢打篮球。

1942 年

9 月，大学毕业。

秋，经时任系主任陈大燮介绍，与水新元一同到重庆第 50 兵工制炮厂（前身即从广东浥江内迁的广东第二兵工厂，新中国成立后改名望江机器厂）工作，在总工程师室当技术员。

冬，在兵工厂负责夜校授课工作。

1943 年

工作于第 50 兵工厂。结合车间实际生产反复检验和修改总工程师室设计和绘制的零件图纸。独自承担某蒸汽涡轮动力泵（瑞士引进）的测绘工作。

7 月，申请从第 50 兵工厂退职，因德文好，总工程师未允。

是年底，离开兵工厂，住在国立中央大学教职员宿舍王万钧处。

1944 年

春，在重庆圣光小学临时代课，教数学。

3 月，在重庆中央工业试验所实验机械厂任助理工程师。

秋，已办好赴南非华侨中学教书手续，因听闻出国招考消息，开始复习功课，准备考试。

1945 年

2 月，考取农具学研究生并获得相应奖学金；参加外语和专业培训至 4 月。

5 月，从重庆飞往加尔各答，乘船经地中海、大西洋赴美。

6 月，抵达美国，由奖学金提供者——万国农具公司接待，入明尼苏达大学研究生院农业工程系学习。因 8 月份第二批出国的同学还在国内培训，离明大开学也还有一段时间，所以，由万国农具公司指定，在美国中西部莫瑞斯农业试验场（Morris Experiment Station）实习，熟悉设备，了解到美国生活方式等。

10 月，明尼苏达大学开学。

1946 年

在明尼苏达大学农业工程系学习，继续广泛涉猎相关知识，先后选修了生物学、土壤学、作物学、畜牧学、农业经济学等几乎全部农学基础课程，还选修了机械工程、水利工程、电子工程等高等课程。

夏，在万国农具公司 Canton 厂进行实习。

1947 年

夏，参加万国农具公司 Sonaldoon （Sonaldom） Ville 推销站的实习。

9 月 13 日，《观察》第三期第三卷刊登文章《为中国的农业试探一条出路》，提出回国后建设机械化农场的想法。该文由在明大学习的 10 名学生中，除曾德超与吴克騆外的李克佐、高良润、陶鼎来等 8 位共同撰写。同期刊登陈衡哲女士为之所写的序。曾德超不曾署名的原因是他主张搞乡村工业，相信发展小型乡村工业是发展中国农村经济的有效途径，不赞成同学们办机械化农场的意见。

年底，执行“B 计划”（即无需撰写论文，修满课程学分可以拿到学位），获得农业工程硕士学位，并通过博士资格考试，准备继续攻读博士学位。

1948 年

年初，因攻读博士经费落空，放弃学业。

3—5 月，在洛杉矶爱特尔拖拉机厂实习。期间，曾德超及同学与其他渠道来美学习相关专业的学人共 30 余名在加州斯托克顿市（Stockton）成立“中国农业工程师学会筹备组”，准备回国后联系国内学者正式成立学会，团结全国有志之士，开展有关方面的工作。

6 月，启程回国。回国前，南美某华侨农场招聘制糖业人才，曾德超与其联系，希望能工作一段时间后，筹齐款项再回美国读博士。后因看到美国工程杂志上乡村工业示范处招聘工程师的消息，遂改变意向。

7 月 31 日，到行政院善后事业委员会（联合国善后救济总署）乡村工业示范处华中分处（湖南邵阳）任第四示范厂（机械厂）技正兼厂会，综理厂务。

9 月开始，兼任邵阳第二示范厂（水泥厂）厂长。一边建设水泥厂，一边在机械厂进行机法甘蔗制糖的技术指导工作。

是年秋，父亲曾令隆病重，绕道湖南回海南，与外出公干的曾德超错过。得知消息后，曾德超赶赴广州，却在路上患胃出血，不得已滞留广州治病。此时曾令隆已从广州飞回海南，由养女一家接待、照料，后来病重不治，于冬天病逝。

1949 年

1—5 月，在邵阳乡村工业示范处工作。

6 月，受行政院善后事业委员会委派，由乡村工业示范处公出，带 4 人小组赴农村复兴委员会西北办事处（兰州）工作。

6 月初，同萨汉民及农复会总会水利工程师塔德（Oliver Julian Todd）到五佛寺研究确定引黄河水自流流入洗毛厂洗毛的方案；同地方上的建设厅、科研所、畜牧兽医研究院等联系并做计划，带领工作组筹建景泰县引黄洗毛厂、临洮县甜菜糖厂等。

8 月 26 日，兰州解放。

9 月开始，参加兰州军管会农林处的接管工作，协助军代表张和堂等进行山丹培黎学校的接收。

1950 年

1—4 月，继续参加兰州军管会农林处的接管工作。

5 月，随张和堂到北京参加全国合作工作会，到农业部找到杨显东博士，经其推荐留在农业部工作，任中央农业部农业器械局技术研究室代理主任。

1951 年

春，大妹曾和兰因结核病去世。

6 月起，任中央农业部国营农场管理局机务处副处长。

11 月，农业部向政务院财经委员会报告，要求将“机耕学校”提升为“机械化农业专科学校”。

1952 年

1—7 月，仍任中央农业部国营农场管理局机务处副处长，在河北省芦台农场负责机务工作。

4 月，参加北京机械化农业学院建院规划小组。该小组在农业部领导下成立，由农业部副部长张林池任组长，组员有农业部办公厅主任耿光波、国营农场管理局副局长潘开茨，北京农业大学农机系系主任陈立，连曾德超在内一共 5 人，简称五人小组。

6 月，兼职主持双桥机耕学校教务。

7 月下旬，农业部、教育部联合成立北京机械化农业学院筹备委员会，曾德超为筹委会成员，作为学校创始人之一具体负责教学筹备小组，主持制定各专业全程教学计划，教学大纲、实习大纲；提出所需教师计划、急需教学设备清单，订立必要的规章制度，并开始写有关讲义，翻译有关急需的俄文教材。

9 月，经农业部、教育部协商决定，将校名定为北京机械化农业学院，把北京农业大学的农业机械系并入该校。曾德超调入学校。

10 月 15 日，在北京双桥机耕学校举行北京机械化农业学院成立大会，11 月 1 日正式挂牌，曾德超任学院唯一的农业机械化系主任，直至 1959 年 7 月。

10 月至 11 月，与师生一起参加俄语速成突击学习。

11 月 24 日，北京机械化农业学院第一届新生正式开课。

1953 年

4 月，根据高等教育部部长在华北区高等学校负责人座谈会上的讲话精神，农机化学院教职工全面学习苏联农业机械化高等教育经验，并以苏联教学计划为蓝本修订全部教学计划。曾德超在具体工作中借鉴苏联模式的同时，也将美国的人才培养理念渗透到教学大纲的制定中。

7 月，农业机械化系选派学生王家梁赴苏联农业机械化院校本科学习。

秋，经过专业调整，学校改名为北京农业机械化学院。

是年，编撰并刊印《农业机械学》讲义。

1954 年

7 月，编撰《农业机械使用学》教材。

年末，与苏联专家进行经验交流，会同学校教师共同讨论学生专业课阶段学习、课程设计、毕业设计等工作。

1955 年

春，带领学生到河北省芦台农场进行运用学实习，参观飞机喷洒农药作业。

是年，学院开办两年制研究生班，曾德超被定职为三级教授。

是年“肃反”运动中，因兰州当局怀疑萨汉民为“美帝特务”，受到牵连，接受调查。

1956 年

任中国农业科学院学术委员会委员，直至 1984 年。

2 月，中国农业机械化学会筹备委员会成立，挂靠在北京农业机械化学院，曾德超参与筹备工作。

春，“肃反”运动调查结束，学校党委同意结案，取消嫌疑。

7 月，北京市委结案，取消嫌疑。

8 月 25 日，与本系教授李翰如、柳克令、陈伯川等一同接待意大利生物及农业代表团圣彼德等一行人。

10 月 11 日，《我国农业机械化科学技术研究的任务》在《人民日报》第七版刊登，根据生产需要，从理论和实践两方面阐述我国农业机械化科学技术研究的任务，并强调“多偏重些理论研究更能符合长远的利益”。

是年，高教部农业卫生司委派苏联专家叶尔卓夫到全国农林院校检查工作，表扬北京农业机械化学院农业机械化系是“全国农林院校中教学工作组织得最好的一个系”。

是年，拟定学校五年发展规划，决定筹备增设农业电气化系、农机设计制造系、农田水利系。学校派出留学苏联研究生 7 人，准备师资。曾德超参与选派及学习方向的制定。

年底，与贺子石结婚。（贺子石，1931 年 9 月出生，浙江宁波人，原华东空军文工团和华东军事政治干部学校教员，后任北京农业机械化学院教师。）

1957 年

春，带队指导本校 57 届学生赴东北垦荒。

参与创办《农业机械学报》，并任首任主编（1957—1963）。

12 月，在《农业机械学报》上发表论文《机引犁的牵引调整问题》，提出通过选择适当的犁和犁壁曲面，在耕作前正确确定和校正犁的技术状态，进行正确的牵引调整和组机作业，以减低牵引式犁地机组的能量消耗而同时获得良好质量指标。

1958 年

1 月 2 日，参与学校专业设置座谈会，推动增设农业电气化专业和农业机械设计制造专业形成较为一致的意见。

春，参与指导本校 1958 届学生赴东北和湖北垦荒。

5 月，带领并指导学生在十三陵水库驾驶拖拉机并参与劳动。

夏，根据中央指示，北京农业机械化学院师生全体下放劳动一年，曾德超下放湖北孝感劳动，搞工具改革。

1959 年

3 月，与曹崇文合译苏联列托士聂夫的著作《农业机械》，此书由高等教育出版社出版。

4 月，长女曾明出生。曾德超回京探亲后，来不及照顾妻儿，即投入筹备农田水利、农业电气化、农业机械制造几个新专业的工作中。

4 月 26 日—5 月 6 日，受农业部委托，学校筹备召开了全国农业机械化专业教材编写规划会议，曾德超主持会议并参与教材编写工作。

6 月 2 日　主持召开北京农业机械化学院主编的 11 门教材编写会议。

7 月，新成立的农业机械设计制造系（下设农业机械设计制造专业）、农业电气化系（下设农业电气化专业）、农田水利系（下设农田水利专业）挂牌。曾德超由农业机械化系主任调任农业机械设计制造系主任，直至1979年。

12月，带领学生到京郊参加社会主义教育运动。

1960年

寒假，带领学生在京郊沙河劳动，建立万头规模养猪场。

10月，学校被批准为全国重点大学之一。增设拖拉机设计制造专业，同年开始招生。负责制订学院1960—1962年科技发展规划。

是年，被评为北京市文教体育卫生战线先进个人。

1961年

5月，受农业部委托，参加并主持在学校召开的全国农业机械、农业机械设计制造、农业电气化教学计划会议。

是年，学校开始招收三年制研究生。曾德超开始招收研究生。

1962年

7月，在《农业机械学报》上发表论文《在旱作沙壤土上铧犁犁体曲面性能的分析》。

8月，被聘为中华人民共和国科学技术委员会农业组组员和农业机械组组员。

1963年

3月，中国农业机械学会正式成立，任第一届理事会副理事长（1963—1978），后连任第二届副理事长，名誉理事长。

参加中国农机学会1963年年会，与郭祺泰、樊增绪合作发表学术论文《关于减轻步犁阻力的试验报告》，汇报了近期对步犁所受阻力进行的相关试验结果。

是年，参与制订学校1963—1972年十年规划。

1964 年

5 月，在《农业机械学报》上发表参加 1963 年中国农机学会年会的论文《旱作沙壤土上铧犁犁体曲面阻力分析》。

6 月，幼子曾雨出生。

参加全国农业机械力学学术年会，与郭祺泰合作发表论文《滚垡壁犁犁体曲面有理设计方法》。

10 月，根据上级要求提出半工半读方案。

1965 年

6 月，"四清"运动中，下放赵各庄劳动，直到 1966 年。

8 月，在《农业机械学报》上与郭祺泰合作发表《按翻土曲线变化规律设计滚垡壁犁犁体曲面的方法》，力图以土垡翻转过程为依据，提出一种按翻土曲线变化规律设计滚垡犁犁体曲面的方法。

1966 年

6 月 3 日，第八机械工业部工作组进驻学校，开始停课闹"文化大革命"。从赵各庄返校参加"文化大革命"。

下半年，学生开始大串联，曾德超在家，学习《毛泽东选集》并做笔记。

1967 年

工宣队入驻学校，召开坚决执行毛主席的"三七"批示誓师大会，决定开始全校范围内的军训。曾德超在学生管制下进行拔草等劳动。

1968 年

8 月中旬，学校清理阶级队伍工作开始，将"劳改队"人员男女分别集中住在两个大教室，冬季转移到学生宿舍。曾德超等被军宣队隔离关押在学校"五四"楼，每天早请示、晚汇报，受冻挨饿，接受审讯和批斗改造。白天扫厕所，冬夜平整溜冰场，追查兰州时期的"历史"问题。

1969 年

仍被“专政”关押于学校“五四”楼。

5 月，由于生理、心理承受能力已到极限，曾德超被迫承认所谓的“美帝特务”身份，并声明并无同党，反复交代、承认却无法提供更为详细的所谓“事实”，心力交瘁。月底，因“事出有因、查无实据”而获释放，成为学校被调查时间最长、动用专案组人员最多、释放最晚的教授。

获得自由后，继续进行劳动和交代问题，定案为“敌我矛盾，按人民内部矛盾处理”。同月，妻子贺子石下放罗山“五七”干校劳动。

9 月，按照中央“八二八”命令精神，下放罗山“五七”干校的 300 名教职工于 11 月 25 日前搬到河南省博爱县原学院分院。在北京的教职工部分搬往博爱，曾德超携子女从北京赴博爱分校。

10 月，到山东潍坊柴油机厂劳动，腰和手都严重受伤。

1970 年

6 月，由山东返校。联合指挥部、革命委员会向师生传达搬迁决定，学校迁往重庆，校名仍为北京农业机械化学院。

10 月，为改造学校各专业，进行教改实践，全校教职工大部分参加劳动，在山坡上修建工厂，曾德超参加修房梁的劳动。

1971 年

8 月，学校附属工厂建成并投入生产。

是年，各类劳改、批斗进入低谷，曾德超的劳动工作暂告一段落；开始接触本专业日文杂志。学习日语，并摘录、翻译日文文章。

年底，学校改名为四川农业机械学院。

1972 年

6 月，学习并摘录日本学者木豪夫《农业机械的国际交流》。

是年，自行设计山地手推车、山地脚踏车、粪便贮送装置，希望减轻和改善当地农民的劳动强度和生活中的问题。

妻子贺子石的肝炎病变得严重，自1966年染病后，久治不愈。

1973年

夏，几次晕倒于校园内。

暑假，子女由同事带去上海由内兄家照顾。

8月，学校归属于农业部。

10月，国务院同意学校迁往河北邢台。

1974年

1月22日（农历大年三十），曾德超夫妇由重庆抵京。

春，开始被允许将每月241.5元工资借支出来，夫妻二人在家养病。此时曾德超心脏功能已明显受损，依靠中药勉强维持。

秋，自觉锻炼身体。

1975年

在家养病。用冷水擦身，每日在清华东路徒步行走锻炼，渐渐恢复体力。

是年，应要求为农垦部翻译农机构造运用修理全套资料。每天早出晚归，往来于学校和北京图书馆。

1976年

继续在家养病。

每天去北京图书馆学习，设计拖拉机行走机构、新动力农用汽车、拖拉机行走装置等。

1977年

是年，给华北农业机械学院书面提出办校建议。完成设计，提交军宣队、工人师傅三结合领导小组审议，要求选点试制生产，解决急需，无果。

年底，自发联合教授向邓小平副主席、方毅副总理、农业部部领导写信，申请把华北农业机械化学院迁回北京办学。

1978 年

4 月，在“文化大革命”期间的冤案得到结案平反。

6 月，制定研究生招生计划，曾德超、李翰如、万鹤群、柳克令等老教师担任指导教师，并为每个研究方向组织指导小组。

参加 1978 年全国农机学会年会，与赵作善合作发表论文《以土垡在耕速影响下合理翻转过程为基础的滚垡壁犁曲面有理设计数学解析法》。

任中国农业机械学会第二届理事会副理事长，兼任农田作业机械专业委员会主任委员。

1979 年

1 月，参加联合国工业发展组织在维也纳召开的“全球农业机械专家讨论会”，被聘为全球农业机械工业协商会议第一次会议的技术咨询顾问（1979 年 1—12 月）。后于 5 月、7 月、9 月多次去维也纳工作。在会上与美国代表来自密歇根州立大学的 Prof Merle Esmay 约定推动两国农机学术界组织代表团互访。

3 月，在《农业机械学报》上发表论文“犁体曲面设计的数学解析法”。

4 月 10 日，农机教研室党支部大会一致通过，接收曾德超为中共预备党员，并于一年后转正。

4 月 18—27 日，在罗马参加发展中国家农业机械化与农民丰产增收的关系研讨会，该会议属于联合国粮农组织农业委员会第 5 次会议。

9 月 22 日，作为在京农业科学家和农业教育家代表，受党和国家领导人接见。

11 月，在农机部外事司司长唐有章带领下，作为全球第一届农业机械工业协商会议的咨询顾问和由第八机械工业部组成的中国代表团成员，参加了在意大利 Tresca 召开的全球第一届农业机械工业协商会。

11 月 14—20 日，在杭州参加中国农业工程学会成立大会及学术交流会，当选为学会副理事长，后连任第二届副理事长，名誉理事长。

是年，学院成立了专业调整领导小组，曾德超任组长、万鹤群任副组长，根据农业现代化发展的需求，提出了改造老专业和筹建新专业的五条原则。学校成立外事科，隶属院长办公室，协助处理外事事务。

是年，任农业机械部农业机械组副组长，国家科委农业工程学科组成员、农业机械学科组成员。

1980 年

3 月，参加在北京召开的中国农业工程学会在京理事扩大会议，为农业工程学会成立后的首次理事扩大会议。

5 月，应德国海外技术援助组织（GTZ）的邀请，到喀麦隆首都雅安得参加了由 GTZ 召开的国际农村合作社运作会议，并担任大会主席团成员。

5 月 28 日，农机部党组转发中组部任命张纪光同志为学院党委书记兼院长，王更生为副院长，杨仪、何耀明为党委副书记，曾德超、杜国林为副院长，孙文郁、臧珍五、高峻狱为顾问的决定。

6 月 2—10 日，访问喀麦隆，参加中西非湿润热带小型农场机械化国际会议，在开幕式上作《中国农业机械化状况与经验》报告。

6 月，与吉林工业大学张德骏教授一起作为全程陪同人员接待了改革开放后第一个美国农业工程专家访华代表团。

6 月 27 日，学院召开第五次党代表大会，到会代表 110 名。大会选举了 22 名党委委员。第一次党委会，选举产生 9 名党委常委：张纪光、王更生、何耀明、曾德超、杜国林、王厚、吴春涛、艾荫谦、翁之馨。

9 月 2 日—10 月 5 日，作为对美国访华代表团的回访，参加了由中国农业机械学会组织的农业机械、农业工程 5 人专家访美代表团。通过对美国国立耕作机械实验室及其他有关研究、教育单位的考察，了解土壤机器系统力学的研究成果、方向，研究与实践的关系，研究试验的设施、方法、仪器设备；商讨交流学习的有关事宜。

12 月，撰写《美国几个典型地区的土壤耕作法》。

是年，担任《中国大百科全书 · 农业机械卷》副主编及《中国农业百科全书 · 农业机械化卷》副主编，直至 1990 年全书出版。

1981 年

7 月 7—9 日，在北京参加“全国农村能源区划座谈会”。

7 月 31 日，受聘为中国农业机械学会编辑委员会副主任委员。

11 月 3 日，国务院批准学校为首批博士、硕士学位授予单位。农业机械设计制造专业获得博士、硕士授予权。曾德超、李翰如、余新福 3 位教授为博士生导师。农业机械化专业获得硕士学位授予权。

11 月 4—14 日，参与组织并主办长沙支农工业现代化国际科学技术座谈会，邀请到美国哈佛大学、耶鲁大学及美国独立科学院院士和成员组成的“美国农村工业技术推广”代表团参会，在会上作“在中国条件下为发展农村经济对农村工副业适用技术的评价尺度”的报告。

1982 年

任北京农业机械化学院副院长，同时兼任学院学术和学位委员会主任，主管教学、科研和外事工作。

2 月 11 日，受聘为中国农业机械学会地面机器系统研究会委员。

5 月 12 日，接待美国生物能源考察组来院参观。成员为普渡大学农业工程系教授 J.B. 莱杰达尔，普渡大学农经系副教授 W.E. 泰勒等 4 人。

6 月，接待荷兰农业工程代表团（5 人），参观考察共 21 天。

10 月，应荷兰邀请作为全球农业机械专家圆桌会议的代表，参加了荷兰国际农业机械展览会，在会上做了“我国农业机械化和农机工业概况”的报告，会议期间参观了荷兰瓦赫宁根大学和农业机械研究所、温室及设施、奶酪作坊、农场和海堤等。

12 月 22 日，在宁夏对农机化工作者作“农业机械化工作如何适应农业新局面的问题”的讲话。提到农业机械化需要深入进行大量研究，需要借鉴国际经验，更需要同国家实际情况密切结合，配合农业发展和农村建设，并号召科技界中坚分子培养民族振作精神。

是年，任中国科协第二届全国委员会委员，后连任第三届全国委员会委员。

1983 年

被聘为农牧渔业部科学技术委员会第一届委员（任期 1983—1987）、任中国农业机械学会第三届理事会副理事长（任期 1983—1988）、国家机械委高等工业学校农业机械专业教材编审委员会委员（任期 1983—1987）。

1 月，起草北京农业机械化学院农业机械设计制造专业硕士研究生培养方案。包括培养目标、研究方向、学习年限、入学条件、培养方式与方法、课程设置、学位论文与论文答辩和时间安排等八部分。

5 月 13—19 日，参加北方旱区农业学术讨论会，受中国科学技术协会国际部委托，邀请澳大利亚西澳大学代表团出席。

6 月，通过学校接待了荷兰马铃薯研究所所长和一家养鸡公司的商务代表，并陪同代表团到海拉尔参观和洽谈，达成一项进口土豆特种特制粉工艺和工厂设备的协议，随后又达成以货易货的协议。

7 月，发表学术会议论文《我国农业工程学科优先发展的领域、内容和技术关键的商榷》。

9 月 10 日，被中华人民共和国机械工业部聘为高等工业学校农业机械类专业教材编审委员会委员。

9 月 11—17 日，参加在黑龙江省克山农场召开的国营农场少耕节能增产技术座谈会。

9 月，中国农业工程学会第二次全国学术讨论会，会议主要讨论农村能源的相关问题。

11 月 29 日，农牧渔业部科学技术委员会全体委员会议并合影留念。

1984 年

1 月，成为国际土壤耕作研究会（ISTRO）会员。

1 月 23—26 日，在荷兰阿姆斯特丹参加第二届发展中国家农业机械工业国际学术会议，做了题为《中国农业机械化与农机工业发展的现状与趋势》的发言。

2 月，起草制定《北京农业机械化学院发展规划纲要》，尤其在学科建设和专业设置方面提出了很多建设意见。此外，《纲要》中拟将学院改名为“北京农业工程大学”。

5 月 10 日，经民主协商、群众酝酿和基层推选，由学校郑定立院长聘任并经农牧渔业部批准的学术委员会成立，曾德超任主任，李翰如、汪懋华任副主任，任期 3 年。

5 月，参加国营农场少耕节能增产技术会议，作《土壤耕作法的发展趋势》报告。

7 月，与周一鸣、信世强、朱勇华合作的农牧渔业部重点课题之一“提高现用手扶拖拉机运输机组安全性及运输速度的可行性”通过鉴定。

8 月 9 日，农牧渔业部肖鹏副部长来学院召开中层干部会，宣布中共农牧渔业部党组农发字（1984）第 173 号文，曾德超任北京农业机械化学院顾问。任机器与土壤、植物基础关系实验室主任，校学位委员会主席。

8 月，在学校做报告，与师生探讨农业机械化专业和农机运用与管理学的内涵和需要。

荷兰土豆生产线安装开工，被邀请到海拉尔参加剪彩仪式，因买不到火车票而未能成行。

9 月 11 日，在黑龙江参加少耕节能增产技术座谈会。

10 月，作为领队参加由中国农业机械学会组织的提水机械技术 4 人代表团访问荷兰。访问期间通过与荷兰农业机械工业协会负责人的交流，启动了荷兰与中国恢复大使级邦交后首批代表团回访我国的计划。

11 月 7—14 日，在云南大学参加不同土壤及工作部件参数测定方法与仪器装备讨论会

11 月 23—27 日，主持在北京召开的农业机械设计制造专业攻读硕士学位研究生培养方案审订会议。受农牧渔业部的委托，来自北京农业机械化学院、东北农学院、西北农学院，以及江苏工学院、安徽工学院、武汉

工学院等 14 名代表，对曾德超主编的《农业机械设计制造专业攻读硕士学位研究生培养方案》《论文要求》认真细致地进行了讨论，提出了很多意见和建议。其中，将本专业名称，由“农业机械设计制造专业”改为“农业机械专业”。

12 月，在《农业机械学报》上发表论文《新形势下农业机械化与农机工业发展战略的探讨》。

学校增设了农产品加工工程和工业管理工程专业。

参加和主持了全国讨论农业工程本科和研究生专业目录、专业规划和建设的香山会议（1984）、沈阳会议（1985）、南京会议（1985）等。

是年，获得“常速高速通用优化犁”专利；女儿曾明获美国马里兰大学全额奖学金赴美攻读化学博士学位；儿子曾雨获美一私人基金会奖学金资助赴美密执安理工大学攻读学位。

1985 年

1 月 23—26 日，参加美国农业工程师学会（ASAE），发表论文 Education and Utilization of Agr. Engineering Graduates in the Development of China，介绍中国的农业工程学科教育与学生发展等相关情况。

2 月 16 日，曾德超、汪懋华被选为国务院学位委员会第二届学科评议组成员。

3 月，在《农业工程学报》上发表论文“我国农业工程学科优先发展的领域、内容和技术关键的商榷”。

5 月，任国家科委发明评选委员会特邀审查员。

6 月 6—13 日，加拿大奎尔夫大学农学院工程系讲学一周。

6 月 16—19 日，参加在奥本大学举行的第一届国际土壤动力学会议。

6 月 23—26 日，参加在美国密执安州立大学举行的美国农业工程师学会年会，做“中国农业工程高等教育与农村发展”的学术报告。

7 月 8—12 日，参加在加拿大奎夫大学举行的第 10 届国际土壤耕作研究会

7 月 15—22 日，美国得克萨斯州农业局讲学一周，参观德州农工大学。

6 月 15 日—8 月 15 日，与余群教授等一批专家进行为期两个月的访美，除了参加上述会议外，还参观了康乃尔大学、卡罗拉多州立大学及加州大学戴维斯分校的农业工程系等。圆满完成了参加国际会议及专业考察任务，并向国外有关院校及科研单位介绍了我国农业工程的现状及发展。在康乃尔大学做“固体材料和介质动强度的建立研究”学术报告。

是年，学校增设了工业管理工程专业。

1986 年

4 月 15—25 日，参加在南京召开的普通高等学校农科、林科本科专业目录审定会。

6 月 18 日，参加中国科学技术协会第二届全国委员会第四次会议。

6 月 23—27 日，作为特邀代表，代表农业机械学会参加在北京召开的中国科学技术协会第三次全国代表大会，随后，相继参加了中国科学技术协会三届二次、六次全委会。

7 月，参加中国农业机械学会三届二次理事会。

8 月 4—8 日，作为大会组织委员会主席，主持了在北京召开的国际地面车辆系统学会亚太地区学术会议，与姚禹肃（第一作者）合作发表题为 A FEM Analysis on Soil Penetration with different Soil Constitutive Models 的报告；在闭幕式上做会议学术总结。

9 月，延长退休时间，被聘为北京农业工程大学顾问和土壤、机器、植物系统关系实验室主任（任期 1986 年 9 月—1995 年 8 月）。

10 月 11—15 日，在北京香山，参加由中国农业机械学会和中国农业工程学会联合举办的“农业机械化发展战略学术讨论会”，作《提高农业机械化经济效益的途径探讨》报告。

1987 年

3 月，在《农业工程学报》上，与练国平（第一作者）合作发表《河套灌区盐碱化的特点分析和治理措施的探讨》，分析了内蒙古河套灌区土壤盐碱化的特点，探讨了盐碱地治理的主要措施，提出河套灌区盐碱地的治理应首先搞好合理灌水和完善排水；同时改进传统耕作方法，采用先进耕作技术和其他措施进行综合治理。

5 月，指导朱勇华的论文《手拖机组事故调查与分析》在北京农业工程大学学报上发表。

7 月 11 日，召开“提高手扶拖拉机运输速度及安全性的研究”课题科研鉴定会。

9 月 18—22 日，与杨邦杰（第一作者）在“国际旱地耕作讨论会”上合作发表论文《裸地蒸发的数学模型和计算机程序》。是年，杨邦杰与曾合作的论文《根据地表温度、湿度以及小气候资料计算裸地蒸发量》被收录在科学出版社出版的《农田水分能量试验研究》中。

11 月 24 日，发文至北京市农业科学院，邀请北京市农林科学院果树研究所（简称林果所）共同合作参与项目，并商定派林果所桃树专家曾佩三赴澳学习 3 个月。

11 月 26 日，农牧渔业部外事司发文至北京市农林科学院，告知由曾德超代表中方主持的中澳科研合作研究“水果生产中水的有效利用”项目（ACIAR8578）已得到澳方确认，于 1988 年 1 月 1 日起开始执行。

是年，获得“旋转翻垡犁”专利。儿子曾雨获美国金钥匙奖。

1988 年

2 月，签订“华北平原水果生产中水的有效利用”合作研究项目，第一期，项目编号 ACIAR8578（Australian Center for International Agricultural Research）。

4 月 19—29 日，以学校顾问的身份，陪同英国政府海外开发署约翰逊先生（Ian M.Johnson）赴内蒙古乌拉特前旗、杭锦后旗、五原县和临河市考察河套地区排水治碱技术的发展情况。

5 月 2—6 日，接待澳大利亚国际农业研究中心科研项目协理员 Craswell 博士，检查中澳合作项目进展和修正落实第三财务年度，中方访澳人员计划与部分仪器设备的补充。

8 月，致信中国农业机械学会理事长何光远副部长；中国农业工程学会理事长刘江副部长，关于以中国农业机械学会—农业工程学会联合会名义，共同参加国际农业工程学会（CIGR）的建议。

是年，任中国农业机械化学会第四届理事会名誉理事，美国明尼苏达大学校友会北京分会会长。

1989 年

1 月 25 日—2 月 11 日，应澳大利亚国际农业研究中心（ACIAR）的邀请，作为中澳合作课题“8578”（华北水果生产中水的有效利用）中方负责人，到 Tatura 灌溉和盐碱研究所了解该课题在澳进行基础实验和战略研究的情况，对中澳两地所进行的工作加以回顾，对课题下阶段工作进行探讨、洽商和计划。同时，由于北京农业工程大学与新西兰林肯学院订有合作协议已数年，而至今未曾派有教授到该校进行学术交流，经农业部教育司的批准，这次在访澳之后就近到新西兰做学术报告和交流一周，并参观了解有关研究动向，探索开发合作活动途径。

2 月 12—19 日，从澳大利亚到新西兰、后重回澳大利亚，参观访问。在新西兰林肯学院自然资源工程系讲学一周，探求落实一两项课题的可能，并进行学术交流。

2 月 20—26 日，从澳大利亚到中国香港，与香港正大集团兴群企业有限公司商谈鲜果上市技术及饲料加工研究课题，并参观该集团在港有关企业。

4 月，学校成立北京农业工程大学专业技术职务评审委员会，曾德超任主任。同时，制定了《教师职务聘任实施办法》并开始试行。

9 月 4—8 日，代表农业机械学会和农业工程学会联合会会长刘江同志参加在爱尔兰都柏林召开每 5 年一次的第 11 届国际农业工程学术大会。就中国加入该会进行谈判，这也是中国（中国农业机械学会农业工程学会联合会）加入国际农业工程学会（CIGR）作为国家会员以来的第一次大会。发表以《冻土中水热盐运移的计算机模拟》为题的论文，研究生练国平博士随同参加会议。

会后，受英国（Silsoe）西尔索农业工程学院的邀请并提供全部费用，在英国进行学术访问一周；还受联邦德国农业科研中心技术研究所的邀请并提供全部费用，在联邦德国进行学术访问一周。

9 月，北京市授予曾德超、柳克令、常近时、黄文彬、黄季平 5 人为北京市 1989 年度优秀教师称号。

12 月 17 日—1990 年 3 月 16 日，在美国访问，参加 10th International Soil Conservation organization conference，并看望子女。

1990 年

6 月 29 日，在人民大会堂，参加国务院学位委员会学科评议组第四次会议。受到江泽民、李鹏等党和国家领导人接见并合影。

7 月，享受国务院政府特殊津贴，每月 100 元。

9 月 27—28 日，在北京林果所，对“8578”项目期满进行课题汇报，由外方专家进行评估。

12 月 1 日，向农业部提交中澳国际合作项目材料之六、七及三年工作总结并申请延续的报告。

12 月，被评为从事高校科技工作 40 年受表彰老专家。

1991 年

3 月，作为甲方代表与林果所（乙方）和林果所试验场（丙方）签订协议，拟将北京市林业果树研究所试验场果园内约 2.5 亩 3 年生桃树于 1991 年 3 月前改种新的品种和种植规格的桃树（项目需要）。

4 月 22—28 日，参加中科院地理所和以色列科学与人文学科研究院在北京召开的农业水资源利用效率研讨会。

5 月 23—27 日，出席在北京召开的中国科学技术协会第四次全国代表大会。

7 月 8—12 日，参加国际土壤耕作研究会第 12 次国际会议。

10 月，签订“华北平原水果生产中水的有效利用”第二期项目（1990—1994 年），项目编号 ACIAR9048，为项目“8578”的任务的延续和调整。

12 月，应邀对北京市顺义县水利局和中国农机院能源所试制的

HQ-280 型户用生物质气化炉灶出具鉴定书，用词严谨。

12 月 17—19 日，参加中国力学会、中国农业工程学会共同举办的农业工程中力学问题研讨会。

是年，在地面力学杂志（英）发表论文《土壤抗剪强度与剪切速率关系的研究》；在农业机械学报发表论文《气体燃料及其应用于内燃机的研究与发展》。

1992 年

6 月，参加中国农机回顾与展望研讨会暨江苏工学院排灌研究所建所 30 周年纪念会。

7 月 2 日，与北京科学技术出版社签订《机械土壤动力学》出版协议。

9 月 16—23 日，陪同彼德 · 杰里前往新疆兵团讲学和指导。

10 月 11—15 日，在北京参加农业工程国际研讨会，并做报告。

10 月 16 日—1993 年 4 月 15 日，请假与贺子石自费赴美探亲半年。原因有二，其一是家庭私事（儿子曾雨完婚）；其二是为了业务访问和交流，为我校拟筹建重点开放（国内外）实验室之一——抗逆持续农业工程基础技术实验室（暂名）进行收集资料、访问交流等。

1993 年

9 月 21—25 日，陪彼得 · 杰里（Dr. Peter Jerry）去山西考察。专程到素有梨乡之称的山西原平市进行了水果生产状况的现场考察。并于 9 月 24 日在原平市签订"合作开发山西水果节水丰产技术争取澳方资助大面积推广的意向书"。

12 月 20 日，被聘为第三届《农业工程学报》编辑委员会顾问编委。

12 月，为编纂出版《中国大百科全书》做出重要贡献，获荣誉证书。

1994 年

4 月，与中澳合作研究课题的澳方代表彼得 · 杰里合作编写的《果树调亏灌溉密植节水增产技术的研究与开发》和《果树调亏灌溉密植节水增产技术指南》分别由中国农业大学出版社出版。

4 月，被中华人民共和国人事部聘为农业工程专业技术资格评审条件审定委员。

5 月 3—6 日，在北京友谊宾馆，组织召开课题成果鉴定及“果树调亏灌水密植技术发布会”（中澳合作研究课题“华北水果生产中水的有效利用”汇报和合作洽谈会）。

秋，陪同美国明尼苏达大学 Crokeston 分校校长到北京农业大学（中国农业大学西校区前身）访问。

1995 年

1 月，与澳方、新疆联系，安排新疆代表团出访澳大利亚。

《机械土壤动力学》由北京科学技术出版社出版。

5 月，当选为中国工程院院士。

7 月 11 日，第一次参加中国工程院院士会议，党和国家领导人与工程院全体院士和科学院学部委员合影。

9 月，北京农业大学与北京农业工程大学合并为中国农业大学。被聘为中国农业大学机械工程学院机械化系土机植实验室主任、中国农业大学水资源持续型精密农耕技术中心主任、中国农业大学学位评定委员会副主任。

9 月 9 日，参加振兴井冈山老区经济座谈会。

10 月 6 日，被北京农业工程大学教育科研奖励基金会评为 1995 北京农业工程大学农业工程教育科研奖励基金会科教个人一等奖。

10 月 16 日，获得美国明尼苏达大学杰出贡献奖（Golden Gohper Awards）。

1996 年

6 月 3—7 日，在北京参加中科院第 8 次院士大会、中国工程院第 3 次院士大会。

6 月，应澳方提出延长课题合作，中澳 No.9447“果树和大田作物调控亏水度灌法”与“实时信息短程预报技术的开发示范推广”课题启动（1996—2001 年）。

7 月 14—18 日，赴美国亚利桑那州凤凰城，参加 ASAE1996 年国际年会。

夏，受毛达如校长的委托，回访了美国明尼苏达大学 Crokeston 分校，受到了美国精细农业最先倡导者之一 Pierre Robert 教授的接待，并达成协议，共同合作向美国有关基金会和公司联名申请，在两校进行精细农业合作研究的课题基金，在中国江苏选定试点，未获结果；后 P.Robert 教授不幸因车祸逝世。

9 月，论文《玉米芯热解气化机理的研究和计算机模拟》获山东工程学院科学技术进步奖一等奖。

1997 年

1 月，所指导的泰国留学生张秀来通过博士论文答辩。

4 月 11—13 日，参加在北京召开的“国际欠发达地区促进农机化发展战略论坛”。

4 月 28 日—5 月 6 日，参加第 7 届农业工程相关专业教学改革学术研讨会和农村可再生能源研究发展战略论坛。

5 月 24 日，全国“小麦全生育期地膜覆盖穴播栽培技术”现场会，全国北方地膜小麦集雨节灌现场会。

6 月，任副主编的《中国农业百科全书 · 农业机械化卷》，获全国优秀科技图书一等奖。

8 月 10—14 日，参加在 Minneapolis Convention Center 召开的美国农业工程学会（ASAE）1997 年国际年会，主题为改变未来的工具。

12 月，“生物质资源综合利用的研究”获山东省教委科学技术进步奖理论成果奖三等奖，主要研究人员易维明、曾德超。

1998 年

1 月 11 日，美明尼苏达大学新任校长陪同明尼苏达州州长及州农业厅厅长访问北京，并在北京长城饭店举行宴会，招待明大校友。作为明大北京校友会会长，进行了前期联系，并组织。

6 月 1—5 日，参加中国工程院第 4 次院士大会，做《我国减灾缓逆，高产高效可持续农业发展途径》学术报告，并发表在《世界科技研究与发展》，1998 年第 20 卷第 2 期上。

6 月 28 日—7 月 22 日，ACIAR9447 项目，澳大利亚持续灌溉农业发展研究所（Tatura 中心）Peter.Jerie 来华，与黄兴法、王小伟全程陪同，在山东、山西、河北、陕西调研。

7 月 11 日，《时代需要多学科的农业工程》刊于《中国农业机械化报》。

9 月 2 日，内蒙古领导干部院士科技报告会，作题为《加快现代化农业发展的对策思考》的报告；

参加中日双边国际学术讨论会，发表《农牧业可持续发展与环境保护报告》。

9 月 16 日，参加中国农业大学工学学科学位评定委员会秋季审批学位授予人员名单例会。

12 月，《地理点源湿润区模拟与试验》发表于水利学报（第二作者）。

主持中澳合作课题 ACIAR9447——“利用现代灌溉技术与管理技术提高中国北方果园产出效率与水有效利用率的示范研究”，完成北京昌平 250 亩、河北大名 83 亩、山西长治 120 亩、山东平阴 220 亩、陕西礼泉 50 亩及 10 个个体农户果园的观察，3 个个体农场的试验示范。开始培训教材的编写。

主持博士点基金课题“水资源持续型精密农耕制及其工程技术的研究开发”，主要研究开发能体现大田作物调亏灌溉技术的新型精密设备系统及调亏灌制制定技术。

1999 年

2 月 5 日，参加在中国农科院蔬菜花卉研究所园艺培训中心召开的在京院士工作座谈会，讨论院士增选、咨询和学术活动等。

5 月 21 日，与中科院水土保持研究所一些青年科技工作者到美国普渡大学参加第 9 次国际土壤保持学术会议。会后，到美国堪萨斯州立大学、伊利诺伊大学和明尼苏达大学访问，主要考察风沙治理、低能耕作、灌溉体系推广及精确耕作等。

8 月下旬回京。接待美普渡大学、堪萨斯州立大学、伊利诺伊大学农业工程方面专家的访问。

10 月 9 日，北京农业机械化学院 56 届学生在新八仙酒家宴请，祝贺 80 寿诞。

11 月 12—17 日，在北京参加 21 世纪中国微灌发展战略研讨会，发表会议论文——《调亏灌溉—果园节水管理新技术》(署名黄兴法，李光永，曾德超)。

12 月 10 日，参加庆祝中国农业工程学会成立 20 周年暨中国农业工程学会第 6 次全国会员代表大会。会议期间，为曾德超、崔引安两位教授举行 80 岁寿诞专场晚会。

12 月 11—12 日，在北京参加北京国际旱地农业保护性耕作研讨会。

12 月 14—17 日，在北京参加 1999 年度 ICAE，农业工程国际会议，作主题发言"On the Role of Agricultural Engineering in China in the 21st Century"。

12 月 15—17 日，参加中国科学院香山工作会议，在会上发表了《精确农业与可持续发展农业》的专题报告。

3 年来，一直与明尼苏达大学精密农业中心主任合作在美申请课题，未有结果。随着国内大量投资引进，合作在美找基金前途渺茫。

仍主持中澳合作课题 ACIAR9447，在北京昌平、河北大名、山西长治、山东平阴、陕西礼泉设示范点。除大名点设备损坏需补购外，其他点基本正常。

主持博士点基金课题"集雨节水精密耕作技术体系开发"，所购置卫星定位设备，因重点学科所给经费不足，后经申请得北京市水利局资助，终购买。

2000 年

4 月 10—11 日，在北京长城饭店参加中国水稻机械化生产国际研讨会。

5 月，参加在安徽合肥召开的第 4 次全国高等学校农业工程类学科专业教学改革学术研讨会。

6 月 5 日，在北京参加中科院第 10 次院士大会、中国工程院第 5 次院士大会。

10 月 11—13 日，在北京参加 2000 年国际工程科技大会。

11 月，在广西北海参加无公害农业生态系统与农业可持续发展国际研讨会，任组织委员会主席。

11 月下旬，中国机械化旱作节水农业国际研讨会在北京举行。2000 年中国国际农业节水技术和灌溉设备展览会同期举行。

2001 年

1 月，《面向 21 世纪的中国农业工程议程探讨》在《农业工程学报》（国际版）发表。

5 月 22—24 日，在北京香山，参加由国务院学位委员会农业工程学科评议组主办，中国农业大学工科研究生处承办的全国农业工程学科建设与研究生教育研讨会。

6 月，牵头完成 20 世纪我国工程科技最伟大的成就“电气机械化”，作为中国工程院候选项目之一。

9 月 28 日，在欧美同学会会所北大厅，举行留美分会各校友会工作会议。

11 月 7—9 日，参加在北京召开的农业科学技术国际会议。

11 月，与因 · 古德温、黄兴法、王小伟、李光永等编撰的《果园现代高科技节水高效灌溉技术指南》由中国农业出版社出版。

11 月底，中澳合作研究项目（ACIAR9447）结题。从只限于果园节水灌溉扩大到大田作物在内；同时，调整了技术指南部分内容，及时出版了此书和录像光盘。分别完成澳方和中方的结题汇报，并在劳动大厦召开课题学术报告会。

是年，完成中国工程科学杂志约稿——《土壤植物大气连续体质能传输调节科技的进展与中国可持续复合种植业工程技术前沿》。

2002 年

5 月，参加东南大学庆祝建校 100 周年活动。

5 月 28 日—6 月 1 日，在北京参加中科院第 11 次院士大会、中国工程院第 6 次院士大会。

6 月 24—28 日，参加在西北农林科技大学召开的农业与生物系统工程科技与教育发展战略论坛暨第 5 次全国农业工程类学科专业教学改革学术研讨会。

7 月 25—28 日，河北省院士联谊会第 2 次会员大会，会后作为半干旱中心协作区代表参观考察。

8 月 19 日，主持与河北省合作课题“实时监测变量调亏型田间节水高效环保灌溉技术的研究开发与示范项目”第 2 次会议。

10 月，被中国农业机械学会第 7 届理事会聘任为名誉理事长（聘期 2002—2006）。

2003 年

上半年，参加工程院院士增选会议和中国农业大学第一届教职工暨工会会员代表大会等。

8 月 15 日，参加在塞北沽源牧场召开的河北推广项目总结会。

本年开始至 2007 年，每年新招收在职研究生 1—2 人，利用他们原单位有关资源与节水灌溉技术开发 / 推广的需求，进一步完善与澳节水灌溉研究所合作研究 4 期（每期 3 年）中已开发的果树 / 大田作物调亏节水灌溉技术，着重点放在大田节水灌溉的整套技术的开发与完善上。

是年，开始与信息与电气工程学院退休教授冯纪明试制一种作物根区土壤水含量变化快速测量探针。

2004 年

5 月 16 日，参加在北京金码大厦三楼召开的中国农业工程学会第 7 次全国会员代表大会暨学术年会。

6 月 2—6 日，在北京参加中科院第 12 次院士大会、中国工程院第 7

次院士大会。

10 月 15 日，在北京参加国际农业工程大会。

11 月 2 日，参加在人民大会堂河北厅举行的“美国明尼苏达大学授予蒋正华先生‘名誉科学博士’暨与北京市教委、中国政法大学、北京法政集团合作签字仪式”。

11 月 12 日，与朱海石、王伟、傅臣家、曾宪进一起申请发明专利——机械式自动定量供水装置；与朱海石、王伟、陶益寿、傅臣家一起申请实用新型专利—— 一种移动软管式定量灌溉系统。

12 月 26 日，给族弟曾令樱编著《世纪沧桑》题字以及回忆的宗祠图软笔题字。

2005 年

2 月 21 日—3 月 21 日，因心率过低，在北医三院手术安装心脏起搏器，出院后偶尔出现心颤。

4 月 29 日，在北京香山参加中国科学院、中国工程院资深院士联谊会及成立会。

6 月 29 日，被聘为中国农业大学“985”工程“现代农业工程与信息化科技创新平台”学术委员会委员。

8 月 4 日晚，参加全国人大会议中心举行的冷餐会，欢迎来自明尼苏达州的美国参议院马克 · 代顿参议员。

10 月，参加联合国工业发展组织中国投资与技术促进处绿色产业专家委员会，绿色产业科技论坛。

是年起，身体状况变差。

2006 年

2 月 8 日，“一种移动软管式定量灌溉系统实用新型专利”获批。专利号：ZL200420112743X。

5 月 2—6 日，参加在云南昆明召开的第 7 届全国高等院校农业工程学科建设与教学改革学术研讨会。

6 月 5—8 日，参加在北京召开的中科院第 13 次院士大会、中国工程院第 8 次院士大会。

10 月 25 日，“机械式自动定量供水装置”发明专利获批。专利号 ZL200410090691.5。

12 月 24—26 日，参加中国工程院“农业机械化发展战略研究”专项咨询项目，项目组课题、分课题负责人工作会议。

2007 年

12 月 15—16 日，中国农业机械学会第 8 届第 2 次常务理事会召开，《农业机械学报》创刊 50 周年纪念活动，被授予《农业机械学报》杰出贡献奖。

作为自选课题，与学校信息与电气工程学院退休教师冯纪明合作，仿制一种进口的节水灌溉技术土层分层水分速测仪器。(Gopher™ 及 Sentek™)。7 年来一直未成功。

2008 年

1 月，被聘为联合国工业发展组织中国投资与技术促进处绿色产业专家委员会高级顾问(聘任期：2008—2009 年)

4 月 26 日，参加在全国政协礼堂召开的“贯彻落实十七大精神，构建食品安全体系”研讨会。

6 月 23—27 日，在北京参加中科院第 14 次、工程院第 9 次院士大会。

9 月，被聘为《农业机械学报》第 8 届编辑委员会顾问编委

11 月 7—10 日，在水利部多功能厅参加首届水利新产品应用成果交流展示会。

是年，参加中国共产党中国农业大学第 2 次代表大会。

2009 年

8 月，被授予中国农业工程学会杰出贡献奖。

2010年

1月，被聘为《农业工程学报》第7届编委会顾问委员；联合国工业发展组织中国投资与技术促进处绿色产业专家委员会高级顾问（聘任期：2010年1月—2011年12月）。

6月7—10日，参加在北京召开的中科院第15次院士大会、中国工程院第10次院士大会。

2011年

1月，在老科学家学术成长资料采集工程项目申报书上签字，同意开始学术资料整理工作。

6月10日，应族弟曾令樱要求，为祝贺《海南十大文化名村——迈德村》一书出版，题字“弘扬祖德　再造辉煌”。

2012年

6月8日下午2:00，在自家客厅里，昏迷，送入北医三院，傍晚6:40进行手术后生命体征基本稳定，但仍持续昏迷。

6月22日，心跳150次，血压不稳，再次进行抢救。

6月23日下午1:28，与世长辞。

6月29日上午10:30，在北京八宝山举行遗体告别仪式。

附录二　曾德超主要论著目录

[1] 曾德超. 我国农业机械化科学技术研究的任务. 人民日报，1956-10-11.

[2] 曾德超. 机引犁的牵引调整问题. 农业机械学报，1957，1（1）：71-90.

[3] M.H. 列托施聂夫. 农业机械 // 曾德超，曹崇文等译. 北京：高等教育出版社，1959.

[4] 曾德超，郭祺泰. 在旱作沙壤土上铧犁犁体曲面性能分析. 农业机械学报，1962，5（1）：37-60.

[5] 曾德超，郭祺泰. 关于减轻步犁阻力的试验报告 // 中国农机学会 1963 年学术年会论文集. 1963.

[6] 曾德超. 旱作沙壤土上铧犁犁体曲面阻力分析. 农业机械学报，1964，7（2）：79-95.

[7] 曾德超. 滚垡壁犁犁体曲面有理设计方法 // 中国农机学会 1964 年学术年会论文集，1964.

[8] 曾德超，郭祺泰. 按翻土曲线变化规律设计滚垡壁犁犁体曲面的方法. 农业机械学报，1965，8（3）：265-276.

[9] 曾德超，赵作善. 以土垡在耕速影响下翻转过程为基础的滚垡壁犁曲面有理设计数学解析法（参加 1978 年全国农机学会论文）. 1978，华北农业机械化学院.

[10] 曾德超. Chinese Agricultural Mechanization Policy and it's Possible Application.（联合国工业发展组织第一届农业机械工业协商会议全球农机专家讨论会论文）. 1979，维也纳.

[11] 曾德超，赵作善. 犁体曲面设计的数学解析法. 农业机械学报，1979，10（1）：1–22.

[12] 曾德超. 试论农业现代化进程的技术经济模型. 农业机械学报，1980，11（3）：89–102.

[13] 曾德超. 中国农业机械化状况与经验（中西非湿润热带小型农场机械化国际会议开幕式上的报告）. 1980，雅安得.

[14] Zeng Dechao，On the Technical–Economic Model of Agricultural Modernization//Paper presented at the1980 Convention of the Chinese Society of Agri. Machinery. October 1980，Beijing.

[15] 曾德超，黄志明，宋声鹗. 农业现代化技术途径与评价尺度. 北京农业机械化学院学报，1981（1）.

[16] 曾德超. 在中国条件下为发展农村经济对农村工副业适用技术的评价尺度 // 国际支农工业现代化学术会议论文集. 1981，长沙.

[17] 曾德超. 美国几个典型地区的土壤耕作法. 北京农机学院：教学与科研，1981.

[18] 曾德超，李振安. 发展动力驱动、原沟旋转翻垡的根据及其实现的一些基础条件. 农业机械学报，1982（4）：34–52（28 之 1）.

[19] 曾德超. 农业机械化工作如何适应农业新局面的问题. 1982，银川.

[20] 曾德超. 我国农业工程学科优先发展的领域、内容和技术关键的商榷. 农业工程学报，1983（1）：6–11.

[21] 曾德超. 中国农业机械化与农机工业发展的现状与趋势 // 第二届发展中国家农业机械工业国际学术会议. 1984，阿姆斯特丹.

[22] 曾德超. 谈农业机械化专业和农机运用与管理学. 北京农业机械化学院学报，1984，8.

[23] 张坚，曾德超. 土壤旋转深松若干问题的研究. 北京农业机械化学院学报，1984（4）：29–42（28 之 2）.

[24] 曾德超. 新形式下农业机械化农机工业发展战略的探讨. 农业机械学报，1984，12（4）：1–6.

[25] 曾德超. 土壤耕作法的发展趋势 // 国营农场少耕节能增产技术会议资料选编. 1984.

[26] 曾德超. 提高现用手扶拖拉机运输机组安全性及运输速度的可行性报告. 1984.

[27] 曾德超. 贺新春，看发展，稳步前进. 迎春笔谈会. 1984 农业工程学会 .

[28] Zeng Dechao，Agricultural Engineering Science，Its Specific Object of Study and Status & Trend in China D. C. Zeng（BAEU），PRC. 1984.

[29] 曾德超. 我国土壤耕作法的类型、发展趋向及对新一代机具的要求. 北京农业机械化学院学报，1985（1）：26–35.

[30] 曾德超. Education and Utilization K f Agr. Engineering Graduates in the Develop–ment of China// 美国农业工程师学会论文（ASAE Paper No. 855044）.

[31] 朱勇华，曾德超. 水田"底面拖垡"旋翻原理的研究. 北京农业机械化学院学报，1985（4）：39–47.

[32] 姚禹肃，曾德超，等. 采用不同本构模型的土壤贯入有限元分析 // 国际地面车辆系统学会第一届亚太地区学术会议论文集，北京. 1985.

[33] 曾德超，傅琪. An Approach to the Analytical Prediction in a Rotary Soil Cutting Process（以旋耕切土过程为例的一种解释预测方法）// 国际土壤动力学会议论文集（英）. 奥本，1985，2:428–442.（28 之 5）.

[34] 曾德超. 农业工程研究生教育中的专业规划与培养体制的改革问题. 高等农业教育增刊，1985.9.

[35] 姚禹肃，曾德超. A FEM Analysis on Soil Penetration with Different Soil Constitution Models//Proceedings of the 1st Asian–Pacific Conference of ISTVS. 1986 Beijing.

[36] 曾德超. 国际地面车辆系统学会第一届亚太地区学术会议学术总结——会议闭幕词. 1986，北京 .

[37] 陈瑛，曾德超．弹齿的振动特性及其对耕作性能的影响．北京农业工程大学学报，1986（2）：24−29.

[38] 朱勇华，曾德超．手扶拖拉机—半挂车机组典型技术事故的调查与分析．北京农业工程学报，1986，6（4）：51−61.

[39] 曾德超．提高农业机械化经济效益的途径探讨 // 农业机械化发展战略学术讨论会论文．1986，北京香山．

[40] 曾德超，周一鸣，朱勇华．手扶拖拉机半挂车组级动态仿真模型 // 国际农业工程学术会议．1986，阿姆斯特丹．

[41] 练国平，曾德超．河套灌区盐碱化的特点分析和治理措施的探讨．农业工程学报，1987，3（1）：1−10.

[42] 陈瑛，曾德超．弹齿与刚性齿工作性能的研究．农业机械学报，1987，3（1）：39−44（28 之 6）.

[43] 杨邦杰，曾德超．裸地蒸发的数学模型和计算机程序 // 国际旱地耕作讨论会论文集（英）．1987：18−22.

[44] 杨邦杰，曾德超等．根据地表温度、湿度以及小气候资料计算裸地蒸发量 // 农田水分能量试验研究．北京：科学出版社，1987.

[45] 姚禹肃，曾德超．Investigation on The Relationship Between Soil Strength and Shear Rate. 1988.

[46] Zeng Dechao，Beijing Agricultural Engineering University a Brief Introduction. Journal of agricultural machinery，1988.

[47] 姚禹肃，曾德超，杨亚川．土壤快速直剪仪的研制．北京农业工程大学学报，1988，8（2）：31−35.

[48] 李朝前，周一明，曾德超．广义机构计算机辅助设计系统的研究与应用．北京农业工程大学学报，1988，8（2）：23−30（28 之 10）.

[49] 朱勇华，周一鸣，曾德超．拖拉机 − 挂车机组动态翻倾特性的研究．农业机械学报，1988，12（4）：3−13（28 之 3）.

[50] 练国平，曾德超．一个冻土水盐热运动的数学模型．农业工程学报，1988（4）：31−37.

[51] 练国平，曾德超．Moisture，Heat and Salt Movement During the Freezing

and Thawing in Soil//Proceedings of 11th ISTRO conference. 1988：11−15.
[52] 姚禹肃，曾德超. 金属 − 土壤摩擦阻力与滑动速度关系的研究. 农业机械学报. 1988，12（4）：33−42；地面力学杂志（英），1990，27（4）：283−290，Pergamum Press plc ISTVS（28 之 8）.
[53] 杨邦杰，曾德超，唐登银. 裸地蒸发过程的数值模拟. 地理学报，1988（4）：352−363（28 之 9）.
[54] 杨邦杰，曾德超. Simulation of Seedbed Soil Moisture and Temperature Behavior As errected by Tillage Operations// 第十一届国际耕作和学术会议论文集（英）. 1988，7：433−438.
[55] 曾德超，练国平. A Computer Simulation of Water Heat Salt Movement in Frozen Soils// 第十一届国际农业工程学术会议论文. 1989：32−38（爱尔兰），都柏林.
[56] 曾德超. 土壤、植物、大气连续体传输理论的进展与现代可持续生态农耕种植业的节水保地力培育生态环境建设工程技术前沿.
[57] 曾德超，姚禹肃. 采用不同本构模型的土壤贯入有限元分析 //ISTVS 地面力学杂志（英），1989.
[58] 曾德超. 参加第 11 届国际农业工程学术大会及国际农业工程学会管理委员会情况. 1989（4）：89−92.
[59] 姚禹肃，曾德超. 宽窄齿耕作阻力预测理论的研究（一）. 北京农业工程大学学报，1989，9（3）：32−38.
[60] 曾德超，朱勇华，周一鸣. A Mathematical Model For Sideways over Turning Performance of Tractor and Trailer Combinations. 地面力学杂志（英），1989（3/4）：193−200，Pergamon Press PLC ISTVS.
[61] Zhu Yonghua，Zeng Dechao，Zhou Yimin，Simulation of the Sideways Overturning Dynamics of Walking Tractor and Trailer Combinations. 1989.12.
[62] 曾德超. 通过工程手段调控作物植株亏水度、开发节水高产技术的研究报告——中澳合作研究课题 ACIAR NO. 8578 技术总结之一. 1990.

[63] 姚禹肃，曾德超，张红．手扶拖拉机运输机组行驶操纵方式的探讨 // 地面机器系统学会论文集．1990，西安．

[64] 张红，曾德超，姚禹肃．手扶拖拉机单轴挂车运输机组稳态转向特性研究 // 地面机器系统学会论文集，1990.

[65] 雷廷武，曾德超，陈继武．“黑箱”理论在估计作物动态吸水强度中的应用．控制与信息杂志，1990（2）：1–8.

[66] 姚禹肃，曾德超．宽窄齿耕作阻力预测理论的研究（二）．北京农业工程大学学报，1990，10（2）：39–43.

[67] 隋红建，曾德超．地面覆盖应用与研究的现状及发展方向．农业工程学报，1990，6（4）：26–34（28 之 12）.

[68] 曾德超，姚禹肃．Investigation of the Relationship between Soil–Metal Friction and Sliding Speed. 地面力学杂志（英），1990，27（4）：283–290，Pergamon Press plc ISTVS.

[69] Zeng Dechao，Significance of Project Objectives to Horticulture in China and Overview of Scientific Program//Efficient Use of Water in Fruit Production on North China Plain. 1990.

[70] 曾德超，雷廷武．桃树叶水势的调控及其对生长量的影响 // 中以农业用水效率学术讨论会论文集（英）．1991：111–120.

[71] 曾德超，黄敬党．气体燃料及其应用于发动机的研究与发展．农业机械学报，1991，3（1）：92–97（28 之 15）.

[72] 朱勇华，信世强，周一鸣，曾德超．用于汽车碰撞时人体保护的吸能材料的特性研究．北京农业工程大学学报，1991，11（1）：18–24.

[73] 王千，曾德超．不同耕作措施对降雨入渗的影响．农业机械学报，1991，11（3）：32–40（28 之 16）.

[74] 雷廷武，曾德超，等．调控亏水度灌溉对成龄桃树生长和产量的影响．农业工程学报，1991，7（4）：63–69（28 之 12）.

[75] 雷廷武，曾德超，李蔼铿．Modelling of Growth Pattern of Peach Fruit with Genstat//1991 农业机械国际学术会议论文集．1991，北京．

[76] 苏宏科，曾德超，刘善焜．固液两相流物理及流变特性对泵性能的

影响．农业机械学报，1991，3（1）：33−38（28 之 11）.
[77] 雷廷武，曾德超，等．田间 / 果园全自动气象环境数据采集系统 // 全国灌溉科技情报网第六次网会论文．1991，西安．
[78] 曾德超．我国农业工程学科发展现状及展望 // 农业工程中力学问题研讨会论文集．1991，北京．
[79] 王千，曾德超．不同耕作措施对降雨入渗影响的试验研究．北京农业工程大学学报，1991，11（3）：32−40.
[80] 李庆中，曾德超．高低速通用犁体曲面的优化设计．北京农业工程大学学报，1991，11（2）：33−41（28 之 11）.
[81] 曾德超，方真．生物能源利用技术的研究与发展．中国能源，1991（11）：9−11，15（28 之 17）.
[82] 雷廷武，曾德超．桃树调控亏水度灌溉法的试验研究．中国能源农业工程学报，1991，12：63−69.
[83] 雷廷武，曾德超．估计作物吸水强度的动态模拟方法及其应用：I．基本方法 // 农业工程力学问题学术研讨会会议文集．1991.
[84] 雷廷武，曾德超．估计作物吸水强度的动态模拟方法及其应用：II．基本方法 // 农业工程力学问题学术研讨会会议文集．1991.
[85] 曾德超，姚禹肃．A Dynamic Model for Simulating Soil Cutting by Blade and Tine．地面力学杂志（英），1992，29（3）：317−327，Pergamon Press plc ISTVS.
[86] Zeng Dechao，Authors` Reply．Journal of Terramechanics．1992，29（2）：283−285.
[87] 曾德超．农业工程学科的对象、领域、发展现状及趋向．农业工程学报，1992，8（1）：1−8.
[88] 雷廷武，曾德超，王小伟，李蔼铿．模拟桃果实日生长量模拟的数学模型．北京农业工程大学学报，1992，12（1）：26−32.
[89] 黄敬党，曾德超．S195 型柴油机燃用双燃料的改装研究．北京农业工程大学学报，1992，12（3）：33−40.
[90] 隋红建，曾德超，陈发祖．不同覆盖条件对土壤水热分布影响的计

算机模拟 I —数学模型. 地理学报，1992，47（1）：74–79.

[91] 隋红建，曾德超，陈发祖. 不同覆盖条件对土壤水热分布影响的计算机模拟Ⅱ—有限元分析及应用. 1992，47（2）：181–187.

[92] 隋红建，曾德超，陈发祖. 不同覆盖下土壤水分和温度计算的数学模型. A Numercal Model for Simulating the Temperature and Moisture Regimes of Soil under Various Mulches. Agricultural and Forest Meteorology，1992，61：281–299.

[93] 王千，曾德超. 预测湿润锋进程的新方法. 农业工程学报，1993，9（1）：24–29.

[94] 雷廷武，曾德超，郑耀泉. 估计作物吸水强度的动态模拟方法及其应用. 农业工程学报，1993，13（3）：14–23.

[95] 雷廷武，曾德超. 参考作物蒸散的自动估计 // 全国喷灌科技情报网七次网会论文. 1993，佳木斯 .

[96] 黄兴法，曾德超. 冻结期土壤水盐热运动规律的数值模拟. 北京农业工程大学学报，1993，13（3）：43–50（28 之 18）.

[97] 黄兴法，王千，曾德超. 冻期土壤水热盐运动规律的试验研究. 农业工程学报，1993，9（3）：28–33.

[98] 李波，曾德超，焦群英，尹龙超. 农用三轮运输车的动态特性. 北京农业工程大学学报，1993，13（1）：5–10（28 之 20）.

[99] 王千，曾德超，向欣. 雨后土壤结壳试验与分析. 北京农业工程大学学报，1994，14（4）：29–33.

[100] 黄敬党，翁红林，曾德超. 双燃料涡流室式发动机的燃烧模拟计算. 农业机械学报，1994，25（4）：5–10.

[101] 李永光，郑耀泉，曾德超. 微灌均匀坡管网优化设计. 北京农业工程大学学报，1994.

[102] 曾德超，彼得 · 杰里. 果树调亏灌溉密植节水增产技术的研究与开发. 北京：中国农业大学出版社，1994.

[103] 曾德超，彼得 · 杰里. 果树调亏灌溉密植节水增产技术指南. 北京：北京农业大学出版社，1994.

[104] 曾德超，彼得 · 杰里. 节水策略和果树密植的发展现状与趋向 // 果树调亏灌溉密植节水增产技术的研究与开发. 北京：北京农业大学出版社，1994：1-12.
[105] 曾德超，彼得 · 杰里. 北方果树调控亏水度灌溉密植节水增产技术 // 果树调亏灌溉密植节水增产技术的研究与开发. 北京：北京农业大学出版社，1994：159-169.
[106] 曾德超，彼得 · 杰里. 果树调亏灌水密植的原理与技术要领 // 果树调亏灌溉密植节水增产技术指南. 北京：北京农业大学出版社，1994：1-7.
[107] 曾德超，彼得 · 杰里. 在基层生产性果园建立试验示范点的指南 // 果树调亏灌溉密植节水增产技术指南. 北京：北京农业大学出版社，1994：8-16.
[108] 雷廷武，曾德超，等. 田间小气候数据的自动采集及其在估计参考作物蒸散强度中的应用 // 曾德超，彼得 · 杰里. 果树调亏灌溉密植术的研究与开发. 北京：北京农业大学出版社，1994：43-60.
[109] 曾德超. 机械土壤动力学. 北京：中国科学技术出版社，1995.
[110] 易维明，曾德超. 玉米芯挥发特性的实验研究. 农业机械学报，1995，26（2）：69-72.
[111] 易维明，曾德超. 一种带有产气热裂解装置的新型热解气化炉的实验研究. 农业工程学报，1995，11（3）：150-154（28 之 21）.
[112] 易维明，曾德超. 加热管内玉米芯热解过程的计算机模拟. 农业机械学报，1996，37（1）：47-51.
[113] 宋韬，曾德超. 基于人工神经网络的玉米籽粒形态识别方法的研究. 农业工程学报，1996，12（1）：177-181（28 之 22）.
[114] 黄敬党，翁红林，曾德超. 气体燃料发动机放热率计算模型及其应用. 农业机械学报，1996，37（2）：19-23.
[115] 宋韬，曾德超. 作物籽粒图象识别的光照条件研究. 农业机械学报，1996，27（2）：39-43.
[116] 李光永，曾德超，段中锁，曲小红. 地埋点源滴灌土壤水分运动规

律的研究. 农业机械学报，1996，12（3）.

[117] 李光永，郑耀泉，曾德超，雷廷武，刘潇. 地埋点源非饱和土壤水运动的数值模拟. 水利学报，1996,（11）.

[118] 黄兴法，曾德超，等. 冻期盐碱地水盐热运动规律研究. 农田生态系统研究. 北京：气象出版社，1996.

[119] 曾德超. 谈谈节水灌溉技术普及和技术开发的一些机遇. 节水灌溉，1996（10）.

[120] 曾德超. 我国农业技术对策中工程技术出路的探索——中国工程院第三次院士大会农业轻纺环境工程学部学术讨论会书面发言稿，1996.

[121] Zeng Dechao，1715–Aus AID's Current or Recently Completed Aus AID Activities Aciar Seminar，Monday，22 April 1996. Pportfolio China and its Efforts in Contributing towards the Development of the Agricultural Sector.

[122] 曾德超. 对我国农业机械化专业面向 21 世纪教学改革的几点意见 // 全国农业机械化专业面向 21 世纪教学改革研讨会论文集. 1997.

[123] 李光永，曾德超. 滴灌土壤湿润体特征值的数值算法. 水利学报，1997（7）：1–6.

[124] 黄兴法，曾德超，练国平. 土壤水热盐运动模型的建立与初步验证. Transactions of the CSAE，1997，9.

[125] 黄兴法 曾德超. 土壤水热盐运动模型的建立与初步验证. 农业工程学报，1997，13（3）：32–36.

[126] 刘洪禄，杨培岭，曾德超. 地面灌田面行水流动的数值模拟及应用. 农业工程学报. 1997,（3）：71–75（28 之 19）.

[127] 刘洪禄，吕露，杨培岭，曾德超，郑耀泉. 波涌灌间歇供水表面密实层特性的实验研究. 灌溉排水，1997，16（4）.

[128] Vonlaya Viriyasenakul，黄兴法，王伟，曾德超. Computerize Real-time Irrigation Scheduling under Limited Water Supply. 中国农业大学学报. 1997，2（4）：59–65.

[129] 黄兴法，曾德超，练国平. 冻土非冻土、饱和非饱和下土壤水盐运动耦合的数学模型. 农业工程学报，1997，13.

[130] 刘洪禄，戴洪文，杨培岭，曾德超. 波涌灌间歇供水土壤水分入渗机理的数值模拟. 中国农业大学学报，1998，3（2）：69–74.

[131] 曾德超. 我国减灾缓逆、高产高效、可持续农业的发展途径. 世界科技，1998，20（2）：32–37.

[132] 曾德超. 进入21世纪农业工程科学技术快速而健康发展的契机探讨（或面临的挑战与机遇）（中国农业工程科技发展新机遇学术讨论会发言）. 1998.

[133] 刘洪禄，曾德超，杨培岭，马廷玺. 波涌灌田面行水流动的数值模拟及其灌水技术. 中国农业大学学报，1998，3（2）：75–79.

[134] 黄兴法，曾德超. 一种土壤结冻特征曲线的测定方法. 中国农业大学学报，1998，3（2）：46–48.

[135] 李永光，曾德超，郑耀泉. 地表点源滴灌土壤水分运动的动力学模型与数值模拟. 水利学报，1998（11）：21–25（28之23）.

[136] 曾德超. 时代需要多学科的农业工程. 中国农业机械化报，1998（11）.

[137] 曾德超. 加快现代化农业发展的对策思考（内蒙古自治区领导干部院士科技报告会），1998.

[138] 李晓娟，曾德超. 在WINDOWS环境下的小麦生长模拟软件设计与开发. 模式识别与人工智能，1999，12：214–217.

[139] 李晓娟，曾德超. TDR在监测土壤水分动态变化中的应用. 计算机与农业，1999（4）：14–15.

[140] 张大成，曾德超. 小型农用柴油机进气系的惯性增压研究. 农业工程学报，1999，15（4）：151–156（28之7）.

[141] Zeng Dechao，Lessons on Soil and Water Conservation from An Agriculture with Ancient History//Abstract for Contribution to 10th ISCO’99.

[142] 曾德超. 精确农业与可持续农业（我国南方可持续农业问题专题发

言），1999.

[143] 曾德超. 面向21世纪的中国农业工程议程探讨. 农业工程学报，2000，16（4）：1−3.

[144] 曾德超. On the Agenda of Agricultural Engineering in China in 21′ Century. 农业工程学报，2001，17（1）：1−4.

[145] Zeng Dechao，Status of Soil−plant−atmosphere Continum Technology in China and Research Needs for A Sustainable Integrated Plant Industry//ICETS−2000，2000，10，Beijing.

[146] 曾德超. 对新设立的国家节水农业技术培训中心工作纲要方面的几点建议（草稿）. 1999.

[147] 曾德超. 迎接我国农（林草）业机械化发展的新时期. 农业机械学报，2000.

[148] 李光永，黄兴法，曾德超. 面向用户的果树微灌灌溉计划实时制定技术体系与实施方法. 农业节水应用基础与新技术，2000：167−172.

[149] 曾德超. Soil−plant−atmosphere System Mass and Energy Transfer Regulation Technology Status and Research Needs for a Sustainable Integrated Plant Industry in China（土壤植物大气连续体质能传输调控科技发展与中国可持续复合种植工业技术前沿）. 为ICETS−2000北京中国工程院第五次学术报告论文.

[150] 曾德超（撰稿）. 20世纪我国工程科技最伟大的成就：中国工程院农业轻纺环境学部筛选项目之一——农业机械化. 2001.

[151] 曾德超. 面向21世纪的中国农业工程议程探讨. 农业工程学报，2001，17（1）：1−4.

[152] 曾德超. 中国发展果品产业的一些挑战和机遇//第一届北京国际绿色产业合作论坛. 2001.

[153] 李光永，王小伟，黄兴法，曾德超. 充分灌与调亏灌溉条件下桃树滴灌的耗水量研究. 农业节水应用基础与新技术，2001：161−166.

[154] 黄兴法，李永光，王伟，曾德超，孙乃健. 充分微喷灌溉条件下苹果树耗水量的研究. 中国农业大学学报，2001，6（4）：42−46.

[155] 黄兴法，李永光，王小伟，曾德超，孙乃健. 充分灌与调亏灌溉条件下苹果树微喷灌的耗水量研究. 农业工程学报，2001，17（5）：43-47.

[156] 黄兴法，李永光，曾德超. 果树调亏灌溉技术的机理与实践. 农业工程学报，2001，17（4）.

[157] 黄兴法，李永光，曾德超. 调亏灌溉—果园节水管理新技术. 节水灌溉，2001（2）：12-14.

[158] 曾德超，因 · 古德温，黄兴法，等. 果园现代高科技节水高效灌溉技术指南. 北京：中国农业出版社，2001.

[159] 曾德超. 以提高农作物水利用效率为中心的现代田间节水高效灌溉技术体系与我国果业栽培管理技术路线的调整 // 果园现代高科技节水高效灌溉技术指南. 2001：1-5.

[160] 曾德超. 第四章灌溉制度（田块灌水日常计划）// 果园现代高科技节水高效灌溉技术指南. 2001：24-33.

[161] 曾德超. 第五章调亏灌溉 // 果园现代高科技节水高效灌溉技术指南. 2001：33-36.

[162] 黄兴法，李永光，曾德超，等. Real Time Determination of Irrigation Scheduling for Micro-irrigated Orchards. 农业工程学报，2002，18（5）：79-83.

[163] 曾德超. 中国农机学会新时期的挑战与机遇.《中国农业机械学会四十年辉煌历程 1963-2003》. 农业机械学报，2003，34（6）.

[164] 李晓娟，陈存社，曾德超. 数字农业中作物生长模拟软件的应用. 计算机工程与应用，2004，31：190-192（28 之 25）.

[165] 尹飞虎，康金花，黄子蔚，曾德超. 棉花滴灌随水施滴灌专用肥中磷素的移动和利用率 32p 研究. 西北农业学报，2005，14（6）：199-204.

[166] 王伟，李永光，傅臣家，曾德超. 水质与灌溉频率对棉花苗期根系分布的影响. 山东农业大学学报，2006，37（4）：603-608.

[167] 仪修堂，窦以松，兰才有，杨培岭，曾德超，侯永胜，高战地. 中

心支轴式喷灌机喷头配置方法及其数学模型. 农业工程学报，2007，23（2）：117–121（28 之 27）.
[168] 傅臣家，刘洪禄，曾德超，等. 六价铬在土壤中吸持和迁移的试验研究. 灌溉排水学报，2008，27（2）：9–13，（28 之 28）.
[169] 傅臣家，刘洪禄，吴文勇，郝仲勇，师彦武，曾德超. 玉米秸秆对土壤吸持六价铬影响的试验研究. 灌溉排水学报，2008，27（5）.
[170] 王伟，李永光，曾德超. 滴灌水质与灌溉频率对高含盐土壤棉花苗期生长的影响. 灌溉排水学报，2008，27（6）（28 之 26）.
[171] 王伟，李永光，傅臣家，曾德超. 棉花苗期滴灌水盐运移数值模拟及试验验证. 灌溉排水学报，2009，28（1）.
[172] 王伟，傅臣家，曾德超. 水质对土壤持水特性的影响. 山东农业大学学报，2009，40（1）：88–92.
[173] 王伟，傅臣家，李光永，曾德超. 土壤盐分与灌溉水质对滴灌棉花出苗率的影响. 灌溉排水学报，2011，30（1）：20–23.
[174] 王伟，傅臣家，李光永，曾德超. 水质对土壤水分扩散率的影响. 山东农业大学学报，2011，42（4）：627–640.

参考文献

[1] 曾令樱. 海南十大文化名村——迈德村 [M]. 桂林洋农场党委等单位联合刊印，2011：5.

[2] 陈朝志. 张之洞与广雅书院 [N]. 羊城晚报，1989-10-30.

[3] 沈志忠. 近代中美农机具事业交流与合作探析（1898-1948）[J]. 南京农业大学学报（社会科学版），2010（12）.

[4] 留美八学生. 中国的农业试探一条出路——创办生产农场刍议 [J]. 观察，1947，3（3）.

[5] 费孝通. 江村经济 [M]. 戴可景译. 北京：北京大学出版社，2012.

[6] 费孝通. 现代工业技术的下乡 [C] // 乡土重建. 观察社，1948：101.

[7] 刘茂林，等. 中国近代农机发展纪事 [J]. 北京农业工程大学学报,1987,7(1).

[8] 刘浩林. 中国近代机械工程学家支秉渊 [J]. 中国科技史料，1994，15（2）.

[9] 龚喜林，等. 邵阳乡村工业示范述略 [J]. 邵阳学院学报（社会科学版），2009，8（1）：59.

[10] 蒋廷黻出国前之谈话 [N]. 中央日报，1943-10-22.

[11] 吴廷桢. 河西开发史研究 [M]. 兰州：甘肃教育出版社，1996：476.

[12] 宋树友，等（农业部农业机械化司、北京农业工程大学）编. 世界农业机械化发展要览 [M]. 北京：北京农业大学出版社，1991：22.

[13] 中华人民共和国农垦部编. 国营农场生产经验先进生产事迹介绍 [M]. 北

京：财政经济出版社，1957：22.

[14] 中央人民政府农业部农业生产司编. 棉产工作参考资料（第三集）1951年棉花丰产典型专刊[M]. 北京：中央人民政府农业部出版，1952：73.

[15] 中国农业大学百年校庆丛书编委会编. 百年纪事[M]. 北京：中国农业大学出版社，2005：282.

[16] 张家颉，等. 与众不同的五年[C]// 百年回眸. 北京：中国农业大学出版社，2005：214.

[17]《北京农业工程大学四十年》编写组. 北京农业工程大学四十年[M]. 北京：北京邮电大学出版社，1992：25-26.

[18] 曾德超.《农业机械学报》创办出版发行的申报审批与创刊号组稿的应对[J]. 农业机械学报，2007（2）：22.

[19] 路振朝，王杨宗. 二十世纪五六十年代中国科学家的科研时间问题[J]. 科学文化评论，2004，1（2）.

[20] 曾德超. 机引犁的牵引调整问题[J]. 农业机械学报. 1957，1（1）：80.

[21] 王步峥，艾荫谦，赵竹村. 探索之路——中国农业大学跨越百年的办学历程[M]. 北京：中国广播电视出版社，2013.

[22] 叶淑娟，席枝青. 中国农业工程学会大事记[J]. 农业工程学报，1989.

[23] 雷霆武，王伟主编. 理想的耕耘者——我们的导师曾德超[C]. 北京：中国农业大学出版社，2013.

[24] 曾德超. 机械土壤动力学[M]. 北京：北京科学技术出版社，1995：5.

[25] 刘英，于立宏. Mohr-Coulomb 屈服准则在岩土工程中的应用[J]. 世界地质. 2010，29（4）：634.

[26] 中国科学技术协会编. 中国科学技术专家传略[M]. 北京：中国科学技术出版社，1991：487.

[27] 科学技术部中国农村技术开发中心组编. 节水农业在中国[M]. 北京：中国农业科学技术出版社，2006：17.

[28] 曾德超，彼得杰里主编. 果树调亏灌溉密植节水增产技术指南[M]. 北京：中国农业大学出版社，1994：1.

[29] 康绍忠. 新的农业科技革命与21世纪我国节水农业的发展[J]. 干旱地区农业研究，1998，16（1）：13-14.

[30] 朱勇华. 德行天下，超越时空——怀念曾德超老师 // 理想的耕耘者——我们

的导师曾德超［C］. 北京：中国农业大学出版社，2013.
［31］张坚. 难以忘怀的回忆——写于曾先生逝世一周年 // 理想的耕耘者——我们的导师曾德超［C］. 北京：中国农业大学出版社，2013.
［32］Listen to Leaders in Engineering. Love A and Childers J S ed. Atlanta: Tupper and Love，1965.
［33］曾德超. 我国农业工程学科发展现状及展望［J］. 农业工程中力学问题研讨会论文集，1991.
［34］王道龙，等. 可持续农业概论［M］. 北京：气象出版社，2004：1-3.
［35］朱李鸣. "适用技术论"探析［J］. 科学管理研究. 1988，6（3）：52.
［36］许志晋. 适用技术理论历史发展评析［J］. 科学学研究. 1996（4）：21-23.
［37］曾德超. 我国农业机械化科学技术研究的任务［N］. 人民日报. 1956-10-11.
［38］曾德超. 我国减灾缓逆、高产高效、可持续农业的发展途径［J］. 世界科技研究与发展. 1998，20（2）：32.
［39］张季高. "农业工程"与"农业工程学"［J］. 农业工程，1983（3）：3.
［40］曾德超. 我国农业工程学科优先发展的领域、内容和技术关键的商榷［J］. 农业工程学报，1985，1（1）：6-11.
［41］何志勇，曾德超. 犁铧拓野启文明 // 中国工程院科学道德建设委员会. 工程科技的实践者——院士的人生与情怀（第二册下）［M］. 北京：高等教育出版社，2010.

后记

2011 年 3 月，老科学家学术资料采集工程培训会在京召开。我作为曾德超小组的负责人，也是同期培训中年龄最小的负责人，代表各小组在培训会结业仪式上发言。“既然历史选择了我们，我们一定竭尽全力去还历史以真实，去开创新的历史。”

接下来的案头工作，因为曾德超夫人贺子石老师腰椎手术而给予了足够的时间。我下载了先生的论文，收集了能找到了关于先生的传略，查阅了先生的整本个人档案，远赴湖南长沙、甘肃兰州等地调阅相关档案，整理出了先生年表的大致脉络。随着对先生所在学科和单位发展史的了解，我产生了将在世的其他 4 位我国第一批留美农业工程学者都做相关的口述资料采集。主要考虑如下：其一是了解我国的农业机械化、农业工程学科的成长、发展历史；其二是作为先生的同学、同事、多年好友，进行资料采集也是项目所要求的一个部分；其三是对音视频资料的采集和保存。于是不断地修改访谈提纲，预约访谈时间等。同时，我还阅读了一些如何做口述史的工具书以及唐德刚的《胡适口述自传》《张学良口述历史》等。所有这些对于相关知识近乎空白的我，无疑如甘霖之于春笋，自信迅速成长，一种迫切求战的心态促使自己跃跃欲试。

8—10 月，先后访谈了陶鼎来、王万钧、曾德超、高良润、水新元。

尽管整理出来了一本本的访谈记录，但当我回首的时候，总是觉得有些不过瘾。我该如何才能挖掘到那些能展现大师学术思想的东西呢？怎么去丰满人物形象呢？在不断自省中，才发现我访谈经验的匮乏和对知识运用的不熟练。原因来自于心里对几位德高望重的先生的敬畏，影响了访谈的平等性；按照访谈提纲的对话，影响了访谈的深入性；对于背景知识的不足，影响了访谈的专业性。这些无疑于当头棒喝，当初的豪情壮志在具体的实践中开始摇摇欲坠。我一度怀疑自己，难道真的是隔行如隔山，难道真的是欠缺天赋？我能出色完成任务吗？能兑现当初的承诺？

2011 年 11 月到 2012 年 11 月，我被公派到美国马里兰大学访学。2012 年 4 月，我专程回国准备项目的中期汇报。半个多月的时间，我和采集小组成员一起在先生的书房里全面系统地整理资料。随着一个个陈旧文件夹的打开，我开始慢慢地去了解曾德超先生。看着那些手稿、日记、讲义、往来信件等等，我在感觉自己与先生的距离一点点拉近。我整理着先生的资料，先生很少主动和我们交流，只是有时候在书房窗户边的沙发上静静地坐着，微笑着看着一位后生阅读着他的过往。当我偶尔问起一件事情，先生挠挠头，好像很努力的样子，然后笑着说，这个，就记不大清楚了……

回到美国后，我迅速调整着补充采访的提纲。我感觉到了自己采集资料之外的对先生的理解和情谊，先生对我的信任和鼓励。而同时，我也察觉出细节故事的讲述远好于口号式的评价和空喊，我感觉到自己的成长，好像重新找到了开启门的钥匙。尤其是中期汇报时候，几位专家对项目进展的肯定和建议，让自信开始重新聚集。没过多久，噩耗传来，曾德超因病抢救无效，于 6 月 23 日与世长辞。我坐在书桌前，一直发呆，怎么会这样呢，上天为什么必须要如此安排？我开始谴责自己，当初怎么就不珍惜机会。所以，我应该立即行动起来。7 月，我特意去明尼苏达大学、衣阿华州立大学收集先生的相关资料，探访曾德超的子女等。在衣阿华州立大学农业工程系偶遇 94 岁高龄的韦斯利教授。这位早在 20 世纪 80 年代初就与曾德超相熟的同龄人，听到曾德超先生去世的消息，沉默了好久，缓缓地说："他是一位好人。"那位老人帮着我，在特藏馆里找寻着相关资料，陪了一整天。

2015 年 11 月，我回国后，带着采集小组再次进入先生的书房，全部整理先生的所有资料，并将资料进行分类。贺子石老师系统地阅读了采集工程的相关文件，认真参与相关资料的整理，尤其是对于照片的辨认提供了不可或缺的帮助，并实地参观老科学家资料采集工程馆藏基地，与项目办公室负责人进行沟通。一位 80 多岁的老人，陪着我们一起整理，一张张审定研究报告的插图，对于文稿逐字逐句地推敲。贺老师对曾德超先生的所有东西已然了如指掌，在学生们的纪念文集出版之后，她仍在计划出版论文集、书信集等。她对先生的情感，对做事的认真和坚持，值得我们敬仰。

在完善和修改研究报告的过程中，两件事情对我影响较大。其一是 56 岁的父亲因患肝癌不幸去世，其二是为备考科学史博士而进行复习。前者让我有了更深的感情历练，后者让我的认识更加科学化和专业化。现在来看，整整四年的时间，如白驹过隙。而我在这四年中，感觉自己已经从当初的徒有满腔热血，到激情沉淀为浓浓的兴趣，并为之略有章法的展开追逐。我用超出常人一倍的时间去雕琢、去经历风雨，在恍惚中觉察到彩虹的炫目。

在整个报告写作过程中，感谢科学史专业出身的尹北直讲师。她在我作为负责人不在国内期间对于项目的付出，在研究报告初稿完成中的挑灯夜战，极其辛苦。最为难得的是，她总是用谦和的心态，展现出她对我在一些做法上的包容、理解和支持。

非常感谢中国科协牵头的老科学家学术资料采集工程，给了我接触大师的机会，让我得到了心灵的洗涤。感谢曾德超先生及其家属（贺子石老师、曾明女士、曾雨先生等）对于我的信任和鼓励，对采集工作的理解和支持。感谢中国科学院自然科学史研究所的张藜研究员，她给予我足够的时间和耐心，并一点点地教会我如何去做资料采集，如何去写研究报告，怎样去写好人物传记。她在教会我做事的过程中，更是教会我如何处理问题，如何做人。我在这方面所取得的一切成绩，很大程度上都要归功于她的指导。感谢南京农业大学的杨坚，拥有良好科技史背景的他，是我迷航时的灯塔，总是照亮我前进的方向。感谢中国农业大学工学院韩鲁佳教授等学院领导及教师对于我工作的帮助和支持；感谢与曾德超先生共事并为学术报告写作提供了很多中肯意见的艾荫谦、翁之馨、余群、胡南强等一批老专家们。感谢多年来指导我写作的徐晓村老师，他是曾德超先生最信任的笔杆子之一，更是曾德超先生的好友。徐老师对我的研究报告逐字逐句的修改，尤其是在我无从下笔的时候，他总是用一些深入浅出的事例激励我勇往向前。感谢我所在的中国农业大学，培养了我并给予我良好的平台，尤其是人事处的领导孟超英教授以及我的同事们，他们给予我亲人般的支持和帮助。感谢华南农业大学苏雄武先生对资料采集过程中给予的大力帮助。感谢我的家庭为我分担了太多生活上的事情和压力，尤其是在第二个小孩出生之际，完成本书第三稿的修改。感谢一直在默默支持我的好友们，你们的包容让我不断的成长和进步。总之，感谢为资料采集、学术报告顺利完成给予帮助的所有人。

毕竟，才疏学浅，心里始终惶恐，怕是难能恰如其分地写尽曾德超先生的科学精神和情怀，还请读者见谅和批评指正。

张远帆

2015 年 8 月 3 日